프랜차이즈 1,000호점 만들기

프랜차이즈 1,000호점 만들기

초판 1쇄 발행   2022년 12월 09일
초판 3쇄 발행   2024년 06월 12일
지은이   김진석

펴낸이   김양수
책임편집   이정은

펴낸곳   휴앤스토리
　　　　　출판등록   제2016-000014
　　　　　주소   경기도 고양시 일산서구 중앙로 1456 서현프라자 604호
　　　　　전화   031) 906-5006
　　　　　팩스   031) 906-5079
　　　　　홈페이지   www.booksam.kr
　　　　　이메일   okbook1234@naver.com
　　　　　블로그   blog.naver.com/okbook1234
　　　　　포스트   post.naver.com/okbook1234
　　　　　인스타그램   instagram.com/okbook_
　　　　　페이스북   facebook.com/booksam.kr

ISBN   979-11-89254-77-3 (03320)

휴앤스토리, 맑은샘 브랜드와 함께하는 출판사입니다.

아이템 선정부터 메이저 진입까지 다룬
완벽한 프랜차이즈 가이드

프랜차이즈 1,000호점 만들기

김진석 지음

휴앤스토리

1,000호점 가맹 사업 안착의
핵심 노하우를 말하다

브랜드에 대한 가맹점 만족도가 커서 가맹점주가 주변의 지인에게 창업을 권유할 수 있을 정도가 되어야 1,000호점을 달성할 확률이 상대적으로 높아진다.

가맹 본부와 가맹점은 갑과 을이 아닌 수평 관계로, 서로 부모가 될 수도 있고 자식이 될 수도 있는 불가분의 협력 관계이자 사업 동반자다. 가맹 본부와 가맹점 중 어느 한쪽만의 성장은 구조적으로 불가능하다.

가맹 본부는 특정 가맹점의 여건과 상황을 고려하기보다는 전 가맹점을 대상으로 효율적인 정책과 전략을 수립하여 현장에서 실행할 수 있도록 관리해야 한다. 반면에 가맹점은 자신의 매장에 한정해서 도움이 되는 사항을 요청하고 주문하려는 마음이 크다. 이렇게 추구하는 점이 상이한 부분을 한곳으로 응집시켜 서로 상생할 수 있도록 만드는 것이 가맹 본부의 책무이다.

가맹 본부는 가맹점이 가시밭길을 걷지 않고 아스팔트 길로만 다닐 수 있도록 좋은 여건과 환경을 조성해 줄 수 있어야 한다. 대표 메뉴가 존재하되 히트 메뉴를 출시할 수 있으면서 간편하고 편리한 주방 시스템을 구축하는 것은 성공적인 가맹 사업을 위한 필수 사항이다.

프랜차이즈는 가맹 본부와 가맹점 및 협력 업체가 함께 맞물려서 움직이는 쇠사슬 같은 구조다. 어느 하나라도 일탈 현상을 보이는 순간부터 가맹 사업은 휘청거리기 시작하게 된다. 삼위일체가 되어서 각자의 역할을 수행할 수 있을 때 고객으로부터 사랑받는 브랜드로 안착하게 되어서 1,000호점을 향해 도전할 수 있는 발판도 마련할 수 있게 된다.

이 책에서는 국내 최대·최고의 프랜차이즈에서 축적된 지식과 경험을 현실적으로 기술하였고, 프랜차이즈 신생 브랜드 태동 시점부터 1,000호점 가까이 몸소 실행하여 성과를 이룬 결과를 토대로 메이저 프랜차이즈로 입성할 수 있는 방책을 생생하게 정리하였다.

1호점부터 50호점, 100호점, 300호점, 500호점, 800호점, 1,000호점으로 성장하기 위해서 가맹 본부와 가맹점이 해야 할 역할에 대해 단계별로 세부적으로 기록하였고, 1,500호점 가맹점 관리를 경험한 핵심 노하우를 적나라하게 표현했다.

성공할 확률이 높은 아이템, 가맹점 확산에 적절하고 유리한 평수와 적합한 로케이션에 대해서 정리했다. 또한, 시스템이 뒷받침을 못 해주면 성공적인 아이템으로서 안착하기 힘든 진짜 이유를 기술했다.

프랜차이즈 경험이 全無한 구성원을 체계적이고 반복적으로 교육해서 프랜차이즈 전문 요원으로 육성시킨 내용과 가맹 사업 초기부터 1,000호점까지 가게 되는 일련의 과정을 세분화해서 시행착오를 최소화하여 성공적으로 가맹 사업이 안착할 수 있는 해법을 제시했다.

프랜차이즈 90% 브랜드가 200호점을 넘기지 못하는 이유에 대해서는 현장에서 발생하고 있는 원인을 토대로 사실적으로 생생하게 기록하였으며, 시행착오를 최소화하여 마이너에서 메이저급 프랜차이즈 반열에 진입할 수 있는 방안을 정리했다.

로컬 프랜차이즈와 수도권 브랜드의 강점과 약점에 관한 현상 분석을 통해 불리한 여건과 환경에 놓여 있는 로컬 프랜차이즈가 지역적인 한계를 벗어나서 전국 브랜드로 향할 수 있는 비결을 압축해서 기재하였기에 지역에서 가맹 사업을 추진하고 있는 경영자에게 도움이 되리라 믿는다.

가맹점 1,000호점 달성이라는 업적을 이루기 위해서는 가맹 본부가 현장의 소리를 잘 듣고 제반 경영 정책을 펼치면서 가맹점을 설득하여 실행력을 높일 수 있어야 한다. 강력한 슈퍼바이저 제도 확립은 1,000호점을 달성하기 위한 최선책이다. 슈퍼바이저는 프랜차이즈 사업 성공에 필요한 열쇠라 할 수 있다. 슈퍼바이저는 현장 CEO이기 때문이다. 그래서 슈퍼바이저가 지녀야 할 역량에 대해 집중적으로 다루었다.

가맹 사업은 아무리 훌륭한 시스템이 갖추어져 있고 유능한 인력을 갖추고 제반 인프라가 구축되고 고객이 붐비어도 월 마감 후 만족할 만한 수익이 발생하지 않으면 실질적으로 가맹점 확산을 기대하기가 어렵다. 현재도 무수히 많은 신생 브랜드가 출현하고 있으며 가맹 본부가 탄생하고 있다. 반면에 고객의 눈에서 멀어지는 브랜드도 빈번하게 나타나고 있다. 결국 가맹 사업의 성공 열쇠는 가맹점주 수익에서 판가름나게 되어 있다. 이런 까닭으로 가맹점 수익 창출 방안을 근원부터 다루었다.

가맹 본부에 대한 충성도가 높아서 가맹 본부의 제반 정책과 표준화를 이행하는 가맹점이 많아야 메이저 프랜차이즈로 진입하는 초석을 다질 수 있다. 가맹점 우호도와 만족도를 높일 수 있도록 현장에서 직접 실행하여 터득한 내용을 중심으로 기술하였다.

가맹점과 사소한 갈등의 씨앗을 없앨 수 있는 해법과 생산적이고 효율적인 교육 체계를 이해하기 쉽게 기술하였고 메이저로 진입하기 위한 경영 진단기법을 정리해 놓았기에 현장에서 수월하게 최고의 브랜드로 자리매김하는 데 도움이 될 것이라 믿는다.

프랜차이즈 M&A에 관한 절차와 인수자가 선호하는 기업의 유형, 시기, 기업 가치 평가 기준 등 기본적으로 숙지하고 있어야 할 사항에 대해 이해하기 쉽게 요약해서 기술했기에 향후 M&A를 희망하고 있는 창업주 경영자에게 보탬이 되었으면 한다.

추상적이고 이론적인 내용에서 탈피하여 누구나 쉽게 이해할 수 있는 단어와 어휘를 사용하였고 눈앞에서 발생하고 있는 일들을 사실적으로 기록하였기에 현업에 적용해도 손색이 없으리라 확신한다.

일선 현장의 실무자부터 고급 관리자가 되기까지 두루 제반 업무를 다루면서 터득하고 검증된 내용 위주로 사실적이고 생동감 있게 진솔하게 기술하였기에 독자 여러분이 프랜차이즈 시스템을 이해하고 성공적인 가맹 사업을 추진하여 1,000호점 달성이라는 쾌거를 이루는 데 보탬이 되리라 믿어 의심치 않는다.

이 책을 읽으신 분들 모두 행운과 축복이 함께하길 진심으로 기원한다.

김진석

CONTENTS

PART 02 · 1,000호점은 하루아침에 만들어지지 않는다

PART 03 · 프랜차이즈 90%가 200호점을 못 넘기는 이유?

PART 04
로컬 프랜차이즈는 지역 한계를 극복할 운영 전략이 절실하다

PART 05
1,000호점의 선결 과제

PART 06 가맹점 교육이 매출을 좌우한다

PART 07 슈퍼바이저가 프랜차이즈 처음과 끝이다

PART 10 메이저 프랜차이즈 진입을 위한 경영 진단은 필수다

PART 11 기업으로서의 가치

PART

1

어떤 아이템으로
사업할 것인가?

01 / 1,000호점 돌파하는 아이템 전략

대중성 및 경제성

대중에게 널리 알려졌으며 고객에게 익숙하게 자리 잡고 있으면서 예비 창업자가 창업비에 대한 부담을 덜 느낄 수 있는 비용으로 창업할 수 있는 아이템으로 가맹 사업을 추진하는 것이 1,000호점을 달성하는 데 상대적으로 수월하다. 고객은 오랫동안 먹어본 음식을 선호하는 경향이 강하다. 낯설고 색다른 것에 믿음과 신뢰를 주기 위해서는 일정한 적응 기일이 필요하다. 치킨, 커피 브랜드가 성행하고 있음에도 불구하고 새로운 동종 브랜드가 계속 탄생하고 있는 이유다. 오랫동안 고객 가까이 있으면서 사랑받아 왔기 때문이다. 사람들은 자기가 사는 동네가 생활하는 데 편리하고 자신이 살고 있는 집이 제일 좋다는 말을 자주 한다. 아무리 좋은 곳을 가더라도 자신이 거주하는 집 안으로 들어오면 역시 '우리 집이 최고야!'라는 말을 서슴없이 하게 된다. 내가 찾는 물건과 쉬고 싶은 공간 등 모든 것이 익숙해서 원하는 것을 손쉽게 해결할 수 있기 때문이다. 고객이 평소에 애호하는 브랜드를 자주 찾는 것과 같은 맥락이다. 많은 가맹점을 확보하기 위해서는 확장성과 효율적인 창업비가 전제되어야 한다.

프랜차이즈 창업을 희망하는 예비 창업자가 경제적으로 부담을 느끼지 않을 정도의 창업 비용으로 가맹점을 시작할 수 있게 창업비가 형성되어야 신규 개설을 빠르게 추진하는 데 유리하다. 경제적으로 여유가 있는 예비 창업자를 대상으로 가맹점을 확산하겠다는 생각으로 창업비를 높게 책정하고 프랜차이즈 사업을 펼치면 신규 계약 체결이 늦어지게 될 확률이 높다. 가맹점을 늘리는 데 장애 요인이 있을 수 있기 때문이다. 예비 창업자가 특정 부류의 계층에 한정되면 가맹점 확산에는 어려움이 발생할 수밖에 없다. 많은 가맹점을 보유하고 있는 아이템의 가맹 본부 창업비는 점포 비용을 제외하고 평균적으로 1억을 상회하는 수준이다. 누구나 약간의 자금을 융통하면 창업이 가능한 아이템인 셈이다. 고객들에게 익숙함이 존재하고 부담 없이 가까이 다가갈 수 있는 아이템으로 창업비를 최소화하여 수익을 창출할 수 있는 아이템이 1,000호점을 달성하는 최적의 아이템이라 할 수 있다.

프랜차이즈가 성공하기 위해서는 아이템이 경쟁력이 있어야 하고, 목표를 달성할 수 있는 방법이나 처리할 수 있는 능력과 생각하고 있는 것에 대해서 실제로 행동하는 실력을 갖추고 있어야 한다. 즉 아이템, 전략, 실행력이 삼위일체가 되어야 1,000호점이 달성될 가능성이 높다. 이처럼 어떤 아이템으로 가맹 사업을 추진할 것인가를 선택하는 문제는 신규 가맹점 개설에 지대한 영향을 미치게 되므로 깊이 잘 생각해서 결정할 문제다. 아이템을 기획하여 가맹 사업을 추진하기보다는 개인 창업을 하여 운영하면서 장사가 잘되어 가맹 사업에 뛰어드는 경우가 프랜차이즈 실상이다. 아이템을 선택하기보다는 선택된다는 표현이 맞을 수 있다. 그래서 1,000호점을 달성하는 아이템은 많지 않다고 표현해도 틀린 말이 아니다. 물론 가맹점 수가 많다고 성공한 프랜차이즈라고 단정하기는 어렵다. 하지만 통념상 메이저급 프랜차이즈는 일단 가맹점을 몇 개 운영하고 있느냐로 판명하고 있는 것만은 부인할 수 없는 사실이다. 프랜차이즈 사업을 전개하고 있는 경영자가 1,000호점을 선망하는 이유다.

광의 로케이션

가맹점을 신규 오픈시키기 위해서는 예비 창업자가 매장을 선택할 수 있는 폭이 넓어야 한다. 역세권처럼 특정한 상권에 입점했을 때 매출 증대를 이룰 수 있는 것이 아닌, 아파트 단지 즉 동네 상권에서도 고객이 다가올 수 있는 아이템이 가맹점 확산에 유리하다. 유동 인구와 상주 인구가 많다면 최고의 상권이겠지만 상주인구만 많아도 가맹점 수익을 창출할 수 있는 아이템이라면 경쟁력 있는 아이템이라 할 수 있다. 아파트 상권에서 번창할 수 있다면 1,000호점으로 가기가 용이하다. 거주하여 생활하는 고정 고객이 있기 때문이다. 여기서 고객이 선호하는 브랜드로 거듭나면 브랜드 가치가 빠르게 올라간다. 게다가 전략과 실행력이 합쳐진다면 걷잡을 수 없이 신규 개설이 활성화된다. 브랜드가 1,000호점에 도달하는 데 매우 유리한 위치에 있다고 단언할 수 있다. 현재 1,000호점 이상 가맹점을 보유하고 있는 브랜드는 동네 상권에서도 활발하게 신규 가맹점이 개설되고 있는 곳이다. 그래야만 국내 전국 상권의 환경과 여건상 매장을 오픈시킬 수 있기 때문이다.

프랜차이즈는 가맹점의 점포 이격 거리를 가맹 계약서에 명기한 대로 준수해야 할 의무 사항이 있어서 입점 지역이 제한적일 수밖에 없다. 반경 500m 이내에는 새로운 가맹점을 오픈시킬 수 없다는 규정을 대부분 브랜드가 가맹 계약서에 명기하고 있으나 매장 간 최소 1,000m 정도 거리를 두고 신규 매장을 오픈하는 것이 길게 봤을 때 가맹점 확산에 도움이 된다. 필자가 실제 경험한 사실이다. 기존 가맹점의 안착이 우선이기 때문이다. 상권은 점포가 위치하고 있는 지역에서 음식점이나 상가가 형성되어 있는 지역을 뜻하고, 입지는 그 상권 범주 안에서 점포가 위치한 곳을 말한다. 최고의 상권에서 가장 좋은 입지에 위치한 점포를 구하면 더할 나위가 없겠지만, 비용 부담이 커지므로 쉽게 결정하기가 어렵다. 가맹 본부에서 브랜드 홍보 차원에서 입점시키기는 수월할 수 있으나 예비 창업자가 선뜻 나서서 점포 계약을 하기가 만만치는 않다. 여유 있는 예비 창업자에게는 해당되지 않겠지만 대다수 예비 창업자는 고개를 끄덕일 것이다.

일반적인 상권에서 최고의 입지를 선점하여 점포를 확정 짓는 것이 바람직한 점포 개발 방식이다. 가맹점 확산이 빠른 브랜드는 이런 방법으로 점포를 구하는 것이 보편화되어 있다. 프랜차이즈는 매장에 대한 투자 수익률이 높아야 한다. 그래야 브랜드 만족도가 높아서 지인에게 브랜드를 적극적으로 홍보하게 되어 신규 개설을 빠르게 확산시킬 수 있는 동력을 마련할 수 있기 때문이다. 보통의 상권에서도 고객의 발걸음을 잡을 수 있어야 성장 가능성이 있는 아이템이라 할 수 있다. 창업자가 상권 계약을 마무리하고도 본인의 여건에 부합한 점포를 구하지 못해 오픈이 연기되거나 심지어는 포기해버리는 경우가 빈번하게 발생하고 있다. 점포에 대한 예비 창업자의 선택지를 넓혀주는 아이템이 이런 상황을 극복해줄 수 있다. 그러한 아이템이 1,000호점을 향해 나아갈 수 있는 효자 아이템이다.

20평대 평수

1,000호점 달성하는 최적의 점포 평수는 20평대이다. 프랜차이즈 사업을 추진하면서 가맹점을 빠르게 늘리기 위해서는 20평대에서 수익을 창출할 수 있는 아이템이어야 한다. 그러므로 가맹점 확산을 위해서는 큰 평수보다는 작은 평수로도 수익이 날 수 있는 아이템을 선정해서 가맹 사업을 하는 것이 유리하다. 가맹점주 측면에서 보더라도 향후 예기치 못한 외부 환경이 닥쳤을 경우 위험 부담을 최소화할 수 있는 장점이 있다. 점포 물색이 용이하고 창업비 또한 부담이 적기 때문이다. 평수가 큰 아이템으로 500호점 이상 신규 매장을 오픈한다는 것은 현실적으로 불가능하다. 입지 및 상권상 제약도 많이 따르고 예비 창업자가 점포를 구하는 데도 많은 시일이 소요된다. 또한, 평수가 크다는 것은 상주인구와 유동 인구가 늘 붐벼야 기대하는 수익을 낼 수 있다는 제약이 따른다. 과다한 점포 비용을 차치하고라도 입점 가능한 지역이 극히 제한적일 수밖에 없다.

30평 이내로 임대 보증금을 제외한 창업비가 1억 5천을 초과하지 않는 아이템이 대체로 가맹점 확산에 유리하다. 점포 로케이션 및 비용 측면에서 부담이 덜하기 때문이다. 매장 평수가 클수록 한정적인 상권에 입점을 해야 하고 예비 창업자 발굴이 쉽지 않기에 300호점 이상 개설한다는 것이 생각처럼 수월하지 않은 것이 현실이다. 가맹 사업을 추진하면서 유독 대형 평수를 고집하며 전개하는 가맹 본부가 있는데 많은 가맹점을 확보하기가 현실적으로 어렵다고 보아야 한다. 매장이 클수록 임대 보증금을 비롯해 창업 비용이 많이 들어 매장을 늘려나가는 데 힘든 상황이 발생할 소지가 많다. 20평 내에서도 수익이 기대하는 만큼 나올 수 있는 아이템이 가맹점을 확산시키는 데 최고다.

이 외에도 20평대 크기가 1,000호점을 달성하는 프랜차이즈 매장으로 적합한 이유는 여러 가지가 있다. 매장 근무 인원이 많지 않아서 직원 구하는 데 어려움이 적어서 좋고 매장을 넘기기도 수월하며 매장 관리가 용이해서 큰 평수보다 손이 덜 가는 강점이 있다. 신속하게 프랜차이즈 사업을 활성화시키는 데 전반적으로 좋은 여건과 환경을 지니고 있다고 볼 수 있다. 1,000호점을 넘은 프랜차이즈 브랜드를 보면 대부분이 20평대가 주류를 이루는 아이템인 것을 알 수 있다. 복합적으로 신규 매장을 신속하게 오픈시키는 데 적합한 요건을 두루 갖추고 있기에 가능한 것이다. 프랜차이즈 사업을 추진하면서 1,000호점을 가려면 아이템부터 전략적 사고를 지니고 접근할 수 있어야 한다. 갖가지 불리한 외부 환경을 헤쳐나가서 성과를 내기 위해서는 최적의 아이템으로 예비 창업자가 점포 확정이 손쉬운 평수를 주력 평수로 정립하여 가맹 사업을 전개할 필요가 있다.

부부, 가족, 청년 창업

프랜차이즈 가맹점은 부부가 창업해서 매장을 운영할 때 생산성과 효율성이 극대화되는 경우가 많다. 열의가 넘치고 정성을 다해 음식을 만들고 고객에게 진실된 서비스를 베풀 수 있는 여건 조성에 유리해서다. 부부가 함께 창업 상담을 받으러 오면 계약이 체결될 확률이 높다. 창업할 의사가 크고 아이템과 브랜드에 대한 물색과 분석을 마치고 서로 의견 일치를 본 후에 가맹 본부를 방문하기 때문이다. 가맹 상담을 하는 가맹 본부 담당은 부부가 내방 시 진성 예비 창업자임을 인지하고 맞춤형 상담을 할 수 있어야 한다. 부부가 아니더라도 가족이 함께 방문 시 신규 계약 체결 확률이 역시 높은 편이다. 아이템과 브랜드를 비롯해 전반적인 사항에 대한 가족 논의를 끝내고 가맹 본부에 내방을 하는 편이기에 그렇다. 가족이 창업하면 매장 운영하는 데 있어서 상대적으로 상호 손발이 잘 맞으며 열의를 갖고 진실하게 고객에게 제품과 서비스를 제공하는 경우가 대다수다. 가족 창업을 선호하는 이유다.

청년이 창업하여 매장을 운영할 경우도 가맹 본부 정책을 잘 이행하는 모범적인 가맹점이 대부분이라고 보면 된다. 매뉴얼 준수를 잘하면서 대부분 긍정적이고 적극적인 마인드로 매장을 운영한다. 웬만한 불편 사항도 이해하려고 하는 마음이 있고 프랜차이즈 가맹점을 하는 의도가 확실하게 정립되어서 일정 기간 동안 최선을 다해 매장을 운영하여 원하는 바를 이루어 다음 단계로 향하려는 의지가 매우 강한 것이 청년 창업이다. 부부와 가족 및 청년 창업을 가맹 본부가 선호하는 이유는 매장에 올인하면서 열과 성을 다하여 운영하는 경우가 많기 때문이다. 프랜차이즈는 초심을 잃지 않고 매장을 운영하는 가맹점이 많아야 브랜드 이미지와 인지도가 올라가게 되어 가맹점 확산도 수월해지게 된다.

사업형 창업 아이템보다 생계형 창업 아이템으로 프랜차이즈 사업을 하는 가맹 본부가 1,000호점 달성 확률이 상대적으로 높은 편이다. 생계형 창업은 맛과 청결, 서비스 부분을 잘 준수하여 수익을 창출하기 위해서 최선을 다하려는 열정이 강하다. 생계형 창업이 매뉴얼을 준수하고 통일성을 유지하면서 가맹 본부 정책을 잘 이행할 확률이 사업형 창업보다 높을 수밖에 없는 환경적인 요인을 지니고 있다. 사업형 창업은 여건상 아무래도 오토로 매장을 운영하는 경우가 많다고 할 수 있다. 프랜차이즈 시장 상황이 급변하고 있어서 어느 형태의 창업이 좋다고 확신할 수는 없다. 다만 정열과 열정을 다할 확률이 높은 생계형 창업 아이템이 상대적으로 신규 개설과 가맹점 관리에 유리한 것은 사실이다.

소울 푸드

계절에 구애받지 않고 유행에도 민감하지 않은 아이템이 프랜차이즈 생명력이 길다. 대다수 아이템은 사계절 중 여름과 겨울에 매출 성수기를 맞는 경우가 많은 편이다. 계절이 덥거나 추울 때 고객들이 더 찾게 되는 아이템이 많은데, 이런 아이템의 공통점은 봄, 여름에도 꾸준히 고객들의 발걸음이 끊이지 않는다는 것이다. 주변의 외부적인 환경에 민감하게 반응하지 않고 고객의 뇌리에 늘 남아 있을 수 있는 아이템이 1,000호점을 가기 좋은 아이템이라 할 수 있다. 옛 추억을 회상하며 먹고 마실 수 있는 소울 푸드가 계절과 유행을 덜 타는 음식인 경우가 많다. 이런 아이템이 지금도 프랜차이즈 사업에서 각광받고 있는 이유이다. 한 철 장사로 이익을 보거나 일정 기간 반짝하다가 소리소문없이 고객에게 잊혀지기 쉬운 아이템은 가맹 사업 아이템으로 지양하는 것이 좋다.

대중적인 아이템이 계절과 유행을 덜 탄다는 것은 일반적으로 다 알고 있는 사실이다. 프랜차이즈는 일단 가맹점이 많아야 본연의 특성을 잘 활용하여 전국에서 브랜드 가치를 드높이기가 용이하다. 대중적인 아이템이 확장성이 좋은 만큼 지속적으로 시중에 하루가 멀다고 출현하는 것을 볼 수 있다. 프랜차이즈 브랜드로서 확고하게 자리를 잡기 위해서는 고객이 음식이 싫증이 안 나고 자주 접하고 싶어야 하는데, 오랜 세월 동안 변함없이 현장에서 자리를 지키고 있는 소울 푸드가 대세라고 할 수 있다. 기존 음식에서 맛볼 수 없었던 무언가 특별한 것이 있어서 고객의 이목을 사로잡아 입소문이 나는 아이템이 종종 나온다. 한두 번은 무언가 특색이 있어서 새롭다는 인식이 들 수 있으나 계속해서 발길이 오게끔 하는 데는 한계에 봉착하여 오래가지 못하는 경우가 생각보다 많은 것이 현실이다. 고객은 오랜 기간 몸에 배어 있는 음식을 선호한다는 것을 방증해주는 대목이라 할 수 있다. 획기적인 아이템을 개발하여 고객의 마음을 사로잡는다는 것은 결코 쉬운 일이 아니다. 주변에 갑자기 혜성같이 탄생한 아이템의 브랜드가 얼마 동안 잠시 반짝하고 사라지는 경우가 생각보다 많은 것이 외식 시장의 현주소다. 계절과 유행을 타지 않는 음식은 극소수다. 프랜차이즈 사업을 꿈꾸고 있는 예비 경영자는 이런 사실을 염두에 두고 최적의 아이템을 찾아서 자신의 것으로 특화시켜 브랜드화할 수 있을 때 가맹 사업이 번창할 수 있음을 명심할 필요가 있다.

맛에서 검증이 되었더라도 오랜 기간 홍보 및 마케팅을 통해 브랜드 파워를 올려야만 어느 정도 브랜드 이미지가 알려져서 외식 시장에 안착할 수 있다. 그만큼 시중에서 성행하고 있지 않은 색다른 아이템이 대중성 있는 아이템으로 정착하기까지 현실적으로 수월하지 않은 것이 외식업의 실상이다. 고객에게 사계절 동안 늘 사랑받는 아이템이 될 수 있을 때 메이저 가맹 본부로 거듭날 수 있다. 프랜차이즈 가맹 사업을 위한 아이템 선정 시 최우선으로 중요시해야 할 대목이다. 보편적으로 겨울보다는 여름이 성수기인 아이템이 유행에 덜 민감한 편이다. 한여름에 매출이 최고를 올리는 아이템은 한겨울에도 자생력이 있다고 볼 수 있다. 그 많은 아이템 중에서 사시사철 매출이 좋은 경우는 극히 드물다. 계절과 유행을 덜 타는 아이템을 신중히 고려해서 선택하여 가맹 사업을 추진할 때 소기의 목적을 달성할 수 있다는 점을 유념할 필요가 있다. 그래서 브랜드가 비전이 있느냐를 판단하려면 최소한 한 해 동안 매장을 운영해 보아야 알 수 있게 되는 것이다.

장인 정신 및 독창성
어떤 일에 진정한 달인이 될 만큼 장기간 열정을 다해서 정성을 쏟으며 미세한 곳까지 심혈을 기울이는 정신을 갖고 노력해서 만들어낸 아이템을 가지고 가맹 사업을 펼칠 때 고객한테 사랑받게 된다.

프랜차이즈 상품으로 완성시켜서 오랜 세월 동안 고객이 잊지 않고 매장을 자주 방문하게 만들 수 있는 아이템이 최고의 아이템이다. 명품 브랜드라고 할 수 있다. 이런 아이템으로 가맹 사업을 전개하면 1,000 호점을 달성할 확률이 매우 높아진다고 단정 지을 수 있다. 아이템에 따라서 성공적으로 프랜차이즈 사업으로 안착시킬 수 있는지 가부가 달려 있다고 해도 과언이 아니다. 심혈을 기울여서 남과 차별화된 자신만의 독특한 브랜드 파워를 지닐 수 있도록 만들 수 있어야 경쟁력을 갖춘 가맹 본부가 될 확률이 높다. 어떤 아이템을 선정하느냐가 프랜차이즈 사업의 안착 여부를 결정 짓는 관건이기에 심혈을 기울여서 남과 다른 자신만의 독특한 브랜드 파워를 지닐 수 있도록 만드는 지혜가 있어야 한다.

요즘은 개인 브랜드로 자영업을 하는 아이템 중에서 장사가 잘되는 곳을 눈여겨보았다가 공동으로 가맹 사업을 추진하는 것도 좋은 방법이다. 이미 시장에서 입소문이 나서 가맹 사업으로 전개할 시 성공적으로 정착될 확률이 높다. 원조라는 개념이 강하고 장인 정신이 깃들어 있고 한 우물을 오랫동안 파서 신뢰를 주기에 고객 유입이 수월한 장점이 있기 때문이다. 프랜차이즈 간판을 보면 오랜 기간을 지나 탄생한 아이템이라는 것을 표시하기 위해서 탄생 연도를 표기한 곳을 볼 수 있을 것이다. 오랜 역사를 간직하고 있는 브랜드는 고객 입장에서 왠지 믿음이 가서 음식이 맛있을 것이라는 생각이 앞서게 된다. 자신도 모르게 매장 안으로 발길이 옮겨지게 되어 있다. 고객은 새로운 것보다 오랜 기간 한곳에서 묵묵히 정성을 다한 음식을 선호하는 경향이 강하다.

원조 이미지가 나는 아이템이 가맹점 확산에서 유리한 고지를 점령하는 이유는 맛이 있을 거라는 선입견이 강하게 작용하기 때문이다. 여러 아이템 군에서 원조 색깔을 나타낼 수 있는 아이템은 많지 않다. 장기간 고객에게 사랑받는 아이템은 몇 개에 불과하다. 특정 아이템을 지칭하지는 않겠지만 남녀노소, 세대를 초월하여 선호하는 음식이 여기에 속한다고 할 수 있다. 이런 아이템으로 가맹 사업을 추진하면 신규 매장 오픈이 수월해서 가맹점 확산을 신속하게 진행하는 데 유리할 수 있다. 한 가지 기술에 고수가 될 만큼 장기간 전력을 다해 작은 부분도 놓치지 않으려고 디테일을 중시하면서 최선을 다하는 장인 정신이 가득한 아이템을 만들어가는 것이 꿈에 그리는 프랜차이즈 가맹점 1,000호점을 운영할 수 있는 초석을 다지는 길이다.

젊은 세대 주 타깃층

메이저 프랜차이즈 대부분이 20대, 30대 젊은 층이 주 고객인 경우가 많다. 젊은 세대가 선호하는 아이템은 성별, 세대를 아우르면서 고객층을 두텁게 만드는 경향이 있다. 매장 분위기가 부드러우면서 활력이 넘치게 되어 역동적으로 운영된다고 보면 된다. 대체적으로 프랜차이즈 산업은 중장년층보다는 젊은 세대에 맞추어진 아이템이 활발하게 외식 시장에서 움직이고 있다고 할 수 있다. 젊은 층의 입맛을 사로잡으면 가맹 사업이 순조롭게 전개될 확률이 매우 높다. 반면에 젊은 층이 주 고객층인 경우 아이템 특성에 따라서 한편으로 유행에 민감할 수 있다는 약점이 있는 편이다. 트렌드 변화에 적응이 빠른 세대가 젊은 세대다. 이런 강점과 약점을 보완하고 융합하여 경쟁력을 강화시킬 수 있는 특화된 아이템으로 완성해서 가맹 사업을 전개할 수 있어야 최상이다.

젊은 세대가 주를 이루어야 매장이 활기가 넘치게 되어 있다. 프랜차이즈 매장을 자주 찾는 고객층이 중장년보다는 20대, 30대가 많은 편이다. 젊은 층이 중장년 세대보다는 활동적이어서 밖에서 모임이라든지 약속 횟수가 많기 때문일 것이다. 바꾸어 말하면 프랜차이즈 브랜드가 젊은 층을 주 타깃으로 해서 브랜드화하는 경향이 많다고 볼 수 있다. 유행을 선도하는 주류층이 젊은 세대이기 때문이다. 젊은 세대는 정보 공유가 빠르고 시대의 트렌드를 잘 읽으며 글로벌 시대의 주축인 만큼 국제화가 낯설지 않으므로, 프랜차이즈 사업을 전개하는 경영자는 젊은 층이 선호하는 아이템의 특성을 간파해서 그네들이 공감할 수 있는 브랜드로 만들 수 있어야 한다. 신규 매장 개설을 좀 더 빠르게 할 수 있는 원동력이 생길 수 있어서다.

젊은 세대가 자주 찾아주는 가맹점은 매우 빠르게 매장이 확산되는 것을 알 수 있다. SNS를 통해서 신규 매장 홍보 행사를 펼치고 고객들도 SNS를 활용하여 맛집 검색을 통해 방문하는 것이 대세다. SNS와 친숙한 젊은 세대가 선호할 수 있는 아이템을 선택하여 가맹 사업을 펼쳐야 매장 확산이 빠른 이유가 여기에 있는 것이다. 이러한 외부 환경으로 프랜차이즈 주 고객층이 10대에서 30로 점점 자리매김하고 있다고 해도 지나친 말이 아니다. 젊은 층 고객 대다수가 프랜차이즈 가맹점은 왠지 맛이 있고 서비스가 좋으며 매장 내부가 청결할 것 같다는 인식을 마음속에 지니고 있다고 보아야 한다. 프랜차이즈가 성행하고 있는 이유다. 프랜차이즈는 특정 지역에 거주하는 소수를 대상으로 하는 것이 아니라 전국을 상대로 모든 사람에게 최고의 품질로 최상의 서비스를 제공하기 위해서 추진하는 사업이라 할 수 있다. 운동선수 중에 저 선수는 프랜차이즈 스타라는 말을 들어 보았을 거다. 같은 맥락이다. 이렇게 전국화 가맹 사업을 이루기 위해서는 가맹점이 전국적으로 고루 분포되어 운영되는 것이 우선되어야 한다. 신규 매장을 확산시키기 유리한 아이템을 선정해서 추진할 수 있어야 가능해질 수 있다. 젊은 층이 주 고객층인 아이템이 인기가 있는 이유다.

균형적인 홀, 배달 매출

메이저 가맹 본부 아이템은 대다수가 홀과 배달이 8대 2 정도 비율로 매출이 구성되는 것이 일반적이다. 아이템 속성에 따라 다르기는 하지만 일반적인 외식 아이템은 이상적으로 가맹점 수익이 나올 수 있는 수치가 내점과 배달이 8대 2 정도다. 배달 포지션이 높을수록 매출은 좋을 수 있으나 수익 측면에서 감소하게 되어 있으므로 적절한 균형을 이루도록 매장을 운영하는 지혜가 필요하다. 기본적으로 내점 매출에는 포장 매출도 포함하는데, 배달이 여건상 어려울 때는 포장 매출로 상충시킬 수 있도록 전략을 수립하여 실행하는 것이 좋다. 홀 위주로 매장 운영을 하다가 특수한 외부 환경이 생겨서 부득이 배달을 하게 될 때 가맹점 사정이 다 다르기에 일부 가맹점만 배달을 하는 경우가 있다. 이럴 경우 가맹점 개별적으로는 득이 될 수 있으나 브랜드 통일성이 지켜지지 않을 수 있다는 것을 가맹 본부는 인지해야 한다. 브랜드 통일성이 생명인 프랜차이즈는 아무리 좋은 게 있어도 실행을 하려면 전체가 다 하고 일부만 희망한다면 아예 실행을 안 하는 것이 득이 된다는 것을 유념할 필요가 있다.

배달은 전혀 안 하고 홀 매출에 의존하여 매장을 운영하는 아이템은 외부 환경에 민감하게 반응하는 경우가 많다. 특히 외식업종은 주변 시장과 예기치 못한 외부 상황으로 인해 매출이 한시적으로 급감하는 사례가 흔한 편이다. 정상적인 매출을 지속적으로 기대하기가 쉽지 않은 약점을 지니고 있다. 내점과 배달을 병행할 수 있는 아이템이 연속성을 갖고 매출을 올리는 데 수월하므로 염두에 두면서 아이템을 선정하고 가맹 사업을 할 필요가 있다. 내점 위주로 운영되는 경우 배달을 함께 할 수 있도록 정책을 수립하여 현장에서 실행할 수 있도록 하는 것이 좋다. 배달에 유독 강한 아이템은 적은 평수로 상권 관리를 잘해서 가맹점 간 이격 거리 확립을 합리적으로 해놓고 신규 오픈하면 가맹점을 늘리는 데 강점을 지닐 수 있다. 이러한 아이템은 온 가족이 집에서 함께 즐길 수 있고 싫증이 안 나는 아이템이어야 한다는 제약이 따른다. 단 배달 수수료가 부가적으로 지출되기에 수익 측면에서 다소 감소할 수 있다는 약점을 갖고 있다. 기대하는 가맹 사업을 위해서는 적절한 균형을 이루며 매장 매출이 발생할 수 있도록 브랜드 컨셉을 설정하는 것을 중시해야 한다.

배달 매출보다는 포장 매출을 활성화시키는 것이 매장 수익 측면에서 훨씬 유리하다. 배달 매출은 배달 수수료를 제외하면 홀 매출에 비해 부족할 수밖에 없기 때문이다. 또 품질 면에서 홀 매출보다 고객의 만족도가 하락할 여지가 큰 것이 현실이다. 고객이 가능하면 포장을 선호하는 이유다. 포장 매출은 배달의 차선책으로 무시할 수 없을 정도로 급격하게 증가하고 있는 추세다. 배달이 주력인 아이템을 제외하고는 가맹본부가 홀과 배달 매출의 균형을 이룰 수 있는 정책을 수립하여 실시할 수 있어야 한다. 현장에서 일관성 있게 매장 운영이 가능하도록 할 필요가 있기 때문이다. 일부 매장은 배달 매출이 많아야 일단 종업원이 바쁘게 움직이기에 왠지 장사가 잘되는 것 같다는 생각이 들 수 있지만, 월마감 후 정산해 보면 실제로 수익은 기대만큼 안 나와서 실망하는 사례가 있으므로 적정한 비율로 매장 매출이 일어날 수 있도록 해야 한다. 예전에는 배달 위주로 아이템을 구성하여 프랜차이즈 가맹 사업을 하는 경우가 많았었는데 점점 홀 매출과 병행하는 구도로 변모해 가고 있는 추세다. 배달 매출의 외부적 환경 요인으로 인한 비용 지출이 증가하기 때문이기도 하다. 가맹점 수익이 최우선인 프랜차이즈 사업에서 홀과 배달이 적정한 비율로 균형을 이루어야 하는 이유가 여기에 있다고 할수 있다.

간편성 및 편리성

창업을 희망하는 예비 창업자가 프랜차이즈를 선택하는 큰 이유는 대다수가 장사 경험이 없어서 개인 창업을 하기가 두렵고 매장을 자력으로 운영할 자신이 없기 때문이다. 주방에서 메뉴를 레시피에 따라 간편하게 요리가 아니 조리 개념으로 완성하고, 장사 경험이 없어도 일정한 교육 기간을 거치면 손쉽게 할 수 있다는 생각으로 프랜차이즈 가맹점을 하게 되는 것이 대부분이다. 주방 시스템의 간편성과 편리성으로 전문적인 요리 실력이 없더라도 매장을 운영해서 수익을 낼 수 있겠다는 확신이 서서 프랜차이즈를 선택하는 사례가 많다. 하는 일이 일반적인 개인 창업보다 힘들지 않고 시스템적으로 움직여서 손이 많이 안 간다고 믿는 마음도 강하게 작용하기 때문이다. 주방일 자체가 힘들면 아무리 매출이 좋아도 가맹점주는 만족도가 저하되게 되어 있다. 장기간 매장을 운영할 자신이 없게 되고 주위에도 일이 힘들다는 말을 자주 하고 다녀서 신규 가맹점 오픈에도 부정적인 영향을 미치는 일이 발생할 수 있다는 점을 염두에 두어야 한다.

가맹 본부는 아이템 선정 후 주방 동선을 비롯하여 메뉴 완성까지 가맹점 입장에서 일련의 과정을 심도 있게 정립해 놓아야 할 책무가 있다. 가맹점 확산을 위해서도 필히 해야 할 일이다. 주방에서 일하기 힘들다는 소리가 자주 나오는 순간부터 종업원 이탈 현상의 반복으로 맛이 흔들리기 시작할 수 있다. 조리로써 완성된 맛을 낼 수 있도록 주방 프로세스를 구축하는 일이 필요하다. 간편한 주방 시스템은 인건비 절약에 크게 영향을 미친다. 일정한 레시피에 따라 주방에서 손쉽게 음식을 만들어서 최고의 맛을 내어 고객에게 제공할 수 있어야 브랜드 가치가 올라가서 가맹 사업이 번창하게 된다는 것은 프랜차이즈에 관심 있는 사람이라면 다 알고 있는 사실이다. 하지만 현장에서 실제로 실행을 하여 고객 만족도가 높게 나타나는 브랜드는 그리 많지 않은 것이 프랜차이즈업계 현실이다.

200호점을 넘기기가 힘든 이유이기도 하다. 이처럼 전국 어디서나 똑같은 맛을 낼 수 있도록 주방 시스템을 확립한다는 것이 말처럼 쉽지 않기 때문이다. 이런 주방 시스템을 정립하고 현장에서 실천하는 가맹 본부가 경쟁력을 갖추어서 메이저급 프랜차이즈로 진입하게 될 확률이 매우 높다.

가맹 본부는 예비 창업자가 프랜차이즈 창업을 하는 궁극적인 이유가 간편성과 편리한 운영 시스템이라는 것을 항시 인식하고 가맹 사업을 추진할 수 있어야 한다. 주방 공간에 따른 주방기기를 효율적으로 배치할 수 있도록 확립해 놓는 것과 도면 협의 시 가맹점 견해도 반영하는 것을 소홀히 해서는 안 된다. 가맹점주의 의견을 수렴해서 주방 동선을 만들면 주방에서 일을 하면서 다소 불편한 부분이 있어도 밖으로 표출하지 않으려는 경향이 강해지기 때문이다.

외식업에 초보인 사람도 편리한 주방 환경에서 간편한 레시피에 따라 조리 개념으로 메뉴를 완성할 수 있도록 정립해서 시스템화했을 때 최상의 브랜드가 되어서 1,000호점을 만드는 데 상대적으로 유리한 고지를 점령할 수 있다. 프랜차이즈는 가맹점의 만족도를 높이는 부분을 최우선으로 하여 정책 수립과 운영 매뉴얼을 완성할 수 있어야 한다. 가맹점 만족도와 1,000호점은 정비례하기 때문이다.

02

아이템만으로는 성공할 수 없다

프랜차이즈 시스템 구축

프랜차이즈 시스템은 예비 창업자와 가맹 본사가 신뢰를 바탕으로 공동으로 투자하여 서로의 역할을 분담해서 각자의 역할과 책무를 계약서에 명기하여 실천하겠다는 것을 계약한 공동 사업자 개념이다. 가맹 본부와 가맹점은 상호 동반자이고 독립된 사업자이며 갑을 관계가 아닌 수평 관계이다. 서로 자신의 역할을 반드시 이행해 할 의무가 있고 책임과 권한이 수반된다. 이런 역할을 제대로 수행하지 못했을 때 가맹 사업이 휘청거리기 시작하게 되는 것이다. 프랜차이즈 가맹점을 하는 이유는 가맹 본부가 장사꾼을 사업가로 변신시켜주는 시스템이 있기 때문이다. 가맹 본부가 이 역할을 정상적으로 못 하게 되면 그때부터 가맹점 불만이 싹트게 되어 가맹 사업이 활성화되는 데 어려움을 겪게 된다. 프랜차이즈 시스템이 무언지 모르면서 주변에 잘나가는 프랜차이즈 사업가를 보면서 왠지 나도 저렇게 할 수 있을 것 같다는 기대 심리가 크게 작용하는 이유도 한몫한다고 할 수 있다. 프랜차이즈 원리와 시스템에 대해 경영자는 필수적으로 숙지해야 한다. 프랜차이즈 사업을 꿈꾸고 있거나 현재 사업을 추진하고 있는 경영자와 임직원은 이 부분을 중시하면서 주어진 일을 해야 한다. 프랜차이즈 시스템 구축은 반드시 확립해 놓아야 한다. 일시에 할 수는 없지만 타이밍에 맞게 정립해 놓아야 할 부분임을 예비 경영자와 가맹 사업 초기 단계에 있는 경영자는 명심해야 한다.

일반적으로 프랜차이즈 사업을 시작하는 동기는 자신이 운영하는 매장이 장사가 잘돼서 스스로 하는 경우와 주위에서 가맹 사업을 한번 해보라고 권유해서 시작하는 경우다. 프랜차이즈 아이템을 기획해서 추진하는 경우는 대기업에서 전략적으로 실시하는 경우와 제2 브랜드를 추진할 때이다. 기획 브랜드와 2브랜드가 프랜차이즈 아이템으로 성공할 확률이 낮은 이유가 시장에서 검증이 되어서 시작한 아이템이 아니기 때문이다. 반면에 개인 창업으로 맛에 대한 검증이 된 상황에서 프랜차이즈 사업을 추진하는 경우는 프랜차이즈 시스템을 효율적을 구축하지 못하여 가맹점과 잦은 갈등과 불만의 소지를 주는 일이 있으며, 프랜차이즈 생명이나 다름없는 통일성을 지키지 못해 충분하게 경쟁력이 있음에도 불구하고 메이저 프랜차이즈로 진입하지 못하고 중도에 정체되고 퇴색되는 브랜드가 있다.

가맹 사업 초기에 합류한 임직원도 정통으로 프랜차이즈 시스템을 학습하고 경험하지 못한 상태에서 근무하는 사례가 많다. 가맹점이 확산될수록 여기저기서 문제와 불만의 소지가 발생해서 브랜드 가치가 하락하는 경우를 흔히 볼 수 있게 되는데, 프랜차이즈 시스템을 명확하게 이해하지 못한 상태에서 미흡한 지식으로 시스템을 만들어 놓은 이유가 크다. 전문가의 자문을 구해서라도 효율적이고 생산적인 프랜차이즈 시스템을 만들어 놓아야 하는 이유다.

가맹점과 소통이 원활하게 이루어지지 않다 보면 잦은 오해로 인해 서로 간극이 발생하고 심지어 분쟁까지 이어지는 경우가 있는데, 대부분 가맹 본부에서 프랜차이즈 원리와 시스템을 명확하게 가맹점에 숙지시키지 못해서 발생되는 경우가 많다. 프랜차이즈 사업을 추진하면서 프랜차이즈 원리와 시스템을 가맹 본부와 가맹점이 이해하고 숙지하고 있다면 불만과 분쟁의 실마리를 사전에 풀기가 쉽다. 프랜차이즈 지식이 요구되는 대목이다.

　성공적인 가맹 사업이 되기 위해서 경영자는 물론 가맹 본부 임직원 모두가 프랜차이즈 시스템을 완벽하게 이해하는 것이 필수적인 선결 과제다. 그래야 가맹 본부의 정책 사항을 가맹점에 이해시키고 설득시켜 현장에서 실행해 많은 단골 고객을 확보하여 매출 증대로 이어지게 하고 수익이 창출되게 만들 수 있기 때문이다. 프랜차이즈는 가맹 본부에서 제품을 생산하여 소비자에게 직접 판매하여 수익을 창출하는 것이 아니라 가맹점을 오픈시켜서 가맹점주에게 가맹 본부 경영 정책과 제반 매뉴얼을 준수하게 하여 현장에서 고객에게 제품과 서비스를 제공하는 시스템이다. 그래서 가맹 본부와 가맹점에서 해야 할 기본적인 의무 사항이 존재한다. 각자의 역할을 성실하게 수행해야 서로 이익이 발생하는 체제이기에 사업 동반자라 할 수 있다. 가맹 본부와 가맹점은 각자에게 어떤 의무와 책임이 있는지를 구체적으로 알 수 있어야 한다. 그래야 각자의 역할을 이행해서 상생할 수 있다. 역할이 확연하게 다른 만큼 가맹 본부와 가맹점이 역할과 책무를 성실하게 이행하였을 때 서로 상생할 수 있는 것이 프랜차이즈 특색이다. 프랜차이즈 시스템이 구축되어서 현장에 적용시킬 수 있을 때 가맹 본부와 가맹점이 제 기능과 역할을 이행하여 1,000호점을 향해 순조롭게 달려갈 수 있다.

강력한 슈퍼바이저 제도

프랜차이즈는 슈퍼바이저로 시작해서 슈퍼바이저로 끝나는 사업이라고 단정 지어도 지나친 말이 아니다. 이번 챕터에서 서두에 강력한 슈퍼바이저 제도를 기술하는 이유는 성공적인 가맹 사업을 위해 슈퍼바이저가 차지하는 비중이 크다는 것을 강조하기 위함이다. 아무리 훌륭한 아이템을 가지고 있고 우수한 인프라가 구축되어 있어도 가맹 본부와 가맹점 소통 창구로서 가맹 본부 정책을 전달해서 이행시키고 매뉴얼 준수를 잘하여 전 매장이 통일성을 유지하면서 고객에게 서비스를 제공할 수 있게 가맹점을 지도하고 감독하며 개선시키고 가맹점 불만 사항을 신속하게 처리해 주는 역할을 수행하는 슈퍼바이저를 강력하게 운영하지 않고서는 가맹 사업의 성공을 기대하기가 어렵다. 프랜차이즈는 가맹 본부에서 생산한 제품을 직접 소비자한테 판매하지 않고 가맹점을 통해서 실행해야 하는 시스템이다. 가맹점 증가 폭이 둔화되고 정체하는 브랜드 대다수는 슈퍼바이저 제도 확립이 미흡하고 현장 실행력이 약한 것이 주된 이유다.

프랜차이즈 원리와 시스템을 이해하지 못한 상태에서 슈퍼바이저 역할과 중요성을 소홀히 여기며 가맹 사업을 추진하는 브랜드가 생각보다 많은 것이 현실이다. 슈퍼바이저가 왜 필요한지 알지 못한 상태로 가맹 사업을 전개하여 체계적인 가맹점 관리가 이루어지지 않아서 가맹점 우호도가 안 좋아지고 동일한 맛과 서비스가 흔들리기 시작하여 브랜드 이미지가 실추되고 가맹점 확산에 어려움을 겪는 가맹 본부가 의외로 많다. 슈퍼바이저가 표준 활동을 하면서 가맹점과의 원활한 소통을 통해 매뉴얼 준수와 가맹 본부 정책 이행을 하게 해야 하는 이유를 이해하지 못하는 CEO는 성공적인 프랜차이즈 사업은 꿈도 꾸지 말아야 한다. 가맹 사업 초기부터 강력한 슈퍼바이저를 운영하면서 가맹점 관리를 할 수 있어야 1,000호점을 달성하는 초석을 마련하는 데 수월하다.

프랜차이즈 가맹 사업 비전을 달성하기 위해서는 가맹점에서 본연의 역할을 다하게 만들 수 있어야 한다. 가맹점 관리는 가맹 사업의 주된 목표인 가맹점을 확산하기 위한 전 단계라고 보아야 한다. 100호점 이내 가맹점을 운영하다가 신규 개설 확산이 더디게 이루어지거나 정체되다가 하락하게 되는 것은 슈퍼바이저에 의한 가맹점 관리가 잘 이루어지지 않은 원인도 크다. 가맹 본부는 가맹점을 관리하는 목적이 매장의 매출 증대가 주된 이유이지만 종착점은 신규 매장 오픈에 있다는 것을 간과해서는 안 된다. 가맹점 만족도 없이 가맹점 확산을 이룬다는 것은 일시적으로는 가능할 수도 있으나 지속되는 데 어려움이 있기 때문이다. 가맹점에서 프랜차이즈 시스템을 이해하고 가맹 본부 매뉴얼을 이행하면서 고객을 감동시킬 수 있는 서비스를 제공할 수 있도록, 가맹 본부는 강력한 슈퍼바이저 제도를 확립하고 실행에 옮길 수 있어야 한다. 1,000호점으로 가는 최고의 방책이다. 슈퍼바이저 운용을 소홀히 하고 중요성을 인지 못 하는 가맹 본부에게 가맹 사업의 성공이라는 단어는 먼 이야기다.

가맹점 수익 극대화

프랜차이즈 가맹 사업이 성공적으로 안착하기 위해서 최우선으로 이루어져야 할 일은 가맹점에서 만족할 만한 수익이 발생하는 것이다. 아이템이 좋고 인프라를 잘 갖추고 시스템화되어 있으면서 가맹 본부 경쟁력이 우수해도 매장을 운영하는 가맹점주가 금전적으로 만족을 느끼지 못한다면 메이저 프랜차이즈로 진입은 상상조차 할 수가 없다. 가맹 사업 초기에는 실질적인 수익이 얼마인지를 명확히 알지 못하고 영업 담당의 상담이나 자신의 느낌으로 판단하고 오픈하는 것이 대다수다. 가맹점 수익은 가맹점주 스스로가 피부로 느끼는 수익이어야 한다. 가맹 본부와 가맹점이 수익을 산정하는 방식이 다르기에 가맹 본부 입장에서 가맹점 손익을 분석하여 판단하는 것은 바람직하지 않다. 이 부분에서 대부분 가맹 본부와 가맹점의 수익 분석에서 괴리가 발생하여 이익에 대한 개념상 간극이 발생하는 경우가 많다. 가맹 본부와 가맹점의 수익 분석은 산정하는 기준 자체가 상이하다고 봐야 한다. 가맹점주는 본인이 창업 시 투자한 투자비에 대한 이자는 물론 정성적인 금액을 비용으로 계산하기에 서로 상이할 수밖에 없다. 가맹점 수익은 가맹점주가 자신의 인건비를 포함하여 인적, 물적 제반 투자 비용을 제외하고 남는다는 느낌이 들 때 수익이 난다는 생각을 갖게 된다는 것을, 가맹 본부가 염두에 두고 가맹점 손익 분석을 할 수 있어야 한다.

브랜드 경쟁력이 뛰어나고 가맹 본부에서 표준 활동을 통한 가맹점 관리를 잘해주어도 매장 운영을 효율적으로 하지 못해서 가맹점 수익이 감소되는 사례가 있으므로 슈퍼바이저는 매장별로 손익 분석을 통한 지도 및 개선을 해주어야 한다. 프랜차이즈 가맹 사업을 추진하려는 창업주 경영자는 안테나 매장을 운영하면서 가맹점주 입장에서 매장 손익을 명확하게 산정해서 실제 수익이 어느 정도 발생하는지 분석한 후 객관적으로 만족할 만한 이익이 나올 때 가맹 모집을 스타트하는 것이 장기적으로 바람직함을 유념할 필요가 있다. 디테일하게 파악하지 않은 상태에서 수익이 발생한다는 막연한 확신을 하면 오래지 않아 가맹점 확산에 제동이 걸리게 된다는 점을 명심해야 한다. 프랜차이즈는 가맹점에서 수익이 기대하는 만큼 나오고 있느냐에 가맹 사업의 성패가 달려 있기 때문이다. 가맹점 기대 수익이 미흡하게 나오면 다른 제반 시스템이 최고로 좋게 갖추어져 있다고 해도 무용지물이 되고 만다는 점을 늘 상기하면서 가맹 사업을 할 수 있어야 한다. 가맹 사업에서 만족할 만한 가맹점 수익은 수백 번을 강조해도 지나치지 않을 정도로 필수 불가결한 일이다.

프랜차이즈 사업 초기에는 어느 브랜드를 막론하고 가맹 본부에서 가맹점 매출 상승을 위해 온갖 정성을 다하게 되어 있다. 매장 수가 늘어나고 시일이 경과할수록 가맹점 스스로가 자생력을 지니고 가맹 본부 정책과 매뉴얼에 입각하여 매장을 운영하게 된다. 아이템과 브랜드가 경쟁력이 있어서 시스템적으로 운영이 될 수 있다면 매장 여건이 바뀔 일이 적지만 그렇지 못할 때는 매장 오픈 초기 매출을 유지하기가 만만치 않게 될 수 있다. 여러 요인이 있을 수 있으나 프랜차이즈 사업 자체가 지니고 있는 특징적인 요인이 주된 원인이라 할 수 있다. 프랜차이즈는 아이템과 가맹 본부 경쟁력에 따라서 가맹점 매출 편차가 크게 나타나고 있는 실정이다. 하물며 자사 브랜드 중에서도 서로 매출이 극명하게 갈리는 것을 볼 수 있다. 점포 입지 영향이 크겠으나 누가 매장을 어떻게 운영하느냐도 무시할 수 없다. 메이저 프랜차이즈로 진입할 수 있는 여력을 지닌 브랜드 공통점은 점포 입지 선정부터 매장 운영을 잘할 수 있도록 시스템적으로 움직여서 가맹점 수익이 극대화될 수 있는 기반을 조성해 주고 있다는 것이다. 프랜차이즈 사업에 동참하고 있는 모든 분들이 염두에 두고 있어야 할 대목이다. 아이템이 좋으면 가맹점 수익이 상대적으로 많이 날 수 있을지 몰라도 수익과 비례하지는 않는다는 것을 인지해야 한다.

통일성 및 실행력

프랜차이즈 특성 중 제일 우선시 되는 것은 통일성이다. 가맹 본부의 제반 정책을 전 가맹점에서 모두 동일하게 실행하는 것이다. 이 부분이 지켜지지 않고 흔들리는 순간 가맹 사업의 비전 달성은 쉽지 않다. 현장의 통일성을 유지하기 위해서는 가맹 본부가 경쟁력이 있어야 가능하다. 상대방과 경쟁해서 이길 수 있는 힘이 있을 때 경쟁력이 있다고 말한다. 가맹 본부가 경쟁력이 있다는 것은 제반 부분이 시스템에 의해 움직이고 있다는 사실이다. 프랜차이즈는 슈퍼바이저가 표준 활동을 잘하여 철저하게 가맹점을 지도하고 관리할 수 있어야 통일성을 유지할 수 있다. 가맹 사업은 가맹 본부에서 제품을 완성하여 고객한테 직접 판매하는 형태가 아니라 가맹점을 통해서 현장에서 실행할 수 있게 지도하여 매출을 올리는 시스템이기에 전체가 하나 되어 똑같이 매장을 운영하기가 결코 쉬운 것은 아니다. 이런 과제를 풀어나가기 위한 최상의 방책은 브랜드 가치를 상승시키는 일이다. 그러기 위해서는 전 가맹점이 통일성을 유지하여 같은 맛과 서비스를 고객에게 제공할 수 있어야 한다. 가맹 본부의 역량이 있을 때 가능해질 수 있다는 점을 유념할 필요가 있다.

가맹 본부 최고의 경쟁력은 전 가맹점이 일사불란하게 가맹 본부 정책을 똑같이 현장에서 실행하여 전국 고객에게 똑같은 제품과 서비스를 제공하는 일이다. 1,000호점을 달성한 가맹 본부는 대체로 전국 가맹점이 통일성을 유지하고 있다고 단정할 수 있다. 동일하게 매장이 운영되고 있어야만 가능한 일이기 때문이다. 프랜차이즈 시스템은 결국은 가맹점에서 동일한 운영 프로세스에 입각하여 동일한 서비스를 고객에게 제공하는 것이라고 할 수 있다. 그래야만 프랜차이즈 근간인 가맹 본부와 가맹점의 상생이 이루어진다. 고객은 전국 어디서나 매장을 방문했을 시 일정한 맛과 서비스를 제공 받을 때 브랜드에 대한 신뢰가 싹터서 충성 고객이 되기 때문에, 가맹 본부는 통일성을 유지하는 데 혼신을 다해야 한다. 브랜드 가치를 증대시키고 가맹 본부 경쟁력을 강화하여 가맹점에서 개인적인 일탈을 막기 위해서는, 슈퍼바이저가 가맹 본부의 정책을 반드시 이행하여야 한다는 강한 마인드를 교육을 통해서 가맹점에 전파할 수 있어야 한다. 1,000호점을 달성할 수 있는 초석을 마련하는 토대를 마련할 수 있기 때문이다.

가맹 사업 초기 즉 100호점까지는 잘 나가다가 어느 순간부터 매출이 감소하고 가맹점이 확산이 안 되어 폐점되기 시작하는 브랜드는 통일성을 유지하지 못한 것이 첫 번째 이유이다. 가맹 본부의 프랜차이즈 시스템을 명확하게 이해하지 못해서 나타나는 원인이라 할 수 있다.

가맹 본부에서 가맹 사업을 추진할 때 간과해서는 안 될 사항이 가맹점 통일성 유지다. 결코 쉽지 않은 부분이지만 가맹 본부는 이 부분을 어떤 방식으로 잘 관리해서 현장에서 실천하게 만들 수 있을지를 주력해야 한다. 가맹점의 소리를 잘 귀담아들어서 현실에 부합하지 않는 말을 할 경우는 프랜차이즈 원리와 특징을 잘 설명하여 이해를 시키고 왜 가맹 본부 정책에 의한 매장 운영 이루어져야 하는지를 납득시킬 수 있어야 한다. 이 부분은 슈퍼바이저의 역할이지만 임원 및 나아가 경영자도 지원 사격을 해주어 통일성 있게 전 가맹점이 운영될 수 있도록 해야 한다. 1,000호점을 가는 근간이 통일성이기 때문이다.

최고의 가성비

가격 대비 품질과 서비스가 좋으면 고객이 매장을 찾게 되어 있다.

고객의 발걸음을 재촉하게 만드는 원동력이 좋은 가성비다. 고객은 가격에 부담을 느끼지 않으면서 만족해야 하고 가맹점은 만족할 만한 수익이 발생하게 만들어야 신규 매장이 수월하게 오픈될 수 있다. 가격에 비해 성능이 좋은 것이 고객의 마음을 잡는 데는 최고의 무기가 된다는 사실을 항시 염두에 두고 가맹 사업을 펼쳐야 한다. 가성비가 좋은 아이템의 특성은 저렴한 가격과 우수한 품질력이 늘 비례한다는 것이다. 한쪽에 치우치지 않고 병존해서 움직인다. 이 부분을 어떤 방식으로든지 완성하는 브랜드는 1,000호점에 근접할 수 있는 일차적인 무기는 갖추었다고 말할 수 있다.

프랜차이즈는 고객이 심리적으로 가격이 저렴하다는 마인드를 우선적으로 갖게 만드는 것이 중요하다. 타 브랜드보다 저렴한데도 풍성하다는 인식이 들어야 브랜드에 대한 관심을 갖기 때문이다. 여기서 절대적으로 놓쳐서는 안 될 사항이 품질과 맛이다. 맛은 기본적으로 갖추어져 있다는 전제를 달고서 프랜차이즈 사업을 추진할 수 있어야 한다. 가격은 저렴한데 맛이 없다는 평가가 들리기 시작하면 "역시 싼 게 비지떡이네." 소리를 듣게 되어 소리소문없이 하향세를 걷게 되기 때문이다. 우수한 품질을 유지하면서 저렴한 가격을 고수한 상태에서 매장 수익을 내려면 고객의 발길이 끊이지 않을 정도로 자리매김하고 있어야 한다는 전제 조건이 수반되어야 한다. 안테나 매장에서 고객들로부터 가성비가 좋다는 평가를 받았을 때 프랜차이즈 사업을 전개하는 것이 최상이라 할 수 있는데 현실은 그렇지 못하기에 기대하는 메이저 프랜차이즈로 입성을 못 하게 되는 것이라 할 수 있다.

가맹 사업 초기부터 가성비 좋은 아이템으로 자리매김할 수 있도록 가맹 본부는 각별히 이 부분에 심혈을 기울여서 운영 시스템을 구축해 놓을 수 있어야 한다. 같은 값이면 다홍치마라는 옛말이 있는 것처럼 프랜차이즈가 성공하기 위해서는 좋은 가성비는 필수적이다. 가성비를 한 단계 넘어서서 고객의 심리적인 안정감과 만족도를 뜻하는 가심비가 좋아야 한다고 한다. 가심비가 좋으려면 가성비가 전제되어야 한다. 가맹 본부는 이 점을 필히 염두에 두면서 정책을 펼치고 가맹점 관리를 할 수 있어야 한다. 500호점 이상 가맹점을 운영하기 시작하면 그때부터는 브랜드 파워가 생겨서 가성비보다는 브랜드로서 상품력이 존재하기에 고객에게 지속적인 사랑을 받는 데 어려움이 덜하다고 말할 수 있다.

가맹 사업 초기부터 가성비가 좋은 브랜드라는 이미지를 가질 수 있도록 만들 수 있느냐가 어쩌면 프랜차이즈 사업의 성패를 좌우한다고 할 수 있다.

소통 및 피드백

가맹 본부에 대한 가맹점의 최대 불만 사항은 요청한 내용에 대한 신속한 피드백이 없다는 것이다. 이 점은 어느 브랜드를 막론하고 가맹점주가 동일하게 느끼고 있는 사항이다. 가맹 본부에서 가맹점 관리 시 놓쳐서는 안 될 부분이라는 것을 알고 있으면서도 가맹점이 만족할 정도로 실천하지 못하고 있는 것이 가맹 본부 현실이다. 가맹점 클레임에 대한 신속한 피드백은 모든 가맹 본부에서 풀어야 할 난제다. 가맹 본부는 가맹점의 우호도를 높이는 데 최고의 지름길이 가맹점 요청 사항에 대한 빠른 회신임을 명심하고 가맹점 관리를 할 수 있어야 한다. 피드백을 해줄 때는 단순한 회신을 주는 것에 그치는 것이 아니라 요구 사항에 대한 해결책을 제시해 줄 수 있어야 한다. 가맹점에서 요청하는 문제에 대해서 현명한 해법을 제시해 줄 때 가맹 본부에 대한 만족도가 높아지게 되어서 가맹 본부 정책에 적극적으로 동참한다.

가맹점은 자신이 요청한 사항에 대해 가맹 본부에서 피드백을 신속하게 해줄 때 소통이 잘된다고 말한다. 이 말의 뜻을 심도 있게 분석하고 이해하며 가맹점 관리를 할 수 있어야 한다. 가맹 본부는 전체 가맹점을 상대로 프랜차이즈 사업을 펼치지만 가맹점은 자신의 가맹점 여건만 생각하고 가맹 본부에 요구하는 경향이 많다. 여기서 상호 이해관계의 해석이 달라서 갈등과 불만이 초래되는 경우가 있다. 그래서 안건에 대한 원활한 소통이 필요하고 그에 대한 신속한 회신이 필요한 것이다. 가맹점 불만의 첫 시작은 인테리어에서 비롯되는 일이 많다. 매장 공사가 원하는 만큼 나오지 않았을 때부터 가맹 본부에 대한 신뢰가 깨지기 시작한다고 보아야 한다. 가맹점 관리에 있어서 인테리어 불만족은 생각보다 크게 부작용을 초래하는 일이 많다. 두고두고 미흡한 공사에 대해 반복해서 가맹점에서 말이 나오기 때문이다. 가맹점에서 바라는 사항에 대해 세심한 부분까지 빠르게 조치해주는 가맹 본부가 되어야 브랜드 이미지가 좋아지게 된다는 점을 명심해야 한다.

프랜차이즈를 가맹점을 오픈한 후 3개월까지는 정신없이 지나가다가 6개월 정도 되면 가맹 본부와 브랜드에 관해 이것저것을 알게 되고 미흡한 부분에 대한 불평을 하게 되며 점점 요청 사항이 많아지게 된다. 1년 정도 지나면 브랜드 선택을 잘했는지에 대한 명확한 판단 기준이 서게 된다. 가맹점 불만이 발생되는 시점은 일반적으로 6개월 정도 경과한 시점이다. 가맹 본부에서 별도로 애정을 갖고 관리를 해주어야 하는 시기다. 매장 운영 초기에 가맹점 만족도를 높여주는 것이 안정적인 가맹 사업에 도움이 되므로 많은 관심과 지도를 통해 일정한 궤도에 오를 수 있는 매장 운영을 하도록 해줄 필요가 있다. 향후 가맹점 불만을 최소화할 수 있는 좋은 방안이다. 빠른 피드백은 비단 가맹점과의 소통뿐 아니라 가맹 본부 임직원 사이에서도 업무 처리를 하면서 매우 중시해야 할 사항이다. 슈퍼바이저가 현장의 중요한 일을 상사에게 보고하지 않고 속된 표현으로 혼자 먹어 버리는 일이 간혹 있다. 가맹점과 원활한 소통이 단절되는 주원인이다. 신속한 피드백은 어느 조직에서나 주어진 일을 잘 해내기 위한 필수 불가결한 요소다. 특히 프랜차이즈는 더욱더 그렇다.

셀카 인테리어

아이템마다 특색이 있을 수 있지만, 고풍스럽거나 모던하여 매장을 방문했을 시 어디서도 느껴보지 못한, 나만의 안식처처럼 와닿는 인테리어 디자인이 고객을 유입하는 데 유리하다. 남에게 셀카를 찍어 알리고 싶을 정도로 매장 분위기가 색달라서 마음속에 감흥을 줄 수 있어야 하고 왠지 이곳에 머무르면 자신의 위상이 격상되는 느낌을 받을 수 있는 인테리어가 될 수 있다면 금상첨화다. 해외여행 시 카페에 들러서 셀카를 찍어 친구나 가족에게 전송하고 인스타그램에 올리고 싶다는 생각을 한 번쯤은 해 보았을 텐데, 국내 매장을 방문했을 때도 같은 분위기를 연출해서 유사한 느낌을 줄 수 있는 브랜드가 고객한테 인기가 있으니 유념할 필요가 있다. 프랜차이즈는 외형과 내부가 프랜차이즈 가맹점이라는 이미지가 한눈에 들어오면서 한순간에 확 와닿는 통일성과 검증된 맛에 대해서 확신을 가질 수 있는 인테리어가 되어야 한다.

고객한테 인지도를 높일 수 있는 최상의 인테리어는 프랜차이즈 가맹점이라는 인식이 한눈에 들어올 수 있게 하면서 내부를 보는 순간 편안하고 럭셔리하면서도 융숭한 대접을 받는다는 느낌이 순간적으로 스쳐 갈 수 있어야 한다. 외식업에서는 당연히 맛이 차지하는 비중이 가장 크지만 매장 분위기 또한 무시할 수가 없다. 간판은 무슨 업종인지 한눈에 들어오게 하는 것이 좋다. 간판만 보면 프랜차이즈라는 인식이 바로 생각나게 해야 하고 간판 하단에 몇 호점을 표기해주면 고객이 볼 때 금세 프랜차이즈라는 것을 인식하게 되니 참고하면 좋을 듯하다. 매장 분위기에 따라 고객 유입의 많고 적음이 나뉠 수 있다. 인테리어가 고객으로부터 브랜드에 대한 신뢰를 주는 첫 번째 모티브로 점점 변모해가고 있는 형국이다. 단골 고객을 넘어 충성 고객을 확보하는 데에는 셀카를 찍고 싶을 정도의 인테리어를 완성시키는 것이 브랜드의 크나큰 경쟁력이 된다는 것을 유의할 필요가 있다.

가맹 본부는 고객이 브랜드를 순간적으로 떠올릴 수 있을 정도의 독창성이 강한 브랜드 디자인을 만들 수 있어야 한다. 인테리어 디자인을 비롯하여 제반 부분의 디자인은 브랜드 특장점을 한눈에 알 수 있도록 이미지를 부각시켜 고객에게 각인시킬 수 있어야 한다.

사실상 디자인은 주관적인 요소가 강하고 정답이 없기에 이거다 하고 규정지을 수 있는 것이 없어서 소수 의견을 수렴해서 경영자가 결정하여 진행하는 것이 일반적이다. 인테리어 디자인은 해당 분야에서 정통적인 실력을 갖추었다고 입증된 곳에 의뢰해서 가맹 사업 초기부터 추진하는 것이 향후 브랜드 파워를 높이는 데 훨씬 좋다. 각종 디자인은 고객에게 브랜드를 한눈에 마음속에 각인되게 하는 큰 힘을 지닌다. 시대의 트렌드에 부응하고 타깃 고객층의 심리적 요인까지 자극해 기대 심리를 꿰뚫어 볼 수 있는 디자인을 완성시킬 수 있도록 가맹 본부는 노력을 해야 한다. 프랜차이즈 사업에서 각종 디자인과 매출 증대는 기대 이상으로 직접적으로 연관이 있다는 것이 증명된 사실이다. 브랜드를 상징하는 디자인은 대중에게 브랜드 이미지를 부각시키는 데 결정적인 역할을 하기에 최고의 전문가를 영입하거나 외부에 의뢰해서 완성시킬 필요가 있다.

진정성 있는 인사

인사만 잘해도 매장에 온 고객을 50%는 단골 고객으로 만들 수 있다는 말이 있다. 가맹점에서 고객을 진심으로 환영하고 존중하는 자세로 인사를 하고 있는지를 점검하고 지도할 수 있어야 한다. 가맹점 매출과 직결되고 나아가 가맹점 확산에도 지대한 영향을 미치게 될 수 있다는 점을 인지하고 가맹점 관리를 해야 한다. 인사를 받는 사람은 상대가 진심을 담아 진정성 있게 인사를 하는지 아니면 형식적으로 겉치레 인사를 하는지를 순간에 알 수 있다. 매장 문을 열고 들어오는 고객한테 종업원이 하는 인사 방식에 따라서 매장 분위기는 일시에 달라진다. 고객을 처음 본 종업원이 큰소리로 외치는 "어서 오세요!"에 이를 들은 다른 종업원이 함께 인사를 할 경우, 그 순간 고객에게는 브랜드에 대한 느낌이 긍정적으로 확 자리 잡게 되어 있다. 확실하게 시장에서 1등 브랜드로 자리매김한 브랜드는 종업원이 마음에서 우러나오는 서비스를 제공하고 있다는 공통점을 갖고 있다. 특이할 사항은 철저하게 인사를 반갑게 상대를 존중하는 자세로 하면서 진정성 있는 서비스를 실천하고 있다는 것이다. 가맹 본부의 지속적이고 반복적인 교육이 있어야 가능한 일이다.

프랜차이즈의 꽃인 슈퍼바이저가 가맹점 관리를 할 때 주된 체크 사항인 QCS(맛, 위생 청결, 품질)에서 추가로 G(인사)를 넣고 가맹점을 관리하는 가맹 본부가 증가하고 있는 추세다. 고객 서비스에서 인사가 차지하는 비중은 말로 할 수 없을 정도로 크다. 특히 외식 프랜차이즈에서는 더욱 그렇다. 아무리 맛이 좋은 음식점이라도 종업원이 불친절할 때는 방문하고 싶지 않은 것이 고객의 심리다. 고객이 감동할 수 있는 서비스를 항상 제공하게 하는 것은 가맹 본부의 역량에 의해 좌우된다. 고객에게 평판이 좋은 브랜드 이미지를 확고하게 갖춘 가맹 본부는 가맹점의 만족도도 높다. 현장에서 대중에게 브랜드에 대한 좋은 평가를 받는 것이 빠른 신규 가맹점 오픈의 초석이 된다. 친절하고 진정성 있는 인사는 매장 운영의 전부라고 해도 지나친 표현이 아니다.

매출이 저조한 가맹점에서 점주를 비롯하여 종업원 전체가 고객이 매장 방문을 할 때 솔 음으로 크고 반갑게 인사를 하고 고객이 매장 문을 나설 때 홀 근무자가 문밖까지 나가서 큰소리로 인사를 하면서 매출이 급상승하는 경우를 여러 번, 필자가 직접 목격했다. 고객은 자신을 존중해주고 대우해준다는 생각이 들 때 단골 고객 아니 충성 고객으로 변신하게 되어 있다. 이런 결과를 낳기 위해서는 매장 내 근무자 전원의 진정성이 넘치는 인사가 최고다. 경영자는 이 부분을 반드시 상기하고 현장에서 실천할 수 있도록 정책 수립을 해야 한다. 결과를 이루어낸 경험자로서 강력히 추천하니 참고했으면 한다. 매장에서 고객한테 형식적으로 인사하는 것은 금물이다. 프랜차이즈가 지속적으로 고객이 감동할 수 있는 서비스 교육을 실시해야 하는 이유가 여기에 있다고 할 수 있다. 모든 가맹점이 고객에게 마음속 깊이 존경심을 담아서 매장에 발을 들일 때와 매장 문을 나설 때 인사를 하는 브랜드는 1,000호점이 눈앞에 점점 보이게 될 것이다.

브랜드 스토리

잘나가는 브랜드는 반드시 타 브랜드와 차별화되는 그들만의 무언가가 존재한다. 잘나갈 수밖에 없는 특색과 이유와 강점이 분명하게 있다. 고유의 존재하는 특질이 있다고 할 수 있다. 대를 이어서 운영해오는 음식점이 대다수 맛집인 이유는 전통성을 유지하려고 온갖 정성을 다해서 음식을 완성시켜 고객에게 제공하기 때문이다. 고객은 원조 브랜드에 무조건적인 신뢰를 주는 경향이 많다. 왠지 맛이 있고 건강에 좋고 믿음이 가는 음식이라는 선입견을 갖고 대하기 때문이다. 간혹 가맹 본부에서 없는 스토리를 가장하여 만들려고 하는 이유도 여기에 있다고 할 수 있다. 하지만 인위적인 브랜드 스토리는 무언가 신뢰성이 부족하다는 인상으로 고객의 눈에 비추어지게 되므로 신중을 기해야 한다. 과유불급이 여기서도 적용된다고 보면 된다. 원조 브랜드가 순조롭게 신규 매장을 오픈해 가는 이유는 전통성이 있다는 이유가 크다.

SINCE 0000를 간판에 노출하는 브랜드를 보게 되면 원조 브랜드라는 이미지가 물씬 풍기게 되어 고객이 발걸음을 재촉하게 되는 경우가 많은 것을 알 수 있다. 전통성이 있고 오랜 세월 한 우물을 파서 완성한 제품이라는 느낌을 갖게 해서다. 이처럼 고객에게 신뢰를 주어 마음속에 깊숙이 각인시켜줄 수 있는 전통성 있는 브랜드 스토리는 1,000호점을 달성하는 데 굉장히 유리하게 작용한다. 브랜드 스토리를 매장 내에

벽화 또는 실사 처리를 해서 부착해 놓는 것도 브랜드를 홍보하는 데 좋은 방법이다. 고객은 실내 인테리어 장식을 보면서 브랜드에 대한 가치를 스스로 평하는 경우가 많아서다. 학창 시절에 오랜 전통과 역사를 자랑하는 ○○학교라는 말을 많이 들어본 경험이 있을 것이다. 원조 브랜드와 일맥상통하는 사례다. 어떻게 하면 전통성을 갖춘 브랜드 스토리를 만들 수 있을지는 프랜차이즈 사업을 전개하는 경영자의 역량에 달려 있다고 할 수 있다.

가맹 사업을 시작하는 가맹 본부는 아이템 선정 후 브랜드 스토리를 어떻게 만들지를 심사숙고해야 한다. 짧은 기간에 탄생한 브랜드일지라도 나름대로 스토리를 만들어 부각시키는 지혜가 필요하다. 장인 정신이 깃든 맛과 가성비를 잡은 브랜드임을 강조할 수 있어야 한다. 혼이 서린 브랜드를 고객은 잊지 않고 찾게 되기 때문이다. 간판에 할아버지, 할머니 사진을 활용한 브랜드를 볼 수 있을 것이다. 오랜 역사를 지닌, 검증을 통해 고객에게 제공한다는 음식임을 나타내어 고객의 마음을 사로잡으려는 의도가 숨겨져 있다고 할 수 있다. 브랜드 스토리는 제품의 맛과 신뢰를 고객에게 객관적으로 줄 수 있다. 가맹 사업을 하면서 간과해서는 안 될 사항이 브랜드 스토리다. 스토리가 없는 브랜드는 브랜드가 지니고 있는 독창적인 특장점에 착안해서 수립해 놓을 필요성이 있다. 프랜차이즈 사업에서 브랜드 스토리는 기대 이상으로 브랜드의 인지도를 높여주고 신뢰성을 주는 데 크게 영향을 미치고 있기 때문이다.

히트 메뉴 및 동일한 맛

재방문하는 고객을 많이 확보하기 위해서는 우선적으로 고객의 입맛을 사로잡는 히트 메뉴가 있어야 한다. 어떤 브랜드를 떠올릴 때 그곳에서 인기 있는 히트 메뉴가 순간적으로 그려져야 한다. 가맹점 확산에 큰 무기가 될 수 있다. 매장 매출의 70%는 브랜드를 상징하는 시그니처 메뉴가 차지하고 있는 것이 일반적인 현상이다. 고객은 아무리 가성비가 좋고 입맛에 맞더라도 오랜 기간 접하게 되면 식상하게 될 수 있다. 그래서 프랜차이즈는 연 2회 아니면 1회라도 신메뉴를 출시하는 것이다. 여기서 히트 메뉴를 주기적으로 출시할 수 있는 가맹 본부가 될 수 있느냐가 가맹점 매출의 키를 쥐고 있다고 해도 과언이 아니다. 신메뉴를 만들 시 어떤 방식을 도입하는 것이 최선인지를 내부적으로 검토한 후 최적의 방안을 도출할 수 있어야 한다. 이것이 가맹 본부 경쟁력이다.

최고의 맛을 내기 위해서는 먼저 원·부재료가 항시 신선하고 좋은 재료가 반입되어야 한다. 원·부재료의 선순환이 필수이다. 최적의 메뉴를 완성시켜서 고객에게 제공할 수 있어야 하는데 이는 좋은 재료를 사용하여야 가능하기 때문이다. 선순환되어 사용된 제품이 정상적인 맛을 낼 수 있다. 유통기한이 임박할수록 맛이 변질될 우려가 존재한다. 재고가 없이 좋은 원·부재료가 지속하여 공급될 수 있으려면 매출이 우선적으로 따라와 주어야 한다. 인기 있는 브랜드를 보면 항상 고객을 만족시키는 제품과 서비스를 제공하고 있다. 프랜차이즈는 동일한 맛이 기본이기에 편리하고 같은 맛을 낼 수 있도록 단순화하고 표준화시켜야 한다. 전국 가맹점 어디서나 일정한 맛을 낼 수 있도록 요리가 아닌 조리 개념의 메뉴를 구성할 수 있어야 한다. 외식업에서 우선시해야 할 부분이 맛이라는 것을 누구나 강조하나, 프랜차이즈 사업에서는 전 가맹점에서 통일성을 유지할 수 있는 맛을 낼 수 있는 매뉴얼을 확립하고 교육을 통해 현장에서 실행시켜 고객들이 방문하는 곳에서 항상 같은 맛을 접할 수 있도록 시스템화하는 것이 중요하다. 아무리 몸에 좋아도 입맛에 맞지 않으면 가까이하지 않는 것이 현실이기에 가맹 본부는 더더욱 중요하게 인식하고 실천해야 한다.

직영점 몇 개는 최고의 맛을 내어 성황리에 장사가 되고 있는데, 이를 가맹 사업으로 전개할 시 동일한 맛을 내기가 어려워서 공격적으로 가맹 사업을 전개하지 못하는 브랜드가 종종 있다. 가맹점이 증가할 경우 주된 소스나 핵심 제품의 노하우를 전수하는 데 어려움이 있기 때문이다. 원팩 시스템을 도입하면 간단히 풀리는 과제인데 근본적으로 브랜드 맛의 근간이 흔들릴까 조심스러워하는 경우다. 전국적인 가맹 사업을 전개하려면 필히 동일한 맛을 낼 수 있도록 시스템적으로 완성해놓아야 한다. 프랜차이즈 사업은 누차 강조하지만 통일성이 최우선이기 때문이다. 전 가맹점에서 같은 맛을 내기 위해서는 교육이 제일 중요하다. 가맹 본부 오픈 전 교육을 이수한 자만 주방에서 일할 수 있도록 제도화할 필요가 있다. 교육 미이수자는 주방에 얼씬도 못 하게 해야 한다. 여기서부터 제품 맛이 흔들리기 시작하는 경우가 비일비재하기 때문이다. 가맹 본부 교육 필증을 주방에 부착시키는 것도 한 가지 방법이다. 슈퍼바이저가 매장 방문 시 확인하면 맛의 통일성을 유지하는 데 수월하게 된다. 요리를 조리로 바꾸어서 주방에서 손쉽게 레시피를 지켜가면서 제품을 완성해서 고객에게 신속히 제공하여 만족시켜 줄 수 있도록 가맹 본부는 메뉴 프로세스를 정립해 놓을 수 있어야 한다. 이 부분을 풀어가는 가맹 본부는 미래의 비전과 성과가 보이기 시작한다. 동네 맛집이 이 문제를 헤쳐 나가지 못해서 프랜차이즈 사업을 못하는 것이다. 맛집의 맛이 흔들릴 수 있다는 불안감이 엄습하기 때문이다.

수익 창출 구조

가맹 사업 초기에 빠르게 가맹점을 오픈하기 위해 3무 정책, 즉 가입비, 교육비, 보증금 등을 면제해 주면서 예비 창업자에게 신규 개설 영업을 하는 가맹 본부가 있다. 가맹비 면제를 해 주면 예비 창업자가 가맹 계약을 결정하는 데 보탬이 될 거라는 기대를 하기 때문에 실행하는 방식이다. 신규 계약 체결에 약간의 도움이 될 수 있으나 직접적인 영향을 주지 않는 방식이다. 창업 박람회를 가 보면 대다수 브랜드가 3無 정책을 적극 홍보하고 있다. 순간적으로 발걸음을 잡을 수 있을지 몰라도 예비 창업자의 마음을 잡는 데 결정적인 계기가 되지 않는다. 가맹비 면제가 결코 가맹 계약 체결에 크게 영향을 주지 못한다는 것을 입증해 주는 결과라고 보아도 무방한 사례다. 신규 계약 체결에 약간의 도움이 될 수 있으나 직접적인 영향을 주지 않는 방식이다. 이보다도 아이템 특성과 브랜드 평판 및 가맹 본부가 프랜차이즈 시스템을 갖추고 있느냐가 중요하게 작용한다고 보는 것이 맞을 것이다. 가맹 사업 초기는 개설 수익이 가맹 본부 수익의 원천이 되는데, 이를 면제로 추진하면 가맹 본부 수익이 나오기가 쉽지 않다. 이처럼 프랜차이즈는 수익 구조를 어떻게 설정하고 프랜차이즈 사업을 전개해 나가느냐에 따라서 가맹 본부마다 수익이 천차만별 상이하게 발생하고 있다. 가맹 본부 역할을 확실하게 이행하되 창업비 규정을 준수하면서 신규 개설을 전개하는 것이 브랜드 경쟁력을 강화시키는 데 긍정적으로 작용한다는 사실을 유념할 필요가 있다.

예비 창업자가 브랜드를 선택할 때 가맹비에 부담을 느껴서 선택을 포기하는 극히 드물다. 주변에서 가맹점은 날로 늘어나는데 본사 수익이 안 난다고 하는 가맹 본부를 접할 수 있을 텐데, 이러한 3무 정책도 큰 영향을 미친다고 보아야 한다. 심지어는 5무 정책까지 펼치는 가맹 본부도 있다. 바람직한 영업 방식이라고 단정 짓기에는 현실과 동떨어진 면이 있다. 브랜드가 마음에 들면 가맹비가 큰 금액이라도 가맹 계약을 할 사람은 다 하고, 아무리 가맹 본부에서 비용을 절감해 주고 혜택을 부여해 준다고 해도 브랜드에 확신이 없으면 안 하는 것이 프랜차이즈 가맹점을 희망하는 예비 창업자의 공통적인 사고이다. 필자가 오랜 기간 직접 체험해서 터득한 부분이다. 가맹 계약을 할 사람은 다 한다고 판단하고 가맹 본부는 받을 것은 받으면서 브랜드 및 가맹 본부 경쟁력을 강화하는 데 심혈을 기울이는 것이 향후 가맹점 수익 창출을 위해서도 도움이 된다는 것을 염두에 둘 필요성이 있다. 신규 개설 수익은 프랜차이즈 사업을 하면서 소홀해서는 안 될 부분이다. 가맹 사업 초기에 일정한 가맹점까지는 혜택을 주면서 오픈시킬 수 있으나 자주 활용하는 것은 지양할 필요가 있는 영업 정책이다. 1호점부터 원칙에 입각하여 가맹 사업을 전개하는 것이 길게 보면 브랜드 경쟁력을 강화시켜 메이저 프랜차이즈로 향하는 출발점이 될 수 있다는 점을 경영자는 마음속에 간직할 필요가 있다.

물류 수익은 대체로 어느 정도 가맹점이 운영되고 있어야 발생하게 된다. 가맹 본부 운영 시스템에 따라 물류 수익은 매우 다르다고 볼 수 있다. 아이템에 따라 현저하게 차이를 보일 수 있어서 딱히 몇 개 가맹점부터 발생된다고 예단하기는 쉽지 않다. 가맹점 수익은 가맹 본부 수익으로 직결되게 되어 있다. 가맹 사업을 스타트한 시점에서 가맹 본부의 수익 구조를 분명하게 확립시켜 놓고 가맹 사업을 추진하는 것이 좋다. 가맹점 수익이 첫 번째로 받쳐주어야만 연속적으로 가맹 본부도 함께 상생할 수 있는 기틀을 조성하게 된다. 가맹점 수익은 좋지 않은데 가맹 본부 수익이 좋은 브랜드는 생명력이 짧다. 일시적으로는 가능할 수 있으나 마침내 하향곡선을 그리게 되어 있다. 이것은 프랜차이즈 진리다.

가맹점이 많아지고 가맹점 매출이 좋은데도 별로 남는 게 없다고 말하는 경영자가 생각보다 많다. 가맹 사업 초기부터 수익 구조를 합리적으로 정립해 놓지 못했기 때문에 발생하는 현상이다. 가맹 본부와 가맹점 및 협력 업체가 공동으로 수익이 발생하는 구조가 최고의 프랜차이즈 수익 구조다. 가맹 본부는 개설 수익, 물류 수익, 로열티 수익이 일반적인 수익의 원천이다. 어떤 연유에서든지 규정하고 있는 금액을 받지 않는 정책을 자주 펼치면 가맹 본부에서 기대하는 수익이 발생하기가 현실적으로 어렵다. 물론 상황에 따라서 일시적으로 활용하는 것은 예외 사항이다. 가맹점 수익이 발생하도록 아이템 검증을 마친 후 가맹 본부에서 정한 창업비를 규정대로 가맹점에 적용하고 가맹 본부 역할을 충실히 완수해주는 것이 바람직한 가맹 사업이다.

가맹 본부에서 빠른 가맹점 확산을 이루기 위해 가맹 사업 초기부터 지사 제도를 두어 전국적으로 가맹점 모집을 하는 경우가 있다. 아무래도 가맹 본부에서 직접 가맹점을 관리하는 것보다 한 단계를 거쳐서 관리하기에 정책의 혼선과 강력한 정책 추진의 어려움이 존재하지만, 가맹점을 빠르게 확산하는 데는 유리한 면이 있다. 반면에 가맹 본부 정책의 이견으로 불협화음이 생기는 일이 많이 발생하는 약점도 갖고 있다. 지사 제도를 두고 있는 가맹 본부는 기대하는 수익이 나오지 않을 확률이 높다. 브랜드가 승승장구하거나 하락세를 보이거나 어떤 상황에 직면해도 수수료 문제에서 상호 불협화음이 생길 수 있기 때문이다. 굳이 지사 제도를 염두에 두고 있다면 사업부 제도를 활용하는 것이 가맹 본부 수익 측면에서 유리하게 작용할 수 있다.

가맹 사업 초기에는 가맹 본부 수익이 개설 수익에 의존할 수밖에 없다. 브랜드 특성에 따라 상이하겠으나 물류 수익은 어느 정도 가맹점이 운영될 때 발생하게 되는 것이 일반적이기 때문이다. 가맹 사업 초기부터 가맹금 면제를 실시하는 가맹 본부는 수익성 면에서 매우 불리한 입장에 놓이게 된다. 가맹 사업 초기에 가맹금을 지원해 줄 시는 한시적으로 할인하는 정책을 펴고 기간이 경과하면 정상적으로 신규 창업을 추진하는 것이 좋다. 가맹 사업 초기 신규 개설 수익이 없이 가맹점을 오픈해 나가면 가맹점 수 증가에 따른 자부와 긍지는 있을 수 있으나 시간이 지날수록 실속 없는 브랜드로 전락하기가 십상이다. 프랜차이즈 수익 측면에서 개설 수익이 차지하는 비중은 무시할 수 없을 정도로 크다는 것을 경영자는 인식할 필요성이 있다.

가맹 본부에 가맹금을 계약 당시 면제해주고 계약 기간 내에 가맹점에서 계약 해지를 하게 되면 가맹금을 돌려받는 위약금 제도를 활용하는 가맹 본부가 있다. 빠른 신규 오픈을 위해서 실시하는 방식인데 긍정적인 면보다 부정적인 면이 더 강한 형태이기에 지양해야 한다. 또한 가맹금과는 무관하게 가맹 계약 기간 내에 가맹점에서 계약 해지를 하면 위약금을 징수하는 가맹 본부도 있다. 이 방식도 마찬가지로 피해야 할 부분이다. 가맹 본부 수익에 순기능보다는 역기능으로 작용할 수 있기 때문이다. 계약 기간 내에 계약을 해지할 경우는 가맹점 수익이 원하는 만큼 나지 않아서가 가장 큰 요인이다. 그 상황에서 위약금 문제로 심심치 않게 가맹 본부와 가맹점 사이에 이해가 상충되어 좋지 않은 관계로 구설에 오르면 브랜드 가치가 일시에 하락하게 되는 사례가 발생할 수 있다. 가맹점 수익이 검증된 브랜드는 위약금 제도를 굳이 도입할 필요가 없다. 신규 창업자가 계약 기간 내에 해지할 것을 염려한다면 소극적인 가맹 사업이 될 수밖에 없다. 그 이전에 브랜드에 대한 확신을 가질 수 있도록 가맹 본부는 제반 경쟁력을 강화시켜서 계약 기간이 도래해도 재계약이 이루어진다는 믿음을 가지는 것이 중요하다. 위약금 환수 제도는 장려할 만한 가맹 본부 수익 제도는 아니다. 오히려 가맹 본부에서 지양해야 할 제도이다.

로열티 수익은 경영자의 경영 정책에 의해 결정되는 것이 일반적이지만 아이템 특성에 따라 로열티를 가맹점으로부터 받는 브랜드와 받지 않는 브랜드로 구분되는 경우도 있다. 프랜차이즈 수익 구조가 점점 로열티 수익이 큰 포지션을 차지하는 구조로 재편되고 있는 실정이다. 물류 마진을 최소화하고 로열티 수익의 비중을 높이면서 수익 구조를 형성해 놓고 가맹 사업을 추진하는 추세다. 간혹 물류 수익이 큰 가맹 본부는 로열티를 징수하지 않는 경우도 있다. 로열티는 브랜드 특성과 가맹점 운영 수에 따라서 합리적으로 책정하고 가맹 사업을 추진하는 것이 효과적이다. 향후 가맹 본부 수익을 개선하는 데도 유리하다. 로열티 無라고 대대적인 홍보를 하는 브랜드가 있는데 소극적인 정책이라 할 수 있다. 물류 수익보다는 로열티 수익 위주로 운영 수익을 편제하는 브랜드가 가맹점과의 이해타산으로 인한 대립을 최소화하는 데 유리하다. 브랜드 파워를 갖추고 당당히 로열티를 받으면서 가맹 사업을 공격적으로 추진할 수 있는 가맹 본부가 되어야 한다.

원·부재료 공급에 따른 물류 수익은 일정한 가맹점 수가 있으면 가맹점 수익에 비례하지 않고 가맹 본부는 수익이 나게 되어 있다. 규모의 경제에 의한 논리다. 가맹점 수익이 나지 않는 가맹 본부 수익은 가맹 사업의 미래를 불투명하게 만들 수밖에 없다. 매출은 증대되는데 원·부재료 공급가가 합리적이지 못하면 상호 균형을 이루지 못해 가맹점 수익이 적어져서 가맹점 불만이 점점 쌓이고 누적되면서 가맹 본부를 신뢰하지 않게 되어 브랜드 가치 저하로 이어지기 때문이다. 가맹 본부 물류 수익은 가맹점 수익과 병행해서 이익이 발생할 수 있도록 수익 구조를 형성해 놓아야 좋다. 프랜차이즈는 가맹 본부만 이익이 발생한다는 말이 예전에는 많이 나돌았다. 이런 말이나 나오는 브랜드는 1,000호점은 고사하고 100호점도 넘기기 힘들다. 가맹점이 형평성에 맞게 물류 수익 구조를 수립해 놓아야 가맹점 확산이 수월해져서 메이저 프랜차이즈 반열에 오르게 된다. 이 점을 염두에 두고 가맹 사업을 추진할 수 있어야 한다.

CEO 인맥 및 역량

프랜차이즈 사업은 소위 명문대 출신들과 경쟁하는 것이 아니라 장사를 시발점으로 사업가로 변신했거나 변신하고 있는 사람들과 외식 시장에서 고객의 입맛을 사로잡아 우위를 선점하느냐의 게임이라 할 수 있다. 가맹점 1,000호점을 운영할 수 있는 가맹 사업의 성패는 거의 CEO 역량에 달려 있다고 해도 과언이 아니다. 프랜차이즈 가맹 사업만큼 경영자의 의사결정이 미치는 영향이 큰 곳도 드물 것이다. 조직과 인프라가 제대로 갖추어지지 않은 상태에서 가맹 사업을 하는 브랜드가 많아서 창업주 경영자의 결정이 사업 전반에 미치는 영향이 크다고 할 수 있다. 경영은 의사결정의 연속이라는 말이 있다. 가맹 사업에 있어서 크고 작은 시행착오를 최소화하는 의사결정은 가맹 사업의 방향성을 결정하기에 직접적인 가맹 성과와 직결된다고 할 수 있다. 특히 가맹 사업 초기 수익 구조를 어떤 방식으로 정하느냐에서 메이저 프랜차이즈 진입의 판가름이 난다고 할 수 있다. 가맹점과 상생할 수 있는 균형감을 유지하는 수익 구조를 만들 수 있어야 한다. 예비 창업자에게 타 브랜드보다 많은 혜택을 준다는 것을 강조하기 위해서 진행하는 환심용 지원 및 면제 정책은 장려할 만한 사항이 아니다.

CEO의 인맥과 전투력은 가맹 사업을 성공적으로 이끌어 가는 데 중요하다. 충성도 높은 인력이 많아서 '공격 앞으로!' 하면 열정을 다해 실행하는 가맹 본부가 경쟁력이 있다. 프랜차이즈를 사람 사업이라고 말하는 이유다. 어떤 조직으로 구성되어 있느냐가 가맹 사업을 성공적으로 완수하는 지렛대가 될 수 있어서다. 가맹 사업을 성공시킨 CEO 곁에는 늘 오른팔 왼팔의 인재가 가까이 있는 것을 볼 수가 있다. 능력 있는 인력을 곁에 둘 수 있는 것도 크나큰 실력인 셈이다. 대다수가 장사에서 시작되는 프랜차이즈 사업에 있어서 CEO가 남보다 빠르게 장사꾼이 아닌 사업가로 변신할 수 있어야 메이저 프랜차이즈로 진입이 수월해지게 되어 있다.

100호점까지는 특별한 경영 노하우와 리더십 없이도 확산시킬 수 있으나 그 후부터는 경영자 마인드를 갖고 가맹 사업을 할 수 있어야 용이하다. 프랜차이즈처럼 CEO가 많은 기업도 없을 것이다. 그만큼 사업의 진입장벽이 낮다고 할 수 있다. 어찌 보면 프랜차이즈 창업에 대한 수요는 많고 상대적으로 프랜차이즈를 설립하는 데 장애 요인이 타 업종보다 덜한 이유도 크게 작용한다고 볼 수 있다. 가맹 사업을 위한 준비가 부족하고 미흡한 상태에서 가맹 사업을 추진하는 경우가 많다는 것과 일맥상통하는 말이다. 그만큼 타 업종에 비해 CEO의 역량에 따라서 가맹 사업 성공 여부가 결정되는 확률도 큰 것이 프랜차이즈라는 점을 모든 CEO는 염두에 둘 필요가 있다.

가맹 사업은 CEO가 얼마만큼 일선 현장을 정확히 직시하고 있느냐가 중요하다. 가맹 사업 초기는 본인이 직접 이것저것 챙기고 실천하기에 알 수 있지만 가맹점이 늘어날수록 자신의 의지와 무관하게 주어진 여건과 환경적인 요인으로 현장과 멀어지는 경우가 생기게 된다. 역량 있는 임직원이 있어서 가맹점 현장의 소리를 잘 보고해주고 해결해주는 가맹 본부는 별문제가 없으나 그렇지 못한 곳은 가맹점과의 소통이 원활하고 신속하게 이루어지지 못하게 될 수 있기에 CEO는 늘 관심을 갖고 업무를 챙겨야 한다. 메이저 프랜차이즈 진입은 가맹점의 입에서 파급되는 브랜드 평판이 중요하게 작용하므로, CEO는 항상 현장의 소리에 귀를 기울일 수 있어야 한다.

프랜차이즈는 CEO가 곧 가맹 본부이다.

1,000호점은
하루아침에
만들어지지 않는다

01 10호점까지 아무나 가맹하지 말 것

프랜차이즈 사업이 성공하기 위해서는 전 가맹점이 가맹 본부의 정책과 매뉴얼을 준수하면서 고객에게 최고의 맛과 진정성 있는 서비스를 제공해주어야 한다. 가맹 본부에서 가맹점을 지도하고 감독하며 개선시켜 주는 주된 목적이 여기에 있다고 할 수 있다. 가맹점주가 어떻게 매장을 운영하느냐에 따라서 가맹 사업의 미래가 달려 있다고 해도 틀린 말이 아니다. 가맹 사업 초기의 10호점까지 가맹점은 브랜드의 근간이고 얼굴이다. 그래서 가맹점을 아무나 내주면 안 된다. 프랜차이즈 시스템을 이해하고 매장을 직접 운영하면서 가맹 본부 방침을 적극적으로 수용하고 실행할 수 있는 여건과 품성을 지니고 있는지를 판단하고 오픈시킬 수 있어야 한다. 대부분 가맹 본부에서 부부 창업, 가족 창업, 청년 창업을 선호하는 이유다.

가맹 1호점은 안테나 매장 판박이로 매장이 운영될 수 있도록 관리해야 한다. 가맹 사업 초기는 기존 매장 운영보다 신규 개설에 집중하는 경향이 강하다. 원칙에 의한 가맹점 관리를 소홀히 해서는 안 된다. 통일성이 흔들리는 순간부터 가맹 본부 경쟁력이 없어지게 되어 있다. 2호점부터 프랜차이즈 원리를 확실하게 이해시키면서 매뉴얼 준수를 왜 해야만 되는지 강조하면서 교육해야 한다. 원칙을 강조하고 정도로 경영한다는 것을 강하게 어필할 필요가 있다. 새롭게 오픈하는 가맹점에 파급되어 브랜드 이미지를 좋게 만드는 시발점을 마련하는 초석을 만들 수 있기 때문이다. 30호점까지는 지인 및 지인의 소개에 의한 신규 매장 오픈이 주를 이루는 경향이 크므로 더욱 원칙을 지키며 가맹점을 관리하여야 한다.

가맹 사업을 시작하게 되면 창업주 경영자의 지인들에게 창업을 권유하거나 지인 당사자가 창업을 희망해서 매장을 오픈하는 경우가 많은 편이다. 지인들은 매장을 운영하면서 융통성을 부리고 싶어 하고 남과 다른 지원이나 혜택을 바라는 경향이 큰 편이다. 지인이 점주가 되면 가맹점 관리가 편할 것 같지만 현실은 그렇지 않다. 실제로 지인이 운영하는 가맹점이 개인행동을 하면서 매장을 운영하려는 경우가 많고 가맹 본부에 요구하는 사항도 더 많은 편이다. 가맹 본부가 혜택을 주는 순간부터 프랜차이즈 근간인 통일성이 무너지게 되어 있다. 일관성 있게 가맹점을 관리하는 것이 최상책이다. 지인 가맹점은 사전에 강하게 매뉴얼 준수와 원칙에 입각한 매장 운영을 강조해 놓는 것을 잊지 말아야 한다.

10호점까지 가맹점이 만족할 만한 이익이 발생하여 가맹 본부에 대한 우호도가 좋아야 인근 가맹점으로 파급되어 브랜드 가치가 상승하게 된다. 현실적으로 프랜차이즈 가맹점 수익은 매장 점포 입지 60%, 가맹점주 운영 능력 30%, 슈퍼바이저 역량 10% 비율로 정해지는 것이 일반적이다. 가맹점주 비중이 생각보다 크다는 것을 알 수 있는 대목이다. 그래서 10호점 이내의 가맹점 개설은 심사숙고하여 추진해야 하는 것이다. 가맹 본부는 오픈한 가맹점에 초기부터 매뉴얼을 철저히 준수하면서 매장을 운영하도록 관리하고 지도해 줄 수 있어야 한다. 가맹점 확산에 크나큰 영향을 미치기 때문이다.

1호점에서 10호점까지 가맹점은 브랜드에 대한 충성도가 매우 높다고 보아야 한다. 가족점처럼 생각하고 서로 소통하면서 프랜차이즈 원리와 시스템을 이해시키는 것이 필요하다. 한배를 타고 목표를 향해 항해하는 것 같은 관계이되 매장은 운영 매뉴얼에 의해 관리되도록 해야 한다. 매장 운영에서 왜 통일성이 중요한지 근본적인 이유를 납득되도록 해주어야 하는 것이다. 가맹 본부와 가맹점 모두 약간의 융통성을 가지고 운영해도 된다는 생각을 하게 되는 시기가 10호점이 될 때까지라고 할 수 있다. 여기서 메이저 진입까지 도달할 수 있는 브랜드인지 아닌지가 판명될 확률이 높다. 사업 초기라고 적당히 넘어가느냐 아니면 1호점부터 철저하게 가맹점 관리를 하여 브랜드 경쟁력을 심어주느냐에 성패가 달려 있기 때문이다. 10호점 이내의 브랜드, 프랜차이즈 사업을 계획하고 있는 예비 경영자, 제2 브랜드를 기획하고 있는 가맹 본부는 특히 유념해야 할 부분이다.

안테나 매장은 최적의 로케이션을 선정하여 아이템의 특색을 최대한 살린 인테리어로 고객에게 최초로 선보이는 곳이다. 모델 매장인 셈이다. 프랜차이즈는 대다수가 기존에 운영하던 곳이 장사가 잘돼서 가맹 사업으로 전환하는 것이 일반적이다. 새로운 아이템을 선정하여 제반 부분을 기획해서 브랜드를 시장에 내놓는 경우는 드문 편이다. 외식 시장 여건과 환경상 기획해서 런칭하는 브랜드가 시중에 안착하여 고객에게 사랑받기는 실제로 어렵다. 성공하는 브랜드 대다수는 이미 오래전부터 맛집으로 소문난 곳을 리뉴얼하여 프랜차이즈로 브랜딩한 것이라 할 수 있다. 간혹 예외가 있을 수는 있지만 극히 드문 경우다. 그만큼 프랜차이즈가 자리 잡기가 만만치 않은 것이 현재의 실상이다. 일반적으로 장사가 잘되는 곳이 맛집으로 알려지고 주위에서 권유하거나 본인도 장사보다는 사업을 해서 큰 수익을 내보겠다는 의지가 강할 때 프랜차이즈 사업을 추진하는 경우가 많다.

안테나 매장은 가맹 사업을 하기 위한 모델이 되는 매장이기에 전반적인 부분을 가맹점 입장에서 판단하여 편리성, 수익성, 안전성을 감안하여 오픈할 수 있어야 한다. 손익 분석을 확실하게 해서 한 달 운영한 결과 가맹점주가 고정비와 인건비를 제외하고 얼마의 이익을 내는지 냉정히 파악해보는 테스트 매장이 안테나 매장이다. 메뉴를 요리가 아닌 조리로 완성할 수 있도록 레시피를 테스트하며 고객 서비스 및 메뉴 선호도, 타깃 고객층, 운영 시간 등 전반적인 부분을 점검하고 보완하는 장소다. 몇 번의 시뮬레이션을 통한 안정화를 이루어서 효율적으로 매장이 운영될 수 있도록 확실하게 자리 잡아 놓아야 하는 매장이다. 브랜드 심장부와 같은 곳이기에 실제 상황을 연출하여 실질적으로 제반 부분을 점검하고 진단하며 표준화, 단순화를 이루어 기대 수익을 얻을 수 있도록 해야 한다.

안테나 매장은 대부분 직영점으로 운영된다. 직영점이 검증이 안 된 상태에서 지인이 가맹점을 한다고 신규 매장을 내주는 것은 지양해야 한다. 사업 초기에는 누가 매장을 열겠다고 하면 이것저것 보지 않고 곧바로 내주게 되기가 십상이다. 브랜드 안테나 매장부터 고객이 붐비며 2호점, 3호점이 연이어서 문전성시를 이루게 할 수 있어야 성공적인 가맹 사업의 서광이 비치게 된다. 가맹 사업의 성공 여부는 모델 매장에 달려 있기에 가맹점 입장에서 바라보아 미비한 점은 보강하고 시정해서 완전체를 만들 수 있어야 한다. 제일 주안점을 두어야 할 점은 주방일이 간단하고 편리해야 하며 이익이 몸에 확 와닿을 정도로 발생하는지에 대한 부분이다. 가맹점의 만족도 없이는 가맹 사업의 성공은 도저히 불가능하기 때문이다. 안테나 매장 로케이션은 A급 상권에 오픈하는 것이 일반적인 관행이지만 작금은 B급 상권에 의도적으로 오픈하는 경우도 있다. B급에서 성공하는 브랜드라는 것을 예비 창업자에게 가시적으로 보여주어 브랜드에 대한 확신을 심어주고 예비 창업자의 창업비 부담을 줄여주어 신규 매장 오픈을 수월하게 하여 가맹점 확산을 신속하게 하려는 의도가 있다고 할 수 있다. 스스로 경쟁력 있다고 확신하는 가맹 본부가 추진할 수 있는 사항이다.

평균적으로 브랜드가 널리 알려져 있지 않아도 50호점 달성은 시일에 차이가 있을 뿐, 고객한테 완전히 외면당하는 브랜드가 아닌 이상 순조롭게 오픈되는 것이 프랜차이즈 실상이다. 새로운 브랜드가 출현하여 특별한 사유가 없는 한 50호점은 무난하게 달성하는 것을 지인을 통해서 듣거나 직접 목격할 수 있을 것이다. 어떻게 해서든지 50호점까지는 외식업종의 평균 매출을 보이는 브랜드는 도달할 수 있다는 결론이 나온다고 할 수 있다. 설령 예상외로 매출이 저조해도 1년 안에 가맹점을 접는 사례는 드물기 때문에 산술적으로 50호점까지는 유지가 된다는 결론이 나올 수 있다. 이제부터는 경영자의 경영 능력과 내부 인력의 역량에 따라 성공적인 가맹 사업으로 갈 수 있느냐가 결정된다고 할 수 있다. 전국 브랜드로 진입하는 시기이기 때문에 제반 시스템을 확립해 놓아야 할 시기이기도 하다. 가맹 본부의 경쟁력이 필요한 때이다. 50호점이 되면 가맹 본부는 각별하게 운영 매뉴얼 준수를 통한 매출 증대에 혼신의 힘을 다할 수 있어야 한다. 50호점까지 가맹점에서 가맹 본부 정책을 잘 이행하여 운영 매뉴얼을 준수하고 양질의 맛과 서비스를 고객에게 제공해야 이후부터 오픈되는 가맹점에 그대로 파급되어서 브랜드 경쟁력이 강화될 수 있기 때문이다. 50호점이 되었을 때 가맹 본부가 가맹점 관리를 어떻게 하느냐에서 1,000호점을 갈 수 있느냐 없느냐가 판가름 나기가 쉽다.

프랜차이즈 시스템을 명확히 이해하지 못하고 가맹 사업을 시작하는 브랜드가 예상외로 많다. 가맹점 관리는 1호점부터 500호점이 있다고 가정하고 관리할 수 있어야 한다. 가맹 규정에 입각하여 원칙대로 매장을 운영할 수 있도록 1호점부터 지도하고 관리해야 한다. 성공적인 가맹 사업을 위해서 필히 지켜야 할 사항이다. 가맹점은 안테나 매장 판박이로 매장이 운영될 수 있도록 해야 한다. 가맹 사업 초기는 기존 매장 운영보다 신규 개설에 더 집중할 수밖에 없다. 큰 자금 없이 가맹 사업을 시작해서 개설 수익이 시급한 것도 이유일 수 있으나 그보다도 신규 매장을 신속하게 오픈시켜야 한다는 생각이 앞서기 때문인 이유가 크다고 할 수 있다. 하지만 가맹점 통일성이 상실되는 순간부터 가맹 본부 경쟁력이 없어지게 되고 프랜차이즈 미래가 불투명해질 수 있기에 신규 오픈하는 초기 가맹점부터 프랜차이즈 원리를 확실하게 이해시키면서 매뉴얼에 대한 융통성을 발휘하지 못하도록 강조하고 교육해야 한다. 원칙을 강조하고 정도로 경영한다는 것을 강하게 심어줄 필요가 있다. 이러한 방침이 이어서 오픈하는 가맹점에 파급되어야 메이저 프랜차이즈로 진입하는 초석을 마련할 수 있기 때문이다. 50호점까지 지인 및 지인의 소개에 의한 매장 오픈이 주를 이루는 경향이 커서 더욱 원칙에 입각해 가맹점을 관리해야 한다.

하나의 아이템의 성공 여부를 판단하기 위해서는 사계절을 운영해 보아야 어느 정도 판명할 수 있다. 정확한 브랜드 평가를 하려면 사시사철 매장을 운영해 보아야 아이템의 경쟁력을 알 수 있는 것과 같은 이치다. 브랜드마다 상이하겠으나 보통 50호점이 되려면 가맹 사업을 시작하고 1년 정도 경과한다고 보면 대략 맞을 것이다. 사계절을 돌아보았기에 이제부터가 냉정하게 브랜드가 시장에서 안착하게 될지 검증하는 시기라 할 수 있다. 가맹점주가 어느 정도 브랜드를 파악하여서 강점과 약점을 알아가는 때가 50호점을 운영할 시기다. 가맹 본부와의 원활한 소통이 더욱 요구되는 시점이다.

50호점 이내의 가맹점은 아무래도 가맹 본부에 대해 충성도가 높을 수밖에 없다. 창립 멤버라는 생각이 들기 때문이다. 50호점 이내의 가맹점주가 전국 브랜드로 가는 데 매우 강력한 브랜드 홍보 대사가 된다는 점을 인식하고 가맹 본부는 가맹점과 상생할 수 있도록 정책을 펼치고 소통과 피드백을 잘해야 한다.

프랜차이즈는 누누이 강조하지만 전체 가맹점이 통일성을 갖고 동일하게 운영되어 똑같은 서비스를 고객에게 제공해야 한다. 마땅히 해야 할 책무다. 이것이 무너지는 순간부터 프랜차이즈로서 의미가 사라지기 때문이다. 일부 가맹점에 혜택을 부여하여 운영 매뉴얼의 기본을 지키지 못하면 인근 가맹점으로 급속도로 파급되어 가맹 본부 경쟁력은 서서히 약화된다. 개인적으로 가까운 가맹점일수록 더 원칙적인 잣대를 대야 하는 이유다. 50호점까지 가맹점의 정책 이행과 매뉴얼 준수가 브랜드 파워를 결정짓게 됨을 경영자는 명심할 필요가 있다. 어떤 사안이 발생했을 때 결정하기가 곤란한 사항에 부딪히면 고민하지 말고 규정대로 원칙을 준수하고 처리하는 것이 가장 현명한 처사다. 가맹 사업의 성공 여부가 50호점 이내의 가맹점에서 어느 정도 윤곽이 잡힐 수 있다. 모든 것이 기초가 튼튼해야 자리를 잡게 되는 것처럼 가맹점 관리와 소통에 특별히 만전을 기해야 하는 시기임을 명심할 필요가 있다.

50호점까지의 가맹점 면면을 보면 대부분 CEO와 지인 및 친지와 가까운 사이에 있는 사람들로부터 소개받은 점주들로 구성되어 있는 경우가 많다. 특히 창업주 경영자가 인맥이 넓을 경우는 가맹 사업 초기는 지인들로 가맹점이 형성되는 경우가 대부분이다. 브랜드에 대한 신뢰와 미래 가치가 있다고 판단되어 매장을 오픈하는 것이 기본이지만, 이해관계가 있는 지인이 프랜차이즈 사업을 하는 믿음도 한몫한다고 할 수 있다. 특수 관계에 있다고 특별한 혜택을 부여하기 시작하면 이때부터 통일성이 허물어지기 시작한다. 이 부분은 현장에서 확실하게 검증된 사실이다. '이 가맹점만 지원해주면 되겠지.' 하는 것부터 버려야 한다. 특혜를 본 가맹점은 언젠가는 주위에 말해서 브랜드를 약화시키는 단초를 마련하기에 유의해야 한다. 1,000호점을 가기 위해서는 가맹 본부가 원칙을 지켜가면서 정책 및 제반 매뉴얼을 현장에서 필히 준수하고 실행할 수 있도록 지도하고 감독하면서 교육하고 관리할 수 있어야 한다. 지인 가맹점이 관리가 용이할 것 같은데 현실은 정반대다. 지인이 운영하는 매장이 개인행동을 하면서 운영하고 가맹 본부에 요구하는 사항이 더 많은 편이다. 가맹 본부가 특정 가맹점에 혜택을 주는 순간부터 프랜차이즈 근간이 무너지게 되어 있다. 일관성 있게 가맹점 관리를 하는 것이 최상책이다.

믿는 도끼에 발등 찍힌다는 옛말이 프랜차이즈 사업에서도 적용될 수 있다는 생각을 지녀야 한다. 지인 가맹점은 매장을 운영하면서 악의를 갖고 일탈하는 것이 아니라 이 정도는 융통성을 부려도 나한테 설마 무어라 하겠나 싶은 안일한 심리가 작용해서 표준 매뉴얼을 미준수하고 별도로 행동하는 경우가 종종 생긴다. 가맹 사업 초기부터 모든 일을 규정대로 동일하게 적용한다는 생각을 지녀야 할 필요가 있다. 개인 사정에 따라 한 번 봐주면 되겠지 하고 변칙을 쓰게 되면 매뉴얼이 흔들리게 되는 시발점이 된다는 것을 잊어서는 안 된다. 가까운 사이고 친분이 있으니 알아서 운영 매뉴얼을 준수하면서 매장을 운영할 거라고 생각하는 것은 어리석은 판단이다. 메이저 프랜차이즈로 진입하기를 기대한다면 가볍게 보지 말아야 할 사항이자 가맹 본부가 놓쳐서는 안 될 부분이다.

03 / 100호점을 넘는 프랜차이즈 조건

100호점이 되는 시점에는 가맹 사업을 스타트하는 마음 자세로 기본을 잃지 않고 기초에 충실해야 한다. 무언가 잘될 것 같은 예감이 생기게 되어 자만에 빠질 수 있는 때이기 때문이다. 가맹점이 여기저기 지역적으로 분산되어 운영되고 있어서 예비 창업자가 가맹 본부에서 창업 상담을 했더라도 가까이 있는 가맹점을 둘러볼 수 있는 시기다. 눈으로 직접 브랜드에 대한 평가를 할 수 있다. CEO를 비롯하여 임직원이 약간은 융통성을 부려도 되겠지 하는 안일한 마음이 들 수 있는 시기이나 금물이다. 필자가 국내 최대의 프랜차이즈에 몸담고 있을 때와 1호점부터 1,000호점 가까이 가맹점이 오픈하는 과정을 보면서 터득한 팩트 중 가장 중시해야 할 부분이 가맹 본부 구성원으로 근무하는 모두가 기본에 충실하고 가맹 본부 정책을 현장에서 강력하게 실행할 수 있도록 관리하고 지도하며 교육해야 1,000호점 달성이 가능하다는 사실이다.

가맹점 개설이 정체기를 보이는 브랜드는 가맹점 충성도가 부족한 경우도 있으나 그보다 더 중요한 것은 매장을 운영하면서 기본이 지켜지지 않고 있다는 것이다. 처음 오픈했을 때 마음을 잃고 매장을 운영하는 곳이 서서히 생기기 시작하는 시기가 100호점을 도달할 때이다. 슈퍼바이저의 역할이 더욱 중시되는 시기다. BASIC에 충실하라는 말은 메이저 프랜차이즈 경영자들이 항상 이구동성으로 강조하는 사항이다. 프랜차이즈 사업에서 기본을 준수하는 것은 영원하다고 할 수 있으나 특히 100호점 이내에서는 더욱 신경을 써서 관리해야 한다. 어느 조직이나 팀이 안정적으로 성과를 내고 있다면 신입 사원이 입사를 해도 빠르게 학습하여 팀 문화에 적응하는 것과 같은 맥락으로 보면 된다. 신규 매장은 기존 가맹점을 그대로 답습하면서 매장을 운영하게 되는 경우가 많다. 유사한 환경에서 같은 브랜드를 운영하고 있어서 가맹점들은 서로를 격려하며 실시간으로 가맹 본부와 매장 운영에 대한 이야기를 하고 지내기 때문에 정보 교환이 빠르다. 기존 가맹점의 입김이 영향을 미칠 수 있는 시기라서 가맹 본부는 100호점 이내의 가맹점 우호도를 좋게 할 수 있는 방책을 강구하여 실천하는 지혜가 필요하다.

가맹점이 늘어날수록 기존 가맹점의 입김은 예비 창업자의 브랜드 선택에 영향을 미치게 되어 있다. 가맹점과 원활한 소통과 피드백을 통해 가맹점 만족도를 높여야 하는 이유가 신규 개설에도 적용된다고 할 수 있다. 이처럼 프랜차이즈는 톱니바퀴처럼 맞물려서 제반 부서가 움직이고 있어서 한 곳에서 기본이 안 지켜지면 연속하여 다른 방향으로 엇나가게 되는 오류를 범하게 된다는 사실을 인식하고 매장에서도 초심을 유지하면서 운영할 수 있도록 기본에 충실한 가맹점 관리를 할 수 있어야 한다. 강력한 슈퍼바이저 제도를 확립하고 운용하여 매뉴얼 준수를 통해 통일성을 유지하는 브랜드는 강한 경쟁력을 바탕으로 삼아 100호점을 기반으로 300호점을 향해 질주하기가 용이하다. 큰 장애 요인 없이 순항할 수 있다. 가맹 본부 역량에 따라 희비가 엇갈리는 중차대한 시기임을 인식해야 한다. 기본을 무시한 변칙 행동은 어느 조직에서나 오래가지 못하게 되어 있다. 가맹 본부, 가맹점, 고객이 삼위일체를 보여야 상생할 수 있는 프랜차이즈 가맹 사업에서는 원하는 목적을 달성하기 위해서 필히 지키고 있어야 하는 것에 더욱 충실해야 할 필요가 있다. 100호점을 넘기기 위한 필수적으로 실천해야 할 덕목이고 행동 강령이다.

100호점이 되었을 시 놓쳐서는 안 될 부분이 전 가맹점 매뉴얼 준수다. 브랜드가 추구하는 맛을 똑같이 어느 지역에 있는 가맹점에서나 낼 수 있어야 한다. 또한 고객이 감동할 만한 서비스를 제공하고 있는지 체크하고 지도해주는 부분을 간과해서는 안 된다. 맛과 서비스가 마음에 안 들기 시작하면 고객은 소리소문없이 떠나가기가 일쑤다. 100호점에서 200호점을 도달하지 못하고 무너지는 브랜드 대부분은 가맹점에서 통일성 있게 매뉴얼 준수를 이행하지 않으면서 매장을 운영하고 있다는 사실이다. 가맹 본부의 프랜차이즈 원리에 대한 이해 부족과 현장 실행력 미흡에서 비롯됐다고 할 수 있다. 100호점까지는 설령 프랜차이즈 지식이 좀 부족하고 미비해도 크게 차이를 보이지 않을 수 있으나 그 후부터는 체계적인 가맹점 관리 없이 활발한 가맹점 확산이 어렵다.

아이템에 따라 상이하겠지만 가맹점이 100호점은 되어야 기대하는 가맹 본부 수익이 발생할 확률이 높다. 그만큼 가맹 사업에서 100호점 달성은 의미가 크다. 100이라는 숫자를 불러보지도 못하는 가맹 본부가 수두룩하다. 100호점을 달성했더라도 200호점을 가기까지 험난한 여정이 시작되어 오랜 기간을 정체되어 머무르는 브랜드 또한 부지기수다. 100호점이 되면 자칫 긴장이 풀려서 가맹점 관리에 소홀해지고 가맹점 확산에만 치중할 수 있다. 여기서부터 가맹점이 서서히 불만이 쌓이게 되어 가맹 본부에 대한 불만이 쌓이는 현상을 보이게 된다. 가맹점 확산은 가맹점 관리에서 비롯된다는 것을 인식하지 못한 결과다. 가맹점이 100호점을 도달하면 지역적으로 가맹점 입점이 분산되어서 매장마다 상권과 여건에 따라 운영상 다소 통일성이 결여되는 사례가 발생하기도 한다. 슈퍼바이저의 역량을 발휘해야 하는 순간이다. 서울에서나 부산에서나 제주도에서도 똑같은 맛과 서비스를 고객에게 제공할 수 있어야 가맹 본부 경쟁력이 생겨서 브랜드 파워가 강해지고 가맹점 확산 속도가 빠르게 진행될 수 있는 여건이 마련된다. 동일한 매장 운영을 통해 가맹점 전체가 하나가 되어 어우러질 수 있도록 가맹 본부의 체계적인 가맹점 관리가 절실한 시점이 100호점을 넘기는 시기다.

매뉴얼을 준수해야 한다고 가맹점에 강조하지 않는 가맹 본부는 한 군데도 없을 것이다. 왜 매뉴얼을 준수해야 하는지 이유를 상세하게 설명하여서 이해시켜 주어 실행하게 만들 수 있는 지도력이 필요하다. 가맹점에서 실제로 매뉴얼을 반드시 준수해야 함을 피부로 직접 느낄 수 있도록 현실적인 방안을 모색하여 전파하는 것이 중요하다. 가맹점에서 지켜야 하는 운영 매뉴얼을 일목요연하게 정리하여 주방에서 잘 보이는 곳에 부착하여 수시로 보면서 마음속에 간직할 수 있도록 하는 것도 하나의 방법이 될 수 있다. 슈퍼바이저는 가맹점 방문 시 점검한 QCS 체크리스트를 활용하여 일정한 점수에 미달한 가맹점에 대해서 특별 지도를 통해 개선시킬 수 있어야 한다. 매뉴얼 준수를 유지하려면 가맹점 방문 결과에 대한 업무 프로세스가 수립되어서 미준수 가맹점에 대한 사후 조치가 이루어져서 또다시 발생되는 일이 없도록 조치해야 한다.

04 절반의 성공 300호점

가맹점을 300호점 오픈했다는 것은 고객에게 브랜드로서 자리매김했다고 보아도 무방하다. 수많은 프랜차이즈 브랜드 중에서 300호점에 육박하는 곳은 손으로 셀 정도니 얼마나 성공한 브랜드인지 알 수 있다. 반은 성공한 셈이다. 300호점이 되었을 때 1,000호점까지 갈 수 있는지 아니면 답보 및 퇴보를 보이게 되는지 갈림길에 서 있게 된다. 여기서부터 얼마나 효과적이고 생산적인 전략을 수립하여 실행하는지 여부에 따라서 결정된다고 할 수 있다. 300호점에서 머무르는 브랜드가 의외로 많다. 전략적 사고에 의한 가맹 사업을 추진하지 못한 결과라고 말할 수 있다. 여기서부터는 그동안 지나온 경로를 진단해서 부족한 부분은 보완해야 한다. 조직을 새롭게 정비하여 내부 전열을 가다듬어 현장 실행력을 높일 수 있어야 하며 통일성 유지에 더욱 박차를 가해야 한다. 아이템의 특성에 따라서 입점 로케이션 문제로 가맹점 확산이 더 이상 힘든 곳이 있을 수 있지만 대다수 브랜드는 300호점이 되었을 때 가맹 본부의 경쟁력에 따라서 메이저 진입의 발판을 마련하게 되는 것이 일반적이다.

가맹점이 300호점을 달성했다면 가맹 본부가 지녀야 할 제반 인프라와 프랜차이즈 시스템이 구축되었다고 할 수 있다. 브랜드의 강점과 가맹 본부의 공격적이고 적극적인 영업력이 빛을 보아 이루어 낸 결과물이다. 물론 300호점 도달 시기가 어느 정도 시일이 지난 후인지 분석해보아야겠지만, 일단 반은 성공한 브랜드임은 틀림 없다. 전반적인 인프라와 시스템을 진단해보고 새로운 비전과 목표를 설정해야 하는 시점이다. 300호점이 되면 협력 업체와 관계 설정도 필요한 시점이다. 가맹점 수익률이 최우선인 프랜차이즈 사업에서 원가율은 무시 못 하는 부분이다. 제휴를 맺은 협력 업체와 매장 수 증가에 따른 원가율을 서로 상생이 가능하도록 상호 협의할 필요가 있다. 일정한 수량을 반복적으로 공급하기에 원가율에는 상승 요인과 감소 요인이 병존할 수 있기 때문이다. 300호점 이후부터 가맹 사업 번창은 가맹 본부 역량에 따라서 모 아니면 도라고 말하는 것이 적절한 표현일 수 있다.

300호점을 달성하고도 가맹 본부가 의외로 영업 이익이 적게 난다고 하소연하는 곳이 많다. 가맹 본부 수익이 적으면 분명 가맹점 수익도 적을 수밖에 없다. 300호점이 되면 가맹 본부와 가맹점 및 협력 업체가 동시에 기대하는 수익이 발생할 수 있어야 한다. 그렇지 못한 경우는 아이템의 영향도 있을 수 있으나 비효율적이고 비생산적인 수익 구조에서 비롯되는 것이 주요 원인이다. 속칭 애만 쓰고 있다는 표현을 우스갯소리로 하는 경우다. 브랜드에 대한 확신을 지니고 받을 것은 받고 해줄 것은 해주는 가맹 본부가 경쟁력이 있다고 할 수 있다. 고객에게 브랜드에 대한 믿음을 확실하게 주지 못해 안착이 안 되었는데도 불구하고 유독 영업력을 갖춘 곳이 있다. 영업 인력을 대폭 강화해서 과다한 성과급을 책정하고 신규 오픈에만 전력을 다하는 가맹 본부다. 때로는 오더맨을 동원하고 외부 업체에 의뢰해서 신규 개설만 하고 빠지게 하는 경우도 있다. 지양해야 할 영업 전략이다. 이런 브랜드는 자세히 뜯어보면 내실이 없다. 폐점과 휴점 및 매각 건이 수시로 나타나게 되어 있다. 외형적으로 가맹점 수는 300호가 넘을지 몰라도 실속이 없는 경우다. CEO들이 신규 개설은 잘되는데 남는 게 없다고 말하는 대표적인 케이스다. 가맹점 숫자가 상징에 불과한 경우인데 의외로 많은 브랜드가 공감할 것이다. 실제로 잘나가는 가맹 본부는 양도·양수가 활성화되고 폐점 및 휴점은 손에 꼽을 정도다.

가맹점 300호점이 되었을 때 특별히 초심을 잃지 말아야 할 사람이 창업주 경영자다. 지나온 발자취와 가맹점 현상을 냉철히 분석하여 미비한 부분을 보완해서 가맹점 확산에 주력하여야 할 시기인데 스스로 과신에 빠져서 대외 활동에 치중하면서 내부를 소홀히 하는 경우가 있다. 장사하다가 프랜차이즈 사업을 시작한 후 가맹점이 늘어날수록 굉장한 사업가가 된 양 점점 어깨에 힘이 들어가 초심을 잃는 경우가 있다. 인간이기에 뿌리치기 힘든 유혹이나 셀프 컨트롤을 할 수 있어야 한다. 공동 창업으로 시작해서 2인 대표 체제인 브랜드는 경영상의 문제로 보이지 않는 갈등이 심화될 수 있는 시기일 수 있다. 경영 정책과 마인드를 돌이켜보고 효율적인 경영을 펼칠수록 조직을 재정비하고 현장을 재점검하여 가맹 사업 초기 때 심정을 유지해야 하는 중요한 시기가 300호점 도달 시점이라 할 수 있다.

300호점이 되면 중시해야 할 또 다른 중요한 것이 가맹점 교육이다. 일정한 기간이 경과하면 일부 가맹점이 타성에 젖어 점장에게 맡기고 매장 운영을 소홀히 하는 경우가 속출하게 된다. 창업 당시 오픈 전 교육을 이수하지 않은 직원이 주방에서 근무하는 일도 생긴다. 보수 교육이 절실해지는 시점이다. 1년이 경과한 가맹점은 별도로 소집하여 교육을 실시하는 것이 좋다. 운영 매뉴얼을 다시 한번 교육하고 실습하여서 맛의 기본을 재정립할 필요가 있다. 교육은 지역적으로 실시해도 되며 집합 교육도 좋고 개별적으로 실시해도 된다. 지역 간담회 및 소그룹 간담회를 개최하여 가맹 본부와 간극을 좁히는 시기로 삼을 필요가 있다. 경영자를 중심으로 구성원과 함께 현장에서 실천에 옮길 수 있을 때 브랜드 파워가 있는 가맹 본부로 거듭날 수 있다.

프랜차이즈 사업에서 가맹 본부와 가맹점 모두 초심을 유지하고 주어진 역할을 수행할 수 있을 때 통일성이 유지된다. 초심을 유지한다는 것이 말처럼 쉬운 것이 아니다. 사람이기에 시간이 지날수록 요령도 생기게 되고 잔꾀를 부리고 싶어지게 되어 있다. 매장을 운영하다 보면 예기치 못한 돌발 상황이 생겨서 당황하게 될 때가 한두 번이 아니다. 잘하고 있던 페이스를 어떤 계기로 인해 잃어버리게 되기도 하고 때로는 포기하고 싶은 경우도 생길 소지가 다분하게 존재한다. 이런 상황을 극복하기 위해 지속적인 가맹점 교육이 필요한 것이다. 초심을 잃지 않게 하기 위해서는 가맹점 운영 기간에 따른 차별화 교육을 실시해야 한다. 프랜차이즈 사업에서 교육은 절대로 소홀하게 다룰 부분이 아니다. 메이저 브랜드는 자주 다양한 명분으로 가맹점을 집합시켜 가맹점으로서 지켜야 할 매장 운영 준수 사항과 당부 사항을 교육을 통해서 인지시킨다. 교육의 중요성을 너무나 뼈저리게 알기 때문이다. 가맹점을 한자리에 모으는 것 자체를 회피하는 브랜드는 앞날에 서광이 비치기가 만무하다고 말해도 지나친 표현이 아닐 것이다. 만에 하나 이런 상황에 처해 있는 브랜드는 원인을 분석하여 가맹점별로 각개 접근하여 우호도를 좋게 만드는 일을 할 수 있어야 한다. 이 부분을 간과하면 현상 유지는 되더라도 가맹 본부에 대한 갖가지 불만과 분쟁에 휘말리게 되어 본연의 가맹 사업에 전력을 다하기가 어렵게 될 수 있어서다. 가맹점 전체를 신속하게 교육해서 변혁을 주려면 경영진이 원칙과 상생을 전달할 수 있는 계기를 마련하는 가맹점 집합 교육이 효율적인 방법이다.

05 / 메이저 프랜차이즈 입성 500호점

500호점까지 운영할 수 있는 브랜드는 명실상부 메이저 프랜차이즈 반열에 오르기 시작했다고 볼 수 있다. 500호점이 되면 가맹점 수가 많아져서 관리가 더 어려울 것 같지만 실상은 반대다. 시스템에 의해서 가맹 계약서를 기반으로 원칙대로 관리하면 되기 때문이다. 가맹점이 500

호점을 도달하면 가맹 본부는 이미 시스템에 의해 업무가 진행되고 있다고 볼 수 있다. 부서 간 협업을 통해 시너지가 나올 수 있도록 역할 분담이 되어서 추진력과 문제 해결력을 갖추고 있다고 보아야 한다. 프랜차이즈 원리와 개념을 이해하고 가맹점 관리를 할 수 있는 환경을 조성하고 있다고 보면 된다. 가맹점 수가 적을 때보다 시스템이 안정화되어서 작동되고 있는 이유도 있다. 500호점을 달성했다면 브랜드에 대한 가치는 입증되었다고 보아도 무방할 것이다. 프랜차이즈는 가맹점 수가 많을수록 관리하기가 용이한 특징을 지니고 있다. 다수의 힘이 소수를 지배하는 원리와도 일맥상통한다고 볼 수 있다.

프랜차이즈 사업을 추진한 후 500호점이 되면 브랜드 파워가 커져서 가맹 본부 경쟁력이 한층 강화되었다는 것을 가맹점에서 느끼게 된다. 가맹 본부의 역량을 인정하고 정책을 이행해야 한다는 생각이 앞서게 되어 매장을 운영하면서 함부로 개인행동을 하기가 환경적으로 쉽지 않다. 그래서 가맹점 관리가 수월해진다고 할 수 있는 것이다. 가맹점 수가 많아지면 원칙적으로 일 처리를 할 것이라고 사전에 짐작하기가 쉽다. 가맹점 스스로가 예전과 달리 규정을 준수해야 한다는 생각이 들게 되어 매뉴얼 준수가 상대적으로 잘 이루어질 수 있게 되는 것이다. 입점할 상권이 충분하게 남아 있다면 500호점에서 800호점 가기는 그리 힘든 것은 아니다. 이미 신규 매장 개설에 탄력을 받았기에 기간이 문제이지 가능성은 열려 있다고 할 수 있다. 프랜차이즈 사업은 대체로 300호점 달성이 고비이다. 이후부터는 개설과 관리가 이전보다 용이하다고 할 수 있다.

500호점이 오픈하게 되면 가맹점은 브랜드에 대한 자긍심이 생겨서 긍정적인 마인드를 갖고 매장을 운영하게 될 확률이 높다. 브랜드 가치가 증대되어서 나타나는 현상이다. 만족할 만한 기대 수익이 나왔기에 그렇다고 볼 수 있다. 많은 가맹 본부 중에서 500호점 이상 가맹점을 확보한 곳이 손으로 꼽을 정도인데 가장 큰 이유는 가맹점 수익이 가맹점주가 만족할 만큼 나오지 못하기 때문이다. 가맹 본부에서 가맹점 관리를 제대로 하지 못한 이유도 있다. 즉 강력한 슈퍼바이저 제도를 확립하지 못한 상태에서 가맹점 관리를 하기 때문이다. 500호점을 운영한다는 것은 가맹점 수익, 실행력, 신규 개설 영업 능력, QCS 관리 등 제반 부분을 시스템화해서 운영하고 있다는 것을 방증해 준다고 볼 수 있다. 정해진 운영 프로세스에 의해 가맹점과 소통을 잘하고 신속한 피드백을 통해 문제를 해결해주거나 해법을 제시하는 가맹 본부가 될 수 있어야 1,000호점 고지를 점령하기가 용이하게 된다는 것을 인지할 필요성이 있다. 500호점은 양도·양수가 활발히 발생되는 시점이기도 하다. 가맹 사업에서는 양도·양수를 전략적으로 실시하는 것도 매출 증대에 기여하는 긍정적인 면이 있다고 할 수 있다. 가맹 본부에서 양도·양수를 잘 활용하면 가맹점 만족도와 매출 증대를 이루는 호기로 잡을 수 있다. 가맹점 우호도를 좋게 만드는 방법 중 하나가 전략적 양도·양수다.

어느 조직이나 마찬가지겠지만 프랜차이즈는 특히 사람과 교육이 전부라고 말할 수 있다. 프랜차이즈에 대한 축적된 지식과 경험을 바탕으로 경영자를 보좌하고 부하 육성을 할 줄 아는 역량 있는 인재가 있어야 500호점 달성은 물론이고 더 큰 발전이 가능하다. 조직의 이인자가 이에 해당된다고 할 수 있다. 경영자가 능력 있는 책사를 곁에 둘 수 있다는 것은 굉장한 축복이다. 인복이 유난히 있는 상사가 있는데 그것도 실력이 있어야 가능한 일이다. 500호점에 육박한 가맹 본부에는 반드시 경영자를 보좌하는 능력 있는 책사 즉 제갈공명 같은 인재가 존재한다. 역으로 말하면 500호점을 달성하려면 경영자는 가까운 거리에 탁월한 오른팔, 왼팔을 둘 수 있어야 한다. 경영자가 능력 있고 리더십이 출중해야 책사가 떠나지 않고 근거리에서 대안을 제시하고 성과를 창출하는 데 혁혁한 공을 세울 수 있다. 프랜차이즈 역량을 두루 갖춘 책사이면서 이인자가 존재하는 브랜드는 1,000호점을 향하여 박차를 가할 수 있는 원동력을 지녔기에 가맹 사업이 탄탄대로가 될 수 있다.

500호점부터는 경영자의 비전 제시와 임직원의 직무 역량이 1,000호점을 향해 갈 수 있는 원동력이 된다고 할 수 있다. 조직 구성원의 능력에 의해 성패가 달려 있다고 해도 지나치지 않은 것이 프랜차이즈 사업이다. 그만큼 실력을 갖춘 인재가 미치는 영역이 크다고 할 수 있다. 더군다나 경영자를 근거리에서 보좌하는 책사는 1,000호점 도달을 위해 더욱 필요하다고 할 수 있다. 경영자의 인맥과 경영 능력에 따라서 갖출 수 있는 부분이다. 사회적으로 톱(Top)의 위치에 오른 리더의 근거리에는 항상 유능한 인재가 함께하는 것을 볼 수 있다. 프랜차이즈 사업은 경영자를 보좌하면서 효과적인 판단을 할 수 있게 진언을 해줄 수 있는 브레인의 존재 여부에 따라 성장 속도가 달라진다는 것을 경영자는 마음속에 새길 필요가 있다.

가맹점주의 만족도와 우호도를 분석해서 그동안의 가맹 사업에 대한 전반적인 사항을 되돌아보는 시기가 500호점 달성 시점이다. 현상 분석을 하여 새로운 비전 달성을 위한 전략을 수립하여 실행할 때이다. 프랜차이즈 전반에 관한 깊은 실력을 갖추고 있어야 가능한 일이다. 500호점에 도달한 브랜드는 창업주 경영자 곁에서 바른 판단과 올바른 결정을 할 수 있게 진언을 해 주는 인재가 대부분 존재한다. 간혹 500호점이 되면 전문 경영인 체제로 운영해서 더욱 사업을 확장시키고 싶어 하는 경우가 있다. 창업주가 큰 사업 경험이 없어서 외부 인사를 영입하여 자신에게 부족한 점을 보충하려는 의도도 숨어있다고 할 수 있다. 하지만 프랜차이즈는 고유의 특색을 가지고 있어서 전문 경영인 체제의 성공 확률이 그리 높지 않은 편이다. 창업주가 최종 결정을 하는 사례가 많기에 옥상옥이 되는 경우가 많기 때문이다. 500호점을 달성하면 창업주는 자신의 능력으로 이루어낸 업적이라는 생각이 강하다. 예외는 있을 수 있으나 사회적으로 성공해서 톱의 위치에 있는 리더 대부분이 타인의 견해를 잘 수렴하지 않는 편이다. 자신의 방식으로 추진하여 성공했기에 새로운 것에 대해 믿음이 부족에서 나타나는 현상이라 할 수 있다. 프랜차이즈 사업에서 책사가 절실한 이유다.

06 / 1,000호점 목전에 둔 800호점

상권 세분화 작업은 고도의 기술을 요구하는 일이다. 가맹 본부가 경쟁력이 없으면 추진하기가 어려운 것이 현실이다. 가맹점 저항이 만만치 않기 때문이다. 아이템에 따라 다소 상이할 수 있으나 800호점에 다다르면 신규 개설할 수 있는 상권이 많지 않게 된다. 새로운 신시가지가 형성되는 곳 이외에는 잔여 상권이 예비 창업자가 선호하는 지역이 아닌 것이 일반적이다. 가맹점 수를 더 늘리고 싶은데 새로운 입점 상권이 부족하여 창업비를 최소화로 책정하고 취급 메뉴도 차별화하여 읍면 지역을 공략하는 브랜드도 있다. 가맹점 800호점을 운영하게 되면 잔여 상권 부족으로 기본 상권을 쪼개서 입점하게 될 경우가 있어서 가맹점 간 이격 거리 문제로 새로운 가맹점을 오픈하게 될 때 기존 가맹점의 저항이 만만치 않게 발생하게 된다. 배달이 주력 제품인 아이템은 상권 분쟁이 더 심한 편이다.

프랜차이즈 가맹점은 누구나 인근 지역에 자사 브랜드가 새로 입점하는 것을 꺼리게 되어 있다. 왜 많은 가맹점이 전국에서 성황리에 운영되어야 매출 상승에 유리한지를 설명하고 이해시킬 수 있어야 한다. 자사 브랜드 매장 수가 많을수록 브랜드 파워가 생겨서 매출이 동반 상승하게 되고 유사 브랜드를 약화시켜서 시장 점유율을 높이는 데 유리하게 작용한다는 것을 숙지시킬 수 있어야 한다. 800호점이 되면 신규 입점 잔여 상권을 전략적으로 분석해 놓을 필요가 있다. 가맹 계약에 규정된 상권 이격 거리를 준수하면서 신규 오픈하면 되는 것 아니냐고 반문할 수 있겠지만, 프랜차이즈 사업이 가맹점 관리를 계약서대로 할 수 없는 미묘한 무엇인가 존재하기에 상권상 문제가 야기될 수 있겠다고 판단이 들 때는 기존 가맹점을 반드시 설득한 후 추진해야 한다. 이해를 구하지 못했을 때는 추가 입점을 하지 않는 것이 좋다.

가맹점을 800호점까지 운영한다면 브랜드 가치와 브랜드 파워가 가맹점과 고객에게 입증되었다고 볼 수 있다. 가맹 본부의 라인 조직과 스태프 조직이 하나가 되어 톱니바퀴처럼 움직여서 이루어낸 결과의 산물이다. 아이템 특성상 입지와 상권의 장애 요인만 벗어난다면 800호점에 도달한 브랜드는 시일이 문제이지 1,000호점 달성이 그리 어려운 것은 아니다. 인근 가맹점과의 상권 이해를 구하는 일이 풀어야 할 숙제로 대두될 수 있는 시기다. 상권 세분화는 슈퍼바이저가 담당 구역을 가장 확실히 알 수 있기에 신도시 개발 지역을 비롯하여 넓은 상권을 보유하고 있는 지역을 가맹 계약서에 저촉되지 않으면서 통념상 누가 봐도 객관적으로 신규 입점을 시켜도 무리가 아닌 지역 위주로 세분화시켜 놓고 영업팀과 협의를 거쳐 추진하는 것이 합리적이다. 실제로 하루나 이틀 일정을 잡아서 모든 슈퍼바이저가 동시에 상권 세분화 작업을 해서 신규 입점 가능 지역을 설정해 놓는 것이 생산적이고 효과적인 방식이다.

정기적으로 지역별로 가맹점 간담회를 실시해 현장의 소리를 듣고 1,000호점 달성을 넘어 1,500호점에 도전할 수 있는 발판을 마련해야 할 시기다. 연간 1회는 가맹점 간담회를 필수적으로 실시해서 가맹 본부 비전과 추진 전략을 발표하고 주요 정책 사항에 대해 가맹점 의견을 수렴해서 현장의 소리를 듣고 피드백해 주는 시간을 마련하며 가맹 본부의 당부 사항을 전할 수 있어야 한다. 신메뉴 출시가 있을 때는 품평회를 곁들여서 하면 효율적이다. 때로는 소그룹 간담회를 통해 현장의 소리를 듣는 기회를 얻는 것도 좋은 방법이다. 가맹점 수가 많으면 아무래도 현장의 세세한 부분을 챙기는 데 본의 아니게 소홀히 하게 되는 경우가 있으므로 여러 방면으로 가맹점과 대화의 시간을 갖도록 해야 한다. 아이템 속성에 따라 다소 상이할 수 있겠으나 1,000호점 고지가 거의 목전에 와 있다고 판단될 때일수록 더욱 가맹점과 원활한 소통을 통해 가맹점 소리를 수렴해서 정책에 반영할 수 있어야 한다.

가맹 본부에 따라 상이할 수 있으나 메이저 프랜차이즈는 일정한 가맹점 수에 도달하면 선발 기준을 정해서 지역마다 대표성 있는 가맹점 협의체를 구성하고, 가맹 본부 주요 정책을 결정할 시 의견을 듣고 정책에 반영시키고 있다. 800호점에 도달한 브랜드는 중요 사항을 가맹점과 함께 논의하고 협의하는 일련의 과정을 거쳐 정책을 결정해서 실행할 수 있어야 한다. 가맹점의 견해를 수렴해서 정책을 추진할 경우 가맹점주들도 참석하는 마케팅 위원회나 동반성장 위원회를 구성해 함께 안건을 논의해서 책정하면 가맹점 현장 실행력을 높이고 사업 동반자라는 인식이 들게 해서 정책을 추진하는 데 도움이 많이 된다. 가맹 본부에서 기대하는 성과를 거두는 데 효과적인 방법이다. 어느 조직이나 현안 문제가 발생했을 때 다수의 주장을 받아들이는 것이 현명한 처사이나 사업은 다수결로 정책을 결정한다고 좋은 정책이 수립되는 것만은 아니다. 다수의 의견을 수렴하되 최종 결정은 경영자의 몫이다.

800호점을 초과하면 인테리어 디자인을 리뉴얼할 필요가 있고 시스템을 진단해서 브랜드가 정체되지 않도록 해야 한다. 섣부른 리뉴얼은 안 하는 것보다 못하기에 심사숙고할 필요가 있다. 미흡한 리뉴얼은 오히려 유사 브랜드 같은 이미지를 줄 수 있으므로 신중을 기해야 한다.

원조 브랜드라는 이미지를 실추시킬 수 있기 때문이다. 800호점이 되면 매장 수 증가에 따른 원·부재료 공급이 원활하게 이루어지지 않아서 가맹점 불만이 초래될 수 있는 시기다. 가맹점과 원활한 소통을 이루어 불만 처리에 적극적으로 대처해 나가야 할 시점이다. 전용 제품의 구성 비율이 높아지는 시기이며 가맹점 매출 증대를 위한 프로모션을 활발하게 추진해야 하는 시점이다. 또한 내셔널 판촉과 로컬 판촉을 병행하여 추진해야 할 때이다. 가맹 본부는 가맹점의 목소리를 신중하게 듣고 이해시킬 것은 설득해서 이해시키고 수렴할 부분은 정책에 반영해서 서로 상생할 수 있도록 해야 한다. 이것이 1,000호점을 달성할 수 있는 비책이다.

07 선망의 대상 1,000호점

프랜차이즈 사업을 전개하면서 꿈의 숫자인 가맹점 1,000호점 달성이라는 업적을 남긴 가맹 본부는 극히 드물다. 1,000호점은 아이템을 비롯하여 경영자의 탁월한 경영 능력, 체계적인 업무 시스템 완비, 유능한 구성원 등 제반 모든 사항의 완전체가 이루어져 추진된 결정체라 할 수 있다. 가맹점을 1,000호점 운영하게 되면 전체적인 시스템을 진단하는 시간을 갖도록 해야 한다. 내부 구성원의 회사에 대한 만족도를 파악해서 직원이 바라보는 가맹 본부를 돌이켜보고 부족한 부분은 보충하는 계기로 삼을 수 있어야 한다. 1,000호점이 되었다는 것은 브랜드가 성숙기에 접어들었다고 보아야 한다. 운영을 비롯하여 영업, 마케팅, 교육, 신메뉴 등 제반 사항에 대해 냉정하게 진단하여 새로운 도약의 발판으로 삼아야 할 시기다. 가맹점의 안정적인 매출을 위해 프로모션을 활발하게 추진해야 하며 브랜드 이미지를 실추시키지 않도록 더욱 정도 경영을 해야 한다.

1,000호점을 달성했어도 동종 브랜드의 출현으로 매출에 영향을 초래하는 일이 있다. 브랜드 진단을 통해 심기일전하는 마음을 지니고 주어진 업무를 효과적으로 추진하는 지혜가 요구되는 시기라고 할 수 있다. 고객에게 제공되는 메뉴 전반에 대해서도 엔지니어링이 필요한 시점이다. 메뉴의 경쟁력을 진단해서 보완하고 개선할 수 있어야 한다. 시그니처 메뉴와 히트 메뉴가 꾸준히 나와주어야 하는 때이다. 또한 협력 업체가 가맹 본부와 제휴를 맺고 거래하면서 아쉬워하는 부분이 있는지도 점검해보아야 한다. 협력 업체의 좋은 원·부재료에 대한 지원이 없이는 좋은 맛을 고객에게 제공하기가 어렵기 때문이다. 1,000호점의 가맹점을 확보했을 경우 중시해야 할 부분이 휴점 및 폐점 매장 관리다. 둘 다 없다면 최고이지만 현실은 그렇지 않다. 슈퍼바이저는 휴점 및 폐점 대상 매장을 브랜드 이미지가 실추되지 않도록 특별 관리하여 구설수를 사전에 방지할 수 있도록 해야 한다. 때로는 전략적 폐점도 유용할 경우가 있다. 그 자리에 신규 매장을 입점시켜서 주변 시장을 새롭게 활성화시키는 것도 좋은 방법이다.

1,000호점을 달성한 가맹 본부가 중시해야 할 부분은 브랜드 평판이다. 가맹점 수가 많다고 해서 브랜드 이미지가 좋다고 단정 지을 수는

없다. 1,000호점을 달성했어도 가맹점 수익은 평균적인 위치에 있는데 가맹 본부만 이익이 많이 발생하는 곳도 있다. 브랜드 평판이 좋지 않고 가맹점의 만족도도 안 좋을 수밖에 없다. 가맹점에서 어쩔 수 없이 매장을 운영하는 경우가 의외로 많다. 가맹점주가 이러지도 저러지도 못하면서 매장을 울며 겨자 먹기식으로 운영하는 경우가 생각보다 많은 것이 현실이다. 경영자는 프랜차이즈 시스템 진단을 사실 그대로 정확하게 실시하여 브랜드 평판을 실질적으로 높일 수 있어야 다음 단계인 1,500호점을 향해 진격할 수 있다는 점을 유념해야 한다. 가맹 본부에서 진행하고 있는 업무 프로세스가 효율적으로 움직이고 있는지 눈여겨보아서 생산적이며 효과적으로 결과를 낼 수 있도록 개선할 수 있어야 한다.

프랜차이즈 업계에 몸담고 있는 임직원 중 1,000호점이 있는 가맹 본부에서 근무해 본 경험을 지닌 경우는 아주 드물다. 1,000호점을 운영하는 브랜드에 소속된 구성원은 프랜차이즈 원리와 시스템을 깊이 있게 이해하게 되고 전체의 흐름을 그릴 수 있는 혜안이 생긴다. 경험해 보지 않고는 무슨 뜻인지 쉽게 이해하기 힘들다. 필자 역시 1,500호점이 넘는 브랜드에서 근무할 당시 프랜차이즈 시스템을 정확히 파악하고 숙지하는 데 큰 도움을 받았다. 그 덕택에 신생 브랜드에서 1호점부터 1,000호점 가까이 운영하면서 시행착오를 최소화하면서 맥을 잡고 효과적으로 추진할 수 있었다. 하루가 멀다고 무수히 많은 풀어야 할 과제가 산적한 가맹 사업을 함에 있어서 난제를 슬기롭게 효율적으로 해결할 수 있다는 것은 최고의 무기이고 최대의 자산이라 할 수 있다.

메이저 프랜차이즈는 가맹점을 몇 호점까지 운영하고 있느냐가 평가의 잣대가 된다. 프랜차이즈는 가맹점이 많이 오픈될수록 가맹 본부 경쟁력이 강화되고 가맹점의 정책 이행률이 높아진다. 1,000호점을 보유한 브랜드는 시스템에 의해서 업무 프로세스가 진행되기에 가맹점 수가 적은 브랜드에 속해 있을 때보다 직무 만족도가 높다. 마이너 프랜차이즈에 머무르는 브랜드는 역량 있는 구성원이 없는 것도 무시 못 할 원인 중 하나이다. 메이저 프랜차이즈 경력은 무언가 남들이 모르는 프랜차이즈의 깊숙한 부분까지 파헤칠 수 있는 능력을 갖게 만든다. 부서가 체계가 잡혀서 모든 평가를 실적으로 하는 것이 부담스러울 수 있지만, 기본을 강조하고 정해진 룰에 의해 매사 맡은 바 직무가 진행되는 경우가 대부분이기에 업무의 강도는 높을지라도 심적으로는 안정감 있게 근무할 수 있는 장점이 있다. 가맹점 매출 증대를 위한 프로모션을 자주 하기에 슈퍼바이저의 강력한 현장 실행력이 요구되며 현장의 소리가 집단행동으로 이어지는 시기이기도 하다. 전략적 사고를 하되 가맹점 우선주의를 염두에 두고 가맹 본부와 가맹점이 가족이라는 생각을 가맹 본부 전 구성원이 갖고 있으면서 현장의 소리에 대한 피드백을 신속히 해주어야 확고하게 최고의 브랜드로 자리매김하게 된다는 것을 되새길 시기다.

1,000호점이 되면 브랜드 파워가 매우 강해지고 가맹 본부 경쟁력이 최상으로 강화되는 것이 보편적인 현상이다. 가맹점에서 가맹 본부 정책과 매뉴얼을 준수하면서 매장을 운영해야 된다는 심리적 요인이 아주 강하게 나타나는 시기이기도 하다. 브랜드 가치가 상승해서 경영자는

물론이고 가맹 본부 임직원까지 브랜드에 대한 자긍심이 대단하며 동료와 선배로부터 프랜차이즈 전문 지식을 습득할 수 있는 계기가 되어 빠르게 프랜차이즈를 이해하는 기회를 얻는다. 1,000호점은 프랜차이즈 사업가의 선망의 대상이다. 이것을 바라보고 많은 브랜드가 탄생하는 것이다. 상기에 기술한 안테나 매장부터 1,000호점이 가기까지 일련의 과정을 잘 학습하고 숙지해서 현장에 적용하여 강력하게 실행할 수 있는 가맹 본부가 되어 1,000호점이라는 과업을 달성하기를 기대한다.

08 / 브랜드 1% 1,500호점

가맹점이 1,500호점을 달성하면 브랜드가 최정상에 올랐다고 할 수 있다. 주변 시선으로부터 자유로워지기가 힘들게 되는 시기라고도 할 수 있다. 여러모로 타인의 주목을 받을 때이다. 언론에서 기사화하기를 좋아하고 프랜차이즈 감독 기관의 예의 주시 대상에 오르기도 한다. 국내에서 1,500개 이상 가맹점을 운영 중인 브랜드는 1% 이내이다. 창업주 경영자의 일거수일투족이 언론의 가십거리가 되기가 십상이므로 행동거지를 신중히 해야 할 때이다. 가맹 본부 정책과 가맹점의 목소리가 사회 이슈로 크게 대두될 수도 있는 시기이며 더욱 신중하게 정책을 추진하고 언행을 조심해야 할 시점이다. 어느 분야에서나 특출나게 우뚝 서 있는 사람이나 조직에 대해서 유난히 관심을 갖고 이슈를 찾아서 부각하려는 경향이 큰 것이 일반적인 사회현상이라 할 수 있다. 프랜차이즈도 마찬가지다. 1,500호점이 되면 성공한 브랜드로 간주되기에 사사

건건 사회 이슈로 등장하게 될 수 있다는 것을 염두에 두면서 경영할 수 있어야 한다.

프랜차이즈는 전체 가맹점이 가맹 본부에 대한 우호도가 좋더라도 소수 몇 개 가맹점과의 분쟁으로 인해 안 좋은 기사가 나오는 일이 빈번하다. 1,500개 가맹점 중 한두 개의 가맹점에 의해 브랜드 평판이 실추되는 경우가 발생하게 된다. 소수 가맹점의 불만 사항이라 여기면서 축소 해석해서 일 처리를 하다가 언론에 노출되어 브랜드 이미지가 한순간에 추락하는 사례가 종종 있다. 절대로 소홀히 하면 안 되는 사항이 가맹점과의 분쟁이다. 언제 누가 예기치 않은 내용을 가지고 사회적으로 이슈화할지 모르기에 원만한 해결책을 찾아 풀어나갈 수 있도록 해야 한다. 가맹점의 행동으로 언론에 일단 노출된 브랜드는 어떤 내용이 되었든지 간에 가맹 본부보다는 가맹점에게 유리한 입장으로 여론이 형성될 확률이 높으므로 사전에 분쟁을 방지하고 해결할 수 있도록 해야 한다. 프랜차이즈는 매스컴 영향을 특히 많이 받는 편이다. 이해관계가 얽힌 이해 당사자 사이의 사업 형태이기 때문이다.

필자가 1,500개 이상의 가맹 본부에서 근무하며 가맹점 관리와 신규 개설 업무를 실무자부터 고급 관리자까지 경험하면서 터득한 결과 가맹점 수가 많아질수록 가맹점 관리가 더 수월해진다는 점이다. 이는 슈퍼바이저 제도가 확립되어 있고 전반적인 스태프 부서의 지원 및 협조가 잘 이루어져 운영 시스템이 잘 작동하고 있기 때문이라 할 수 있다. 1,500호점을 운영한다는 것은 업무 프로세스가 안정화되어 각자 맡은 기능을 다 하고 있다는 것을 의미한다. 1,500호점을 넘어 3,000개까지 운영하고 있는 브랜드는 아이템이 특정되어 있다고 할 수 있다. 주로 커피 및 치킨, 버거가 주력 메뉴인 카페 형태의 아이템과 편의점이 해당한다. 글로벌 브랜드로 입성하기 위한 준비를 하고 있거나 이미 진출한 브랜드다. 특정 아이템에 국한되는 경우라 할 수 있다. 1,500호점 이상의 가맹점을 운영하는 브랜드는 창업주 경영자의 正道, 正言, 正行의 경영이 더욱 절실하게 요구된다. 주위의 시선이 따갑기 때문이다.

가맹점이 1,500호점을 달성했다는 것은 고객에게 인정받고 있는 브랜드이며 가맹 본부도 경쟁력을 갖추고 있다고 확신해도 무방하다. 다만 가맹 본부는 안정화되어 있는데 가맹점 매출은 편차가 심하게 나타나는 시기다. 점포 입지의 한계로 매출이 평균 이하인 가맹점이 있을 수 있으나 대부분은 매장 운영의 정상화가 안 되어서 발생하는 경우가 더 많다고 할 수 있다. 가맹 본부는 이 점을 유의하고 매장을 정석대로 운영할 수 있도록 교육하고 지도해주어야 한다. 가맹점 수가 최상으로 도달되었을 때 특히 강하게 현장 관리를 해서 매장 운영의 표준화를 이룰 수 있도록 할 필요가 있다. 단시일 동안은 운영 매뉴얼을 준수하면서 고객 서비스를 잘하고 매장 운영을 하기가 어렵지 않지만 지속적으로 실천한다는 것은 결코 쉬운 일이 아니다. 슈퍼바이저 제도를 강력하게 운용하여 매장 상황을 점검하고 나태한 타성에 젖지 않도록 교육할 필요성이 제기되는 이유이다.

가맹점 매출을 올리기 위해서는 영업시간을 늘려야 하고 객단가를 높일 수 있어야 한다. 고객이 많은 곳을 보면 특별한 날에 하루 정도 매장을 닫고 쉬라고 해도 안 쉬는 것이 일반적이다. 특별한 애경사가 없는한 휴무하는 날이 없이 늘 매장 문을 열고 있다. 고객이 옆집으로 갈까봐 불안한 심리가 있을 수 있고 늘 매장 문을 오픈하고 있다는 이미지를고객에게 심어주고 싶은 이유도 있다. 매출이 좋은 가맹점은 대부분은매장 오픈 시간과 마감 시간이 항상 일정한 것을 알 수 있다. 대다수 매장이 눈이 오나 비가 오나 같은 시간에 문을 열고 문을 닫는다는 원칙을지키면서 매장 운영을 하고 있다. 세트 메뉴를 구성하여 객단가를 올리는 것도 매출을 올리는 방법의 하나다. 잘나가는 메뉴에 사이드 메뉴를추가하여 새로운 메뉴명을 별도로 정해서 판매하면 객단가를 높이는 데효과적이다.

맛이 특별한 히트 메뉴가 필히 있어야 매장 매출을 상승시키기에 유리하다는 것을 잊어서는 안 된다. 고객이 그 집 하면 "아! 그거 참 맛있어!" 하는 소리가 절로 나오도록 만들 수 있는 히트 메뉴가 절대적으로필요하다. 매장 매출의 70% 이상은 특정 메뉴에 의해 이루어지고 있는것이 외식업계의 보편적인 특성이라 해도 지나친 말이 아니다. 언제나똑같은 맛을 낼 수 있어야 단골 고객이 꾸준히 확보되어 매출 상승이 이어지게 되어 있다. 여러 가맹점에서 똑같은 맛을 낸다는 것은 참으로 어려운 일이다. 프랜차이즈 사업을 하면서 풀어야 할 영원한 난제이다. 같은 재료를 가지고 레시피에 의한 메뉴를 완성해도 요일마다 다를 수 있고, 가맹점은 동일한 맛을 내기가 더욱 어려울 수 있기 때문이다. 일정한 맛을 내게 하는 데는 가맹 본부 역량이 크게 영향을 미친다. 유념할 사항이다. 매출이 좋은 매장은 매장 안과 주변이 늘 깨끗하게 유지되며 테이블도 깔끔하게 정돈되어 있다. 또한 매장을 방문하는 고객에게 진정성 있게 인사를 하고 친절한 서비스를 제공한다.

주방이 청결하고 원·부재료 신선도를 유지하며 매장이 신명 나게 움직이고 활력이 넘치는 것을 엿볼 수 있다. 매장은 항상 환하고 밝게 고객 맞이할 준비를 갖추고 있고 마음에서 우러나오는 반가움을 표시하면서 자주 오는 고객을 잊지 않고 기억해주며 친분 있게 대한다. 매장 특성에 맞게 지역 마케팅을 적극적으로 해서 단골 고객 확보를 위해 주력하는 특성을 갖고 있다. 이외에도 여러 가지가 있을 수 있으나 대체로 상기 사항을 준수하고 매장을 운영하는 공통점이 있다. 가맹 본부는 매출이 저조한 가맹점에서 상기 열거한 사항을 현장에서 실천할 수 있도록 지도하고 교육할 수 있어야 한다. 가맹점 수가 많아질수록 특별히 관심을 갖고 관리해야 할 매장이 매출 부진 가맹점이다. 부진 점포장은 있어도 부진 점포는 없다는 말이 있다. 입지적인 한계가 있을 수 있지만 누가 매장을 운영하는가에 따라 매출과 수익은 오를 수도 내릴 수도 있다. 1,500호점 달성은 입지와 상권에서 상대적으로 자유로우며 소형 평수로도 매출 상승과 수익이 창출되는 아이템에 국한된다는 점을 프랜차이즈 가맹 사업을 추진하려는 예비 창업주 경영자는 참고할 필요가 있다.

프랜차이즈 90%가
200호점을
못 넘기는 이유?

수많은 브랜드가 하루가 멀다고 탄생하며 사라지기를 반복하는 것이 프랜차이즈 업계의 현실이다. 프랜차이즈 가맹 사업을 시작해서 200호점 이상의 가맹점을 운영하는 것이 하늘에서 별을 따는 것만큼 쉽지 않은 것이 현 실상이다. 200호점은 고사하고 100호점도 달성하지 못하고 퇴색해버리고 물류만 가동시키는 가맹 본부도 있다. 가맹점이 확산이 안 되는 이유는 다양하겠지만 근본적인 이유는 기획하여 브랜드를 탄생시키는 경우다. 안테나 매장 즉 모델 매장에서 오랫동안 운영을 해서 기대하는 수익이 확실하게 나온다는 입증이 안 된 상태에서 가맹 사업을 추진하는 이유가 가장 크다고 볼 수 있다. 한 달 운영한 결과에 대한 정확한 수익 산출이 가맹점에서 실수익을 산정하는 것과 상이한 상황이 발생하여 브랜드 검증이 안 되었는데 오픈한 경우다. 다른 중요한 이유는 안테나 매장을 A급 상권에서 오픈하여 테스트하는 동안 좋은 매출을 보여서 가맹 사업을 펼쳤을 때이다. 가맹점이 안테나 매장과 같은 위치에 입점하기가 현실적으로 어려워서 매출이 기대 이하를 보이는 브랜드가 있다. B급 상권에서는 경쟁력이 부족한 브랜드일 경우다. 통일성 없이 매뉴얼 준수를 이행하지 않고 매장을 운영하는 가맹점이 있는 경우에도 200호점을 달성하기가 어렵다.

핫한 상권에 대형 평수로 큰 금액을 들여서 직영점을 여러 곳 운영하다가 매출이 좋아서 프랜차이즈 사업으로 눈을 돌리는 브랜드가 있다. 소수의 가맹점만 확보하면서 가맹 사업을 하여도 충분히 프랜차이즈로서 승산이 있다고 판단하는 경우다. 현실성이 많이 결여될 수 있는 생각이다. 대형 평수를 운영하여 수익이 나는 것은 직영으로 운영되는 이유가 크다. 가맹을 큰 평수로 운영한다는 것이 말처럼 쉬운 일이 아니다. 아이템에 따라 다소 차이가 있을 수 있으나 직원이 다수가 필요한 대형 매장은 모든 매장이 같은 맛을 낼 수 있게 한다는 것이 어렵기 때문이다. 점포를 구하는 것 자체도 힘들거니와 예비 창업자 물색은 더더욱 어려워서 신규 매장 오픈이 더디게 진행되거나 아예 오픈 자체가 어렵게될 수도 있다. 스스로 합리화하고 싶은 마음이 앞서서 실행할 수 있는데 가맹 사업으로 성공하기가 만만치 않다. 1,000호점을 목표로 가맹 사업을 전개할 시는 아이템 선정을 특히 잘해야 한다. 동네 상권에서도 매출이 좋게 나올 수 있는 아이템이 좋다. 점포 구하기가 용이하고 창업비부담이 덜하기 때문이다.

프랜차이즈는 누가 무어라 해도 일단 가맹점 수가 많아야 본연의 취지와 특성을 살릴 수가 있다. 기업 가치도 가맹점 수로 평가받는 것이 일반적이다. 전국 여러 지역에 브랜드가 확고히 자리를 잡고 있을 때 프랜차이즈로서 사명을 다하게 된다고 보아야 한다. 수많은 프랜차이즈 브랜드가 지금 시간에도 가맹 사업을 시작하려고 태동하고 있다. 메이저급 프랜차이즈로 발돋움하기 위해서는 프랜차이즈 지식을 갖춘 인력 확보가 필수다. 가맹 본부 근무 연한이 1년도 안 되는 직원이 90% 이상이라고 말하는 경우가 있을 정도로 이직률이 심한 것이 프랜차이즈 업계이다. 복지와 인사 정책을 제도적으로 마련하여 우수 인력을 다수 확보할 수 있도록 할 수 있어야 성공적인 가맹 사업을 이룰 수 있음을 경영자는 필히 염두에 두고 가맹 사업을 할 수 있어야 한다. 200호점을 달성한 브랜드는 1,000호점을 돌파하는 1차 관문은 통과했다고 볼 수 있다.

01 가맹 사업 무경험

200호점을 넘기지 못하는 브랜드의 공통점은 창업주 경영자가 프랜차이즈 가맹 사업에 대한 경험이 없거나 부족하다는 것이다. 어느 조직에서나 예외는 있는 것처럼 가맹 사업 경험이 풍부해도 200호점을 못 넘기는 브랜드가 있고 경험이 없는데도 200호점을 가뿐하게 넘기는 브랜드가 있다. CEO가 프랜차이즈 경험이 미천하다면 임직원 중에서 역량을 갖추고 있어야 하는데 그것마저도 부재한 경우가 많은 곳이 대다수여서 잦은 판단 착오로 인해 가맹점 확산이 더뎌지는 경우가 많다. 프랜차이즈 원리와 시스템을 이해한 상태에서 조직을 구성하고 정책을 수립하여 현장 실행력을 강화할 수 있어야 200호점을 넘길 수 있는 동력을 얻게 되는데 현실은 상반된 경우가 많은 편이다. 경험으로 축적된 지식과 지혜의 부족함이 가맹 사업 초기에만 반짝하다가 정체 현상을 보이게 되는 주요 원인이 될 수 있다.

프랜차이즈는 타 업종과 달리 가맹점을 지도하고 설득하여 실천하게 만들어 고객으로부터 좋은 반응을 얻어야 한다는 특수성이 본질이다. 가맹 사업은 이해 당사자 간에 얽혀 있는 형태의 실타래를 풀어가면서 상호 상생할 수 있도록 정책을 추진해야 기대하는 목적을 달성할 수 있다. 이런 시스템을 잘 이해하고 성과를 낼 수 있는 단기 및 중장기 전략을 수립할 수 있는 역량을 경영자가 지니고 있어야 한다. 가맹 사업을 처음 접하는 경영자는 근시안적으로 경영을 할 수밖에 없다. 어쩔 수 없는 현상이다. 현장에서 실행력을 높일 수 있도록 꾸준한 교육이 절실하게 필요한 프랜차이즈 가맹 사업은 순간을 파악하는 촉과 현상을 진단하고 문제를 해결해서 나아갈 방향을 모색하는 올바른 맥을 잡는 것이 중요하다. 여러 브랜드를 경험하면 많은 시행착오를 겪고 난 후 메이저 프랜차이즈로 입성한 브랜드가 이를 방증해 주는 결과다. 프랜차이즈 경험이 미천하다면 위탁 교육 기관을 통해서나 관련 서적을 통해서 학습해야 하고 역량을 갖춘 능력 있는 경력 인재를 영입해서 부족한 면을 채울 수 있어야 한다.

프랜차이즈 경영자 모임이나 사적인 모임에서 서로 이런저런 프랜차이즈 관련 주제로 대화하는 경우가 많다. 프랜차이즈 가맹 사업에 대한 귀동냥을 통해 나름대로 간접 경험을 하게 되는 일이 프랜차이즈 업계에서는 흔한 일이다. 아이템이 상이하며 각자 처해 있는 상황이 다르고 인프라와 재정 상태 등 조직 문화의 차이를 보이는 것이 프랜차이즈 현실이다. 좋다고 판단되는 내용이 있다면 자신만의 브랜드가 지니고 있는 강점과 약점 및 현실을 직시하고 갖추어져 있는 시스템에 부합하게 정책을 펼치면서 가맹 사업을 추진할 필요가 있다. 가맹 사업에 대한 부족한 경험은 어쩔 수 없는 만큼 부단한 노력을 통한 학습이 요구된다. 능력을 갖춘 타인의 머리를 빌려서라도 풀어야 할 숙제다. 그래야 연속해서 의사결정을 해야 하는 경영자가 판단 착오를 최소화하여 경제적으로 가맹 사업을 전개해서 메이저 진입의 발판을 마련할 수 있기 때문이다.

02 / 프랜차이즈 비전문 조직

프랜차이즈 사업은 성공 여부가 사람에 의해서 결정되는 경향이 매우 크다고 할 수 있다. 유능한 프랜차이즈 전문 인력을 확보한 브랜드가 메이저 프랜차이즈로 정착하기에 시기적으로나 확률적으로 우위에 있는 것이 당연한 사실이다. 200호점은 고사하고 100호점도 넘지 못하고 정체 또는 하락하는 브랜드의 공통점은 가맹 본부 인력이 프랜차이즈에 대한 전문적인 지식과 경험이 부족하다는 것이다. 가맹점과 상생하는 관계를 유지할 수 있어야 가맹 사업이 성공적으로 번창하게 된다. 원활한 소통과 가맹점의 신속한 피드백이 있어야 가능한 일인데 이런 직무를 슈퍼바이저가 잘 해내야 한다. 그러기 위해서는 프랜차이즈 관련 지식과 경험을 지니고 있어야 한다. 유능한 인력으로 운영되고 있는 브랜드가 200호점을 넘기는 데 절대적으로 유리한 것이 프랜차이즈 사업이다.

프랜차이즈 가맹점이 현장에서 매장 운영을 잘할 수 있도록 지도하고 지원해줄 수 있는 시스템을 가맹 본부가 갖추고 있어야 한다. 결국 모든 실행이 가맹 본부 조직 구성원에 의해 이루어지는 형태이다. 가맹 본부와 가맹점 사이에서 오작교 역할을 하면서 매출 증대를 이루어 수익을 낼 수 있도록 중추적인 역할을 수행하는 라인 조직인 슈퍼바이저가 얼마나 본인의 책무를 잘 수행하느냐가 브랜드 가치 상승과 직결된다. 이러한 슈퍼바이저의 수행 능력이 가맹점 우호도와 고객의 충성도를 이끌어내 가맹점을 확산시키는 지름길이 된다고 할 수 있기 때문이다. 더불어 스태프 조직인 각 부서의 적절한 지원이 뒷받침되어 줄 때 더욱 브랜드 이미지가 좋아질 수 있게 된다. 이 모든 것이 가맹 본부 임직원의 역량에 따라 좌지우지되고 있는 실정이다.

프랜차이즈는 가맹 본부와 가맹점, 가맹 본부와 협력 업체, 협력 업체와 가맹점, 가맹점과 고객이 톱니바퀴처럼 연결되어 있는 조직 형태다. 이러한 구조에서 소통을 잘 이루어 서로 상생할 수 있도록 하기 위해서는 가맹 본부 임직원의 직무 역량이 필수 선결 조건이다. 프랜차이즈 사업을 추진하면서 이해관계가 있는 상대와 불필요한 오해를 불러올 수 있는 단초를 제공하거나 문제 발생 시 매끄럽게 처리하는 능력이 부족하여 브랜드 이미지를 실추시키는 경우가 있는데, 이는 프랜차이즈 경력이 미천한 조직으로 구성되어 있는 이유가 크다. 200호점을 넘길 수 있는 기반 조성이 어려울 수밖에 없는 환경에 놓이게 되는 원인이다. 비록 프랜차이즈 경험이 많지 않은 구성원이 있어도 경영자가 지속적인 교육을 진두지휘하여 실시한다면 부족한 지식을 극복할 수 있다. 필자가 신생 브랜드 창립 멤버로 합류해서 프랜차이즈 근무 경험이 없는 직원을 지속적인 교육을 통해 육성시켜서 1,000호점 가까이 실적을 이룬 사실이 있다. 교육의 효과를 입증해 준 사례이다. 실력 있는 전문 인력을 영입하든지 아니면 교육을 강화해서 전문가로 키워 가맹 본부가 해야 할 역할을 가맹 본부 전 구성원이 잘 해낼 때 200호점을 넘길 수 있다는 점을 경영자는 필히 염두에 두어야 한다.

03 / 가맹점 매출 부진

200호점을 못 넘기는 브랜드의 특성 중 다른 하나는 가맹점 매출 부진으로 수익이 나지 않는다는 것이다. 기대 수익 없이는 가맹점 만족도가 좋을 수가 없다. 가장 좋은 예비 창업자 발굴은 기존 가맹점의 입김으로 파급되어 형성되는 것인데 이를 기대할 수가 없게 된다. 추천은커녕 오히려 만류하는 지경에 놓이게 되어 가맹점 확산이 힘든 상황에 처해지는 경우가 많다. 가맹점 매출 부진에는 여러 요인이 있을 수 있다. 아이템의 한계, 입지의 부적합, 맛과 서비스의 문제 등 많은 이유가 있을 수 있으나 가맹 본부의 관리 부재와 브랜드 마케팅 및 홍보 부족도 무시할 수 없다. 프랜차이즈 사업이 성공하려면 일차적으로 가맹점에서 만족할 만한 수익이 나야 한다. 이 부분은 가맹 본부에서 최우선으로 심혈을 기울여서 해결해내야 하는 중요한 과제다. 가맹점 수익이 없이는 100호점도 넘기기 힘들다. 설령 달성되었더라도 어느 순간부터 계속해서 가맹 본부에 대한 불만과 분쟁이 이어져 가맹 본부는 이에 대응하느라 가맹점 확산이 한계에 봉착하게 될 수밖에 없다.

가맹 사업을 스타트하기 전에 장기간 확실한 수익 발생에 대한 검증을 마친 후 전개하는 것이 최선임을 대부분 창업주 경영자는 이해하고 있다. 여기서 착각과 오류를 범하는 부분은 가맹점 입장에서 수익 구조를 면밀하게 분석하지 못하고 가맹 본부 입장에서 판단하여 이익이 난다고 가정하고 확신을 갖는다는 것이다. 이 점은 프랜차이즈 사업을 하려는 예비 창업주와 현재 가맹 사업을 추진하고 있는 경영자가 반드시 참고해야 할 중요한 대목이다. 여기서부터 가맹점과의 간극이 발생하는 사례가 부지기수로 많기 때문이다. 외식업에서 매출을 증대시키기 위해서는 부수적인 요인이 함께 제 기능을 해야만 한다. 실제로 현재 300호점을 넘기고 있는 브랜드의 경우 평균적으로 대략 60% 정도 가맹점이 매출이 좋은 편이라고 보면 거의 맞을 것이다. 이는 상위 매장이 과반수만 되어도 200호점을 넘길 수 있다는 말과 같은 맥락이다. 즉 가맹 본부가 영업력이 좋든지 인적 네트워크가 많을 경우, 시스템이 정립되었을 경우, 사업 초기에 일시적으로 많은 가맹점을 오픈한 경우 등 다양한 원인이 있을 수 있다. 하지만 이런 경우는 특이 케이스다.

가맹점 매출과 가맹점 확산은 정비례하게 되어 있다. 매출이 좋은 매장을 보면 원·부재료가 항상 신선하고 좋은 재료로 제품을 완성하여 고객에게 제공한다. 고객이 항시 많아서 원·부재료가 늘 선순환이 될 수 있기 때문이다. 가맹점 매출이 좋으면 예비 창업자가 자연적으로 발생해서 가맹점 확산이 손쉽게 이루어지는 것과 같은 이치다. 시중에서 운영되고 있는 브랜드 중 대형 평수를 제외하고 오랜 시일이 경과했는데도 200호점이 안 되는 브랜드는 가맹점 매출 부진이 큰 영향을 미친 경우이다. 창업 투자비 회수까지 어쩔 수 없이 운영하고 있는 가맹점이 의외로 많은 것이 사실이다. 가맹 본부는 획기적인 매출 증대 방안을 모색하여 새로운 전환점을 맞을 수 있는 마케팅 및 브랜드 홍보 전략을 구사해야 한다. 고객의 발길이 끊이지 않는 매장을 보면 남과 차별화된 공통점이 있다. 물론 가맹점에서 운영을 잘한다고 매출이 반드시 오르는 것은 아니다. 복합적인 요인이 결합돼서 구색을 갖추었을 때 가능한 일이지만 그래도 가맹점 운영을 어떻게 하느냐에 따라서 매출은 달라지게 된다는 점을 유념할 필요가 있다.

04 가맹점 분쟁

가맹점과의 분쟁은 브랜드 가치를 하락시키는 결정적인 주요 원인이다. 주변 가맹점으로 이어져서 동조 세력이 형성되어 비방이나 선동하는 경우가 있고 나아가 인터넷에도 브랜드가 부정적인 이미지로 비추어지게 하여 순식간에 가맹 사업 전반을 흔들어 버리는 일도 있다. 자신의 입장만 주장하다가 마침내 발생하게 극한 상황까지 이어지게 되어 적극적인 가맹 사업에 제동이 걸리는 일이 생기게 되므로 합리적인 해결책을 찾는 지혜가 필요하다. 프랜차이즈 사업은 가맹점이 있기에 유지되는 만큼 가족이라는 마음을 갖고 이해시키며 설득시키고 때로는 지원책을 써서라도 함께할 수 있는 해결책을 강구하는 것이 우선이다. 물론 최악의 가맹점은 가맹 계약서에 명기된 대로 처리하는 것이 합당한 처사일 때가 많다. 가능한 합리적인 합일점을 도출하는 것이 최선이나 도저히 같이 갈 수 없다고 판단될 때 차선책으로 원칙에 입각해 처리하는 것이 좋다.

가맹점과의 분쟁은 창업 당시 원가 및 수익률에 대해서 들은 내용과 실제 운영상의 수익이 상이해서 발생할 수도 있고 가맹점 이격 거리, 프로모션, 운영상 매뉴얼 미준수로 인한 이해관계 상충 등으로 발생하게 되는 것이 일반적이다. 가맹점과의 마찰은 소통과 피드백의 부재에서 발생하는 경우가 대다수다. 상대 입장에서 자주 소통하고 신속한 피드백을 해 주면 그 속에서 문제를 해결할 실마리를 찾을 수 있게 되어 분쟁으로 가는 일을 미연에 방지할 수 있다. 가맹점의 불만이 쌓이게 되면 가맹 본부 정책이 현장에서 정상적으로 실행될 수가 없게 되고 프랜차이즈 본연의 특색이 사라지게 되는 일이 생길 수 있으므로 불만을 해소할 근본적인 대책을 마련하여 현장에 적용시킬 수 있어야 한다. 가맹점 우호도와 만족도를 높이는 것이 200호점을 달성하는 초석이기 때문이다.

프랜차이즈는 구조상 타인의 실행에 의한 매출이 나와서 수익을 함께 내는 형태이기에 그 과정에서 작고 큰 이해관계가 얽히고설켜 불만의 씨앗이 생겨서 분쟁으로 이어지게 될 확률이 높다. 가맹점에서 가맹 본부 노하우와 브랜드를 구매하여 현장에서 실천하여 고객에게 제공하는 일련의 프로세스가 프랜차이즈가 지니고 있는 특색이라 할 수 있다.

가맹점과의 분쟁은 불필요한 시간과 자원 및 물질이 소요되기에 사전에 방지하는 것이 최상책이다. 그러기 위해서는 프랜차이즈 시스템 확립과 가맹점 지원 제도가 정립되어 있어야 한다. 가맹점이 수익이 많이 생기는 브랜드는 가맹점 불만이 거의 없다고 보아야 한다. 브랜드 파워가 있어서 매월 기대 이상의 수익이 나면 가맹 본부에 서운한 일이 있어도 웬만하면 그냥 이해하고 새기면서 넘어가게 되어 있다. 필자가 몸담고 있던 브랜드는 1,000호점 가까이 오픈하는 동안 가맹점과의 실질적인 분쟁이 한 건도 없었다. 이를 증명해 주는 결과다. 가맹점과의 작은 분쟁 발생 시 가맹 본부 대처 능력 부족으로 인해 큰 불씨를 남기게 되어 걷잡을 수 없는 상황까지 번지는 경우가 있기에, 초기부터 소홀히 하지 말고 적극적으로 소통해서 불만을 해소해 줄 수 있어야 200호점을 넘기기가 수월해짐을 상기할 필요가 있다.

05 / 영업력 부족

신규 브랜드가 출현해서 갑작스럽게 시중에 많은 가맹점이 확산하는 사례가 종종 있다. 브랜드력이 있어서 가능하겠지만 그보다도 실력 있는 영업 인력이 존재하는 이유가 크다. 신규 개설 영업 시스템이 잘되어 있어서 공격적인 영업이 이루어졌다고 보면 된다. 반면에 고객의 반응이 좋은데도 더디게 가맹점이 확산되는 브랜드도 있다. 프랜차이즈 영업은 일반 영업과는 많이 다르다. 200호 미만의 가맹점을 보유하고 있는 브랜드는 영업 시스템과 영업 인력 구성 및 보상 체계에 대해서 진단해 볼 필요가 있다. 원인을 규명해서 새로운 영업 시스템을 도입하여 실행할 수 있어야 한다. 신규 브랜드는 신규 개설 경력이 미천한 인력이 영업 활동을 하여 빠르게 계약을 체결하기가 만만치 않다. 창업자가 브랜드 검증이 안 된 상태에서 확신하기가 쉽지 않아서 빠른 결정을 하기가 어렵기 때문이다. 신규 브랜드가 런칭된 다음 영업 경력이 있는 우수 인력이 합류하여 가맹점 오픈을 빠르게 확산하는 경우를 종종 보았을 것이다. 영업력을 무시 못 한다는 방증이다.

영업은 내성적인 성격 보유자가 외향적인 성격을 가진 사람보다 실적을 오히려 더 잘 내는 경우가 있다. 진실성 있게 후속 관리를 잘하는 것이 클로징하는 데 유리하기 때문이다. 짜임새 있게 영업 활동을 할 수 있도록 교육 및 시스템을 갖추고 있는 기업이 많다. 이에 비해 프랜차이즈는 다수의 가맹 본부가 교육 시스템을 갖추고 있다고 자신하기는 다소 미흡한 편이다. 정통 영업력을 갖춘 인력이 부족하고 육성이 부족하다. 한두 푼이 아닌 큰 금액을 투자하여 창업을 희망하는 예비 창업자를 상대로 브랜드를 알리고 이해시켜 클로징을 하기가 쉬운 것은 아니다. 특히 브랜드 파워가 미흡하다면 더더욱 계약 체결은 어렵다. 말재주에 의한 바람 영업은 이미 지나가 버렸다고 보아야 한다. 성실한 자세로 진정성 있게 예비 창업자에게 다가가서 올바른 창업 상담을 할 수 있을 때 브랜드 가치가 올라가서 신규 매장 오픈이 활성화될 수 있다.

영업은 다다익선이라는 말이 있다. 작금은 이 말이 무색할 정도로 영업 환경이 변화하고 있다. 영업 인력이 많을수록 좋은 점도 있겠지만 부정적인 면도 많다고 볼 수 있다. 오직 영업 실적에만 급급한 나머지 진실한 영업 활동이 안 이루어져 창업자와 불씨를 남기는 근원지가 되는 사례가 많아서이다. 물론 영업력이 뛰어나고 진실한 인력이 다수 포진되었다면 이야기는 다르다. 하지만 현실은 이런 경우가 극히 드물다고 할 수 있다. 영업 실적을 잘 낼 수 있도록 영업 실적에 대한 보상 제도를 합리적으로 수립하는 것도 중요하다. 신생 브랜드 중에서 가맹점 확산이 빠른 브랜드는 우수 인력에게 많은 성과급을 지급한다. 우수 인력이 많은 성과급을 가지고 가야 가맹 본부가 신규 개설을 많이 하게 된다고 여기고 영업 수당을 아끼지 않는 것이다. 현명한 처사이다. 그렇게 해야 200호점을 가뿐히 넘기게 되기 때문이다. 이처럼 영업을 누가 하느냐가 가맹점 확산에 큰 영향을 미치고 있다고 볼 수 있다.

가장 좋은 가맹점 확산 방법은 가맹점 추천에 의한 신규 창업자 발굴이다. 가맹점에서 원하는 수익이 나올 때 가능한 일이다. 가맹 본부가 역량을 갖추고 있더라도 가맹점에서 가맹 본부 운영 매뉴얼을 미이행하면 매장 수익이 나오질 않아 브랜드 가치 하락으로 이어지게 된다. 신규 창업자 발굴에도 도움이 안 된다. 가맹점 만족도를 높여주는 것이 최상의 신규 창업자를 발굴하는 비결이다. 주먹구구식으로 하는 신규 개설 영업이 아닌 일정한 창업 프로세스를 정립하고 창업자에게 신뢰를 줄 수 있는 창업 상담을 할 수 있어야 한다. 바람 영업은 한계를 보이게 되어서 지속성과 믿음이 결여될 수밖에 없다. 첫 상담부터 클로징까지의 창업 프로세스를 확립해 놓고 실행해야 한다. 가맹점 확산을 잘하는 가맹 본부는 프로세스에 의한 신규 개설을 추진하고 있다. 주먹구구식 영업 활동을 하지 않는다. 예비 창업자는 가맹 본부에 창업 문의를 하고 첫 통화를 하는 순간부터 브랜드에 대해 평가하기 시작한다는 것을 염두에 두어야 한다. 확신과 자신에 찬 모습으로 신뢰를 줄 수 있는 상담을 하는 것이 중요하다.

가맹 사업 초기에는 가맹 본부가 있는 지역에 한정해서 신규 오픈을 할지 아니면 주변 지역 또는 전국적으로 동시에 추진할지를 결정해야 한다. 아이템 및 물류 공급 여건에 부합하게 진행하는 것이 좋다. 가맹 본부 인프라와 시스템 환경에 맞게 신규 개설 공략을 할 수 있어야 효율적이다. 슈퍼바이저 운용 및 전국 물류가 충분하게 갖추어져 있을 때 지역 확산을 해야 가맹점 관리가 정상적으로 될 수 있기 때문이다. 시스템이 확립되었을 시 공격적으로 전국을 대상으로 신규 창업을 전개하는 것이 효과적이다. 신규 상담은 가급적 가맹 본부에서 실시하는 것이 성과를 올리는 데 유리하다. 영업 담당이 역량이 우수해서 현지 방문해서 창업 상담을 통한 계약 체결을 할 수도 있으나 예비 창업자의 가맹 본부 방문을 통한 신규 상담이 이루어지게 하는 것이 더 효율적이다. 가맹 본부를 방문해서 상담하는 것을 원칙으로 삼는 것이 좋다.

가맹 사업에서 신규 개설이 기대 이상으로 확산이 되지 않을 때는 부담 가는 창업비도 영향이 크다. 창업자는 동종 업종의 브랜드와 상대 비교를 하면서 브랜드를 선택한다. 브랜드 파워가 월등히 높아 높은 수익이 보장될 때 계약 체결 확률이 높다. 그렇다고 가맹비 면제 등 3무 정책이 예비 창업자가 창업을 결정하는 핵심 요인이 되지는 못한다. 프랜차이즈 사업은 브랜드에 대한 믿음을 갖고 시스템에 따라서 규정대로 진행할 때 탈이 없다. 가맹점에서 받을 것은 받고 해줄 것은 해주는 것이 합리적인 경영이다. 창업비는 지속적으로 예비 창업자 발굴을 하는 데 도움이 될 수 있도록 합리적으로 책정하는 것이 길게 보아 효과적이다.

06 / 부적합한 입지

가맹점 매출과 수익은 늘 직결되어 비례하게 된다. 신규 오픈 매장이 일정 시기를 지나면 매출이 증대되거나 최소한 오픈 때의 매출을 유지할 수 있어야 가맹점 확산이 수월하다. 결국 영업 인력이 우수해야 가맹점 확산이 빠르게 된다는 상기 내용과 맥락을 같이하는 부분이다. 상권과 입지는 다르다. 아이템에 따라 다르겠지만 상권이 비록 열악해도 그 상권 내에서 최고의 로케이션에 입점할 수 있어야 매출을 올리는 데 상대적으로 유리하다. 특히 가맹 사업 초기에 매장 수만 늘리면 된다는 생각으로 로케이션을 고려하지 않고 입점시킨 브랜드는 향후 200호점을 도달하기가 어려워질 확률이 매우 높다. 매출을 올리는 데 한계에 봉착할 수 있기 때문이다. 일부 가맹 본부는 이런 폐단을 방지하기 위해 영업 담당 성과급을 신규 오픈 후 3개월 동안 매출 실적과 연동하여 가감해서 지급하는 경우가 있다. 입점 지역에 신중을 기해서 오픈해야 한다는 경각심을 주기 위한 방책이다.

100호점 대에서 정체기를 보이는 브랜드의 공통적인 특성은 대체로 신규 매장의 입지가 좋지 않아서 매출이 하락세를 보이는 경우가 많은 편이다. 매출이 부진한 이유 중 매장 로케이션이 차지하는 비중이 크기 때문이다. 200호점이 될 때까지는 아이템에 따른 상권과 입지를 가맹 본부에서 확실하게 설정한 후 가맹 상담을 할 수 있어야 한다. 어느 업종이나 매장이 오픈되면 3개월 정도는 공포 단계로 어떻게 한 달 동안 매장을 운영했는지 정신없이 흘러가게 되어 있다. 6개월이 지나면 이것 저것 조금씩 매장 운영 상황이 눈에 들어오게 되어 서서히 본인 기대에 못 미치는 것들이 생기고 불만이 쌓이게 되어 불평하기 시작하는 단계에 접어들게 된다. 1년이 지나면 프랜차이즈 가맹점은 가맹 본부에 대한 만족도가 갈라지게 되어 있다. 프랜차이즈 사업을 시작하여 200호점을 넘기기가 쉽지가 않은 이유를 이 원리에 접목시켜 보면 의미를 금방 알아차릴 수 있을 것이다.

가맹점 수익 발생이 신규 개설의 원천인데 매장을 운영한 지 몇 달 되지도 않아 이익이 나지 않는다는 것은 매장 입지가 주요인이 되는 경우가 많다. 오픈 매장의 매출 정체는 가맹점 확산에는 치명적이다. 이 점을 경영자를 위시해서 영업 책임자와 담당은 필히 가슴속에 새기면서 가맹점 오픈을 할 수 있어야 한다. 가맹 사업 초기부터 탄탄하게 가맹점을 오픈시켜야 꾸준히 성장 가도를 달리는 데 득이 되므로 경력 있는 영업 인력이 신규 매장을 오픈시킬 수 있도록 조직 구성을 할 필요가 있다. 결국 사람에 의해서 이루어지는 일이라서 그렇다. 영업 성과급에 의존하는 영업 체제는 사업 초기에는 바람직하지 못한 형태다. 부실 매장을 만드는 단초가 될 수가 있기 때문이다. 적절한 상권과 입지는 아이템에 따라 확연하게 다르다. 명확하게 정답이 없는 것이 상권이고 입지다. 실제 운영을 해보지 않고서는 최적의 로케이션이라고 누구도 장담하기 어려운 것이 사실이다. 기존 매장 운영 상황을 점검해서 최적의 입지 기준을 확립해 놓을 필요가 있다. 신규 매장의 매출 증대가 200호점으로 가는 지름길이다.

07 / 미투 브랜드

프랜차이즈 시장은 미투 브랜드가 판을 치고 있다고 해도 과언이 아니다. 조금이라도 고객의 발길이 끊이지 않는 브랜드가 출현하면 카피를 해서 새로운 브랜드를 런칭하려는 곳이 많은 것이 현실이다.

모방은 창조의 어머니라는 말처럼 너도나도 잘나가는 브랜드를 벤치마킹하려고 하는 것이 외식 프랜차이즈 실상이다. 하지만 원조를 이기는 미투 브랜드는 그리 많지 않다. 유사 브랜드가 난립해서 기존 브랜드의 고객이 잠시 이탈 현상을 보일 수 있으나 곧 원 상태로 회귀하는 것이 외식 시장의 일반적인 현상이다. 단 기존 브랜드가 경쟁력이 있을 때 가능한 일이다. 그렇지 못하면 계속 유사 브랜드로 고객이 이탈할 수 있다. 원조 브랜드가 굳건하게 외풍에 시달려도 흔들림 없이 자리매김하는 이유는 그 브랜드만이 지니고 있는 차별화된 강점이 있어서다.

아무리 타 브랜드를 모방해도 기존 브랜드를 넘볼 수 없는 것은 완벽한 카피가 불가능하기 때문이다. 똑같게 만들면 본의 아니게 송사 건에 휘말릴 수 있기에 어중간하게 모방해서 만드는 것이 일반적이다. 짝퉁이라는 이미지를 벗어나기가 물리적으로 힘든 것이 사실이다. 이런 틈새를 잘 파고들어서 유사 브랜드가 자리를 잡는 경우도 있으나 드물다. 매출이 좋다가도 특별한 이슈가 없는데 갑자기 매출 하락세를 보이는 가맹점은 십중팔구 미투 브랜드가 근거리에서 오픈하여 영업 중인 경우가 대다수다. 자신만의 내세울 수 있는 무언가가 부족한 브랜드는 잠시 반짝이다가 존재가 미약해지게 되는 게 보편적인 현상이다. 아무리 큰 영향을 안 준다고 해도 유사 브랜드 출현은 기존 가맹점 매출에 적지 않은 타격을 줄 수밖에 없다. 신생 브랜드가 잘나가다가 정체기를 보이게 되는 경우는 미투 브랜드가 난립하기 때문인 이유가 크다고 할 수 있다. 프랜차이즈 생리상 어쩔 수 없는 현실이고 앞으로도 계속해서 반복적으로 발생하게 될 것이다. 나만이 지니고 있는 경쟁력을 확보하는 것이 최고의 방어책이라 할 수 있다.

아이템 기획해서 새로운 브랜드를 출현시켜서 성공시킨다는 것이 현대에는 구조적으로 어려운 환경이다. 그래서 카피 브랜드가 성행하고 있는 형국이라 할 수 있다. 미투 전략은 원래의 상품과 유사하게 완성시켜 잘나가는 브랜드에 편승하여 추진하는 전략이라고 말할 수 있다. 벤치마킹이라는 말과 같은 맥락이다. 프랜차이즈는 유난히 타 브랜드를 모방하여 짧은 시일 안에 카피를 해서 새로운 브랜드를 런칭하는 경우가 흔하다. 10개를 만들면 한두 개가 정착한다고 보면 된다. 때로는 모방하다가 획기적인 아이디어가 나와 원조 브랜드보다도 더 인기 있는 브랜드가 탄생하는 경우가 있다. 어찌 보면 유사 브랜드가 나온다는 것은 동종 업종의 시장 파이를 키워준다는 긍정적인 면도 존재한다고 볼 수 있다. 그러므로 반드시 누군가가 카피를 할 거라는 생각을 가지고 자신만의 특별한 경쟁력을 갖춰 브랜드를 특화시킬 수 있게 만드는 것이 최선의 방책이다. 실제로 선두권을 달리는 브랜드는 동종 브랜드 출현에 개의치 않고 가맹 사업을 전개하고 있다. 자유 경쟁 시대에서 살아남기 위해서는 독창성 있고 차별화된 경쟁력을 보유하는 것이 최선책이다.

08 미성숙 시장

대중적인 아이템이 아닌 경우 시장에서 고객의 입맛을 사로잡아 재방문이 이루어지고 나아가 단골 고객 확보까지 한다는 것이 결코 쉬운 일이 아니다. 블루오션이 아닌 레드오션에 가까운 아이템이 여기 해당된다고 할 수 있다. 200호점을 못 넘기는 브랜드는 여러 요인이 있을 수 있으나 아직 프랜차이즈로서 정착되지 못한 아이템 영향도 무시하지 못한다. 고객의 입맛을 사로잡아서 브랜드가 각인되기까지 시일이 꽤 걸릴 수밖에 없기 때문이다. 치킨이나 커피 아이템이 블루오션인데도 지속적으로 시장에서 탄생하고 있는 궁극적인 이유인 셈이다. 고객이 늘 찾고 선호하기에 지금 시장에 뛰어들어도 가능성이 있다고 판단하기에 계속해서 새 브랜드가 탄생하고 있다고 할 수 있다. 미성숙한 시장을 뚫고 나가기 위한 최고의 비법은 시장을 떠들썩하게 할 수 있는 히트 메뉴 출시다. 200호점을 넘기지 못한 브랜드는 이 점을 깊이 인식할 필요가 있다.

시장에서 성숙되지 못한 아이템으로 가맹 사업을 전개하고 있는 가맹 본부는 일차적으로 내부 조직을 프랜차이즈 원리와 시스템을 이해할 수 있는 실력을 갖춘 인력으로 탄탄하게 구성하는 것이 중요하다. 경영을 완벽한 팀 체제로 운영할 수 있도록 해야 한다. 프랜차이즈 사업은 사람에 의해 움직이는 사업이기 때문이다. 프랜차이즈 지식을 갖춘 정예 조직은 이런 난제를 풀어갈 수 있는 해결 방안을 모색하고 실행해서 극복할 수 있기 때문이다. 가맹점을 확산하려면 가맹점 매출이 우선시 되어야 하는데 미투 브랜드가 생기면 어쩔 수 없이 매출에 영향을 안 미칠 수가 없다. 이럴 경우 담당 슈퍼바이저를 비롯하여 스태프 조직이 합심하여 매장 컨디션을 분석하여 최적의 LSM 마케팅을 실행하는 것이 좋다. 그러기 위해서는 능력 있는 인재가 필요하다. 미성숙된 시장에서 헤쳐 나가서 굳건하게 자리 잡기 위한 길이다.

레드오션의 아이템이 자리를 빠르게 잡기 위한 방법 중 하나가 브랜드 홍보다. 대중에게 좋은 이미지로 각인될 수 있는 광고 마케팅을 공격적으로 하는 것이 효과적이다. 신생 브랜드가 갑자기 뜨고 있을 경우를 보면 후면에는 CF 광고를 비롯하여 TV 자막에 노출시키는 횟수가 빈번한 것을 볼 수 있을 것이다. 드라마를 활용한 PPL 광고 역시 활발하게 하는 편이다. 브랜드를 불특정 다수에게 단시일 안에 인지시키기 위해서는 TV에 노출시키는 것이 효과적이다. 아이템이 충분히 경쟁력이 있다고 판단되어도 고객이 알아주지 않으면 소용이 없게 된다. 아이템이 아직 많이 알려지지 않았는데도 성장 속도가 매우 **빠르게** 진척되는 브랜드가 있다. 이는 일사불란한 내부 시스템이 작동하고 있는 이유가 크다. 미성숙된 아이템 시장을 성숙된 시장으로 변모시킬 수 있는 역량을 가맹 본부 임직원이 갖추고 있을 때 200호점 달성이 수월하게 된다는 점을 유념할 필요가 있다. 새로운 고지를 점령하기 위해 선두권을 유지하면서 고군분투하고 있는 브랜드가 메이저로 진입하기 위해서는 가맹점 만족도를 높이는 일에 최선을 다해야 한다.

09 트렌드 변화

유행에 민감한 아이템은 지속적으로 고객의 관심을 끌기가 쉽지 않다. 유행을 따라가는 심리가 강하기에 그렇다. 외식 시장에서 자리 잡는가 싶으면 어느새 새로운 트렌드 물결에 휩쓸려 사라지게 되는 경우가 많은 것이 현실이다. 프랜차이즈는 컨셉이 시시때때로 바뀌어 새롭게 변신한 브랜드가 출현해서 고객한테 파고들어 기존 브랜드가 성장하기도 전에 정체 현상을 보이게 되는 사례가 의외로 많은 편이다. 원조 브랜드는 웬만한 외풍에 흔들리지 않고 꾸준히 고객에게 사랑받는 브랜드로서 자리매김하는 것이 일반적이다. 그 많은 브랜드 중에서 극소수에 해당하는 일이다. 대다수의 아이템은 유행에 민감하게 반응을 보이게 되어 있다. 200호점을 가는 데 장애 요인으로 대두될 수 있는 대목이다. 물론 이런 부분은 가맹 본부에서 정한 운영 지침을 확실하게 준수하고 있다고 가정했을 경우 해당되는 이야기다. 기본이 안 되어 있는 매장은 외부 환경이 어떻든 남 탓에 불과하기 때문이다.

유행을 타지 않는 아이템이 중요한 것은 삼척동자도 알 수 있는 사항이다. 하지만 여건상 그러한 아이템으로만 가맹 사업을 전개할 수가 없다. 블루오션 시장의 아이템이 주류를 이루고 있기 때문이다. 대표적으로 트렌드 변화가 약한 아이템을 꼽으라면 치킨, 피자, 커피, 분식일 것이다. 이 아이템으로는 프랜차이즈 사업을 할 수 없기에 유행에 민감한 아이템임을 알면서도 도전하게 되는 것이다.

성공하는 브랜드가 손에 꼽을 정도지만 자영업을 하는 사람에게 프랜차이즈 사업은 로망과도 같다고 할 수 있다. 작금도 연속해서 새로운 브랜드가 탄생하고 있는 원인이다. 프랜차이즈 사업은 가맹점 200호점 달성이 메이저급으로 가는 데 실질적인 고비일 수도 있다. 갖가지 제약과 불리한 환경이 엄습해 올 수 있는데 이를 헤쳐 나가는 지혜와 슬기를 모을 수 있는 경쟁력을 평소 갖추고 있는 가맹 본부가 되는 것이 중요하다고 할 수 있다. 내부 경쟁력이 강하면 유행에도 뒤지지 않을 수 있는 비책이 나오게 되고 순발력 있게 대처할 수 있는 해법을 강구할 수 있다.

현대 외식업계는 10대에서 20대가 주요 고객층으로 변모하고 있는 실정이다. 이 계층을 상대로 맛과 트렌드를 다 잡을 수 있어야 200호점을 넘기기가 용이하다. 특히 이 세대는 트렌드를 몰고 다니는 세대다. 경쟁이 심한 외식 시장에서 살아남기 위해서는 변화에 잘 적응하고 대처할 수 있어야 한다. 고객에게 꾸준히 관심을 받을 수 있도록 새로운 메뉴를 출시하고 시선을 끌 수 있는 서비스를 제공할 수 있어야 가맹점 확산이 활발해질 수 있다는 점을 항상 유의하고 가맹점 관리를 할 수 있어야 한다. 외식업에서 유행은 숙명으로 받아들일 수 있어야 한다. 그 속에서 돌파구를 찾는 전략이 필요하다. 변화하는 트렌드에 적응하기 위해서는 젊은 여성의 시선과 청각에 늘 주의를 기울이고 관심을 두며 여러 콘텐츠를 만드는 데 게을리해서는 안 된다. 외식업을 주도하고 있는 계층이므로 주요 타깃으로 잡고 프랜차이즈 사업을 할 수 있을 때 200호점 도달이 눈앞에 보이게 될 것이다.

PART
4

로컬 프랜차이즈는 지역 한계를 극복할 운영 전략이 절실하다

01 전문 인력 부재

　로컬 브랜드는 수도권 브랜드보다 프랜차이즈 시스템을 구축하기가 전반적으로 불리한 환경에 놓여 있다. 가맹 사업을 위한 인프라 구축이 수월하지 않고 실시간 변화하는 외식 시장의 정보가 늦으며 역량 있는 프랜차이즈 전문 인력을 영입하기가 만만치가 않다. 프랜차이즈 전문 지식을 배양할 기회도 상대적으로 취약한 입장이다. 프랜차이즈 성공 전략 수립이 미흡하고 프랜차이즈 시스템에 대한 이해도와 공격적인 마케팅 및 홍보가 부족하다. 그러다 보니 가맹 본부가 있는 지역에 한정하여 신규 매장을 오픈하는 경우가 많다. 지역적인 한계를 벗어나서 타지역에 오픈시키기는 데 여러 제약이 따른다. 가맹 사업을 할 수 있는 여건과 환경이 수도권 브랜드에 비해 넉넉지 않은 것이 현실이다.

　창업주 경영자가 프랜차이즈 원리와 특성에 대한 이해가 부족한 상태에서 가맹 사업을 추진하는 경우가 많은 편이다. 거기다가 함께하는 구성원도 프랜차이즈 경력이 미천하고 메이저 프랜차이즈 경력이 있는 인력 도입이 쉽지 않아서 가맹 사업 초기에 수익 구조 및 정책을 추진하는 데 시행착오를 자주 겪게 된다. 가맹 사업을 추진하면서 지속적으로 어려운 난관에 봉착하게 되는 일이 비일비재하다. 특히 프랜차이즈업계에 근무하면서 성과를 내 본 경력 소유자를 찾기는 더욱 어려운 실정이다. 프랜차이즈는 사람 사업이라 말할 정도로 유능한 인재 도입과 육성에 사업의 성패가 달려 있다고 해도 과언이 아니나 로컬 시장 환경은 넉넉지 않은 것이 로컬 프랜차이즈 실상이다.

프랜차이즈 대다수 브랜드가 장사를 오랫동안 하다가 기대 이상으로 장사가 잘돼서 당사자 또는 주위의 권유로 스타트하게 되는 것이 일반적이다. 프랜차이즈에 대한 이해와 전략이 부재한 상태에서 가맹 사업에 뛰어들게 되는 경우가 많다. 로컬 프랜차이즈는 주변 여건상 이런 현상이 더욱 심화될 수 있는 환경에 놓여 있다고 볼 수 있다. 창업주 경영자와 임직원 중에서 누군가는 프랜차이즈 전문 지식과 풍부한 경험을 지니고 있어야 가맹 사업 초기에 바람직한 전략을 수립하여 실천해서 강력한 현장 실행력을 토대로 신규 매장을 확산해 나가기가 수월해진다. 이 점을 로컬 프랜차이즈 가맹 본부는 유념하고 가맹 사업을 추진할 수 있어야 한다. 전국 브랜드로 거듭나기 위해서 우선적으로 갖추고 있어야 할 부분이다.

메이저 프랜차이즈 가맹 본부가 대부분 수도권에 밀집되어 있다 보니 아무래도 시장의 변화를 읽을 수 있는 트렌드 변화를 접할 기회가 적고 주거 등의 이유로 프랜차이즈 전문 지식을 갖추고 있는 실력 있는 경력자 도입이 어려울 수밖에 없다. 이 부분이 로컬 프랜차이즈가 전국 브랜드로 우뚝 서기까지 어려움을 겪는 최대의 난제라 할 수 있다. 모든 기업이 사람의 역량에 의해서 사업의 성패가 달려 있다고 할 수 있지만, 프랜차이즈는 사람이 미치는 영향이 더욱 크기 때문이다. 가맹 본부를 대신하여 가맹점에서 고객을 상대로 제품과 서비스를 제공하는 시스템이기에 사람에 의한 지도 및 관리가 무엇보다도 중요할 수밖에 없다. 지방이라고 해서 프랜차이즈 전문 지식을 갖추기가 힘든 것만은 아니다. 상대적으로 외부 환경상 더 노력을 기울여야 한다는 뜻이다. 수시로 외부 프랜차이즈 위탁 기관에서 실시하는 교육에 참여해서 정보와 지식을 쌓는 것도 좋은 방법이다.

가맹 사업은 타이밍을 잘 잡아서 추진을 할 수 있어야 성공 확률이 높다. 인프라의 불리함이 있는 로컬 프랜차이즈는 제반 시스템이 구축되는 시점까지 기다리다가 전국적으로 가맹 사업을 전개해야 하는 약점을 지니고 있다. 로컬 프랜차이즈는 적절한 시기에 공격적인 경영을 펼칠 수 있는 전반적인 시스템을 갖추고 있느냐가 전국 브랜드로 입성하는 관건이 된다는 것을 유의하고 가맹 사업을 전개할 필요가 있다. 그러기 위해서 역량을 지닌 프랜차이즈 전문가가 필수적으로 존재해야 한다. 로컬 프랜차이즈 창업주 경영자는 이 점을 반드시 유의해서 우수 인력 영입에 정성을 쏟을 수 있어야 한다. 메이저급 반열에 오르기 위해서는 반드시 필요한 부분이기 때문이다.

로컬 프랜차이즈가 가맹 사업을 펼치는 데 있어 수도권 프랜차이즈보다 불리한 점만 있는 것은 아니다. 최고의 이점은 점포 구하는 비용이 수도권보다 저렴하여 점포 확정이 빠르다는 것이다. 이는 가맹점을 확산시키는 데 최대의 무기가 될 수 있다. 메이저급 프랜차이즈로 진입하기 좋은 아이템을 잘 선정해서 우수 인력과 함께 가맹 사업을 추진하면 로컬 프랜차이즈가 상대적으로 1,000호점을 달성하는 데 유리한 고지를 점령할 수 있다. 필자가 직접 체험하고 경험했기에 자신 있게 말할 수 있는 대목이다. 여기에는 점주가 기대하는 만큼 가맹점 수익이 날 때 가능하다는 전제 조건이 수반된다는 점을 필히 기억해야 한다. 불리한 환경을 유리한 조건으로 해석하여 유능한 인력과 함께 프랜차이즈 시스템을 이해하고 구축하면서 가맹 사업을 추진하면 더 빠르게 메이저 프랜차이즈로 입성할 수 있는 것이 로컬 프랜차이즈다.

02 브랜드 경쟁력 강화

수도권에서 가맹 사업을 스타트하는 브랜드는 프랜차이즈 원리와 특질을 깊이 있게 이해하고 시스템을 갖추는 데 있어 로컬 프랜차이즈보다 상대적으로 유리하다. 프랜차이즈 지식을 갖춘 경력이 있는 인력 확보가 수월하고 외식 시장 정보와 트렌드 변화에 빠르게 대처해 갈 수 있는 장점이 있기 때문이다. 로컬 프랜차이즈보다 시장 정보를 빠르게 접할 수 있는 강점이 있고 브랜드 마케팅 채널을 다양화해서 잘나가는 브랜드에 대한 카피를 손쉽게 할 수 있는 장점이 있다. 여러 프랜차이즈 교육 기관을 통해 전문 지식을 학습하기가 수월한 면도 있다. 전국적으로 시야를 크게 보면서 가맹 사업을 전개할 수 있는 장점이 있다. 반면에 로컬 프랜차이즈는 수도권 브랜드가 지니고 있는 강점에 비해 주어진 여건과 환경이 불리한 입장에 놓여 있다.

로컬 프랜차이즈가 한계를 극복하기 위한 첫 번째 선결 과제는 전국 어디에서도 고객으로부터 사랑받을 수 있다는, 브랜드 경쟁력을 갖추고 있어야 한다. 브랜드 경쟁력이 좀 미흡해도 유독 지역을 사랑하는 국민성으로 인해 해당 지역에서는 호응이 좋아서 잘나가는데 다른 지역에서는 고객으로부터 좋은 반응을 얻기가 어려워서 지역 브랜드로 전락해버리는 브랜드가 의외로 많다. 이 부분을 탈피할 수 있어야 전국 브랜드로 자리매김한다는 것을 경영자는 필히 염두에 두고 가맹 사업을 추진해야 한다. 브랜드에 대한 확실한 믿음을 줄 수 있도록 가맹 본부에서 수익성 분석을 철저히 해서 전국 어디에 진출해도 경쟁력이 있다고 판단할 수 있어야 지역 브랜드 이미지를 탈피할 수 있다. 가맹 본부가 위치한 지역에서는 가맹점 확산이 잘 되는데 타지역에서 맥을 못 쓰는 브랜드는 대다수가 해당 지역 고객의 니즈에 치중하여 메뉴 구성과 인테리어 등이 지역의 한계를 극복하지 못한 이유가 크다고 할 수 있다.

지역 브랜드가 수도권에 진입하여 성공한 경우는 맛의 통일성이 유지되기 때문이다. 아이템에 따라 예외가 있지만 가맹 본부가 있는 지역에서는 맛이 있고 벗어나면 맛이 흔들리는 경우가 있다. 지역 브랜드는 한곳에서 장기간 장사하다가 맛에 대한 입소문이 파다하게 퍼져서 프랜차이즈로 스타트하게 되는 사례가 많다. 로컬 프랜차이즈는 가맹 사업의 기본 원리인 맛의 통일성 유지가 물리적인 장애 요인이 대두되는 것이 현실이다. 지역에 인접한 소수의 매장에서는 똑같은 맛을 낼 수 있는 여력이 있으나 전국적으로 뻗어나가기에는 원·부재료 구입을 비롯해 원팩 시스템 도입, 소스 공정 등 제반 사항에서 난항을 겪는 어려움에 봉착하기가 쉽다. 반면에 주류 아이템은 수도권 브랜드와 같은 조건에서 가맹 사업을 동등하게 펼칠 수 있는 장점이 갖추고 있다고 할 수 있다. 주류 아이템으로 승부하는 로컬 프랜차이즈가 전국 브랜드로 입성하는 것이 타 아이템보다 손쉬운 이유가 여기에 있다고 할 수 있다.

전국 브랜드로 거듭나서 브랜드 이미지를 고객에게 각인시키기 위해서는 몇 번을 강조해도 지나치지 않은 것이 가맹점이 기대하는 수익을 내게 해주는 것이다. 마케팅을 적절한 타이밍에 실행하고 가맹점에서 편리하게 메뉴를 완성할 수 있도록 단순화하고 전국 어느 가맹점에서나 동일한 맛과 서비스를 제공할 수 있도록 표준화를 이룰 수 있어야 전국적인 브랜드가 가능하다. 한눈에 브랜드 특장점을 알 수 있도록 홈페이지 구축도 소홀히 해서는 안 될 사항이다. 브랜드 스토리를 정립하는 것도 놓쳐서는 안 된다. 슈퍼바이저 표준 활동은 더 강조할 필요가 없을 정도로 체계 있고 원칙에 입각하여 운용할 수 있어야 한다.

03 ／ 전략적 신규 개설

로컬 프랜차이즈는 근시안적인 경영 정책에서 벗어나 가맹점 증가에 따른 단계별 공략을 효율적으로 전개할 수 있는 세부 추진 계획을 수립하여 실행할 수 있도록 해야 한다. 어떤 일이든 성과를 내기 위해서는 적절한 방법과 책략이 있어야 하듯이 가맹점 확산도 전략적 사고를 하면서 추진할 수 있어야 성공 확률이 높아진다. 제반 인프라와 시스템을 구축하기 위해서는 일정한 시일이 소요될 수밖에 없는 로컬 프랜차이즈는 더욱 유념할 사항이다. 인근 지역으로 점차 확산시켜서 탄탄한 브랜드 파워를 다져나갈 수 있어야 전국 브랜드로 진출하기가 수월해지게 되어 있다. 로컬 프랜차이즈가 신규 가맹점을 확산하기 위한 최고의 방법은 가맹점 수익이 가맹점주가 원하는 만큼 나오도록 하는 것이다. 또 가맹 본부가 위치한 지역부터 브랜드 인지도를 높여 고객으로부터 사랑을 많이 받도록 하고, 기존 점주가 인근 지역에서 2호점을 내며 지인이나 친지에게 입소문을 내줄 수 있는 브랜드로 만드는 것이다.

로컬 프랜차이즈가 전국 브랜드로 거듭나기 위해서는 가맹 본부가 있는 지역부터 고객의 발길이 끊이질 않아서 매장 매출이 좋아야 하며, 신뢰받는 브랜드로서 자리매김을 우선적으로 해야 한다. 예를 들어 대전에 가맹 본부가 있다고 하면 대전 지역에서 최고의 브랜드로 인정받는 것이 중요하다. 이어서 충청도 전 지역으로 신규 개설을 적극적으로 추진하는 것이 효율적이다. 다른 한편으로 이 기간 동안 인프라와 시스템을 구축해 놓을 수 있어야 한다. 이어서 가까운 광역도시별로 단계적 입점 전략을 수립하여 공격적인 영업 활동을 전개할 수 있어야 한다. 지역별로 전략적으로 신규 입점을 시켜야 길게 보았을 때 매장 운영상 통일성 유지와 현장 실행력을 높이는 데 절대적으로 유리한 국면에 접어들 수 있으므로 로컬 프랜차이즈 경영자는 유념할 필요가 있다.

　기존 가맹점주가 인근 지역에 새로운 매장에 오픈하는 것은 매우 장려할 사항이고, 이때 약간의 창업 혜택을 주는 것도 신규 확산에 도움이된다. 브랜드에 대한 충성심이 있기에 추가 매장을 하는 것이므로 홍보대사 역할을 수행할 수 있기 때문이다. 이럴 경우 굳이 메인 자리로 입지를 정하지 않아도 된다. 브랜드를 이해하고 있어서 매장 운영을 잘할수 있어서이다. 오토로 돌리면 안 좋은 것 아니냐고 반문할 수 있지만,점장 교육을 잘 시켜서 책임 경영제로 운영하고 경제적인 뒷받침을 해주면 문제없이 잘 운영되기에 염려를 안 해도 된다. 로컬 프랜차이즈가빠르게 매장을 확산하는 데 유용한 방식이니 참고해보면 좋을 듯하다.

　B급 상권에서도 매출이 오를 수 있는 브랜드는 입점 로케이션의 폭이 넓어져서 초기 창업비가 감소되어 예비 창업자 발굴이 손쉬워지는이점이 있다. 최대한 기존 가맹점주와 소통을 원활하게 하면서 충성도와 만족도를 높여서 인근 지역으로 신규 매장을 확산시키는 데 함께할수 있도록 영업 정책을 펼치는 것이 효과적이다. 어찌 보면 기존 가맹점주의 입김이 가맹 사업의 흥망성쇠를 지닌 키라고 해도 지나친 말이 아니기에, 가맹 본부와 가맹점은 동반 사업자라는 인식을 늘 갖고 가맹 사업을 추진하는 것이 중요하다. 로컬 프랜차이즈가 성공하기 위해서는매출이 바탕이 되고 통일성을 유지하도록 가맹점을 관리하면서 전략적으로 신규 오픈을 추진해야 한다. 로컬 프랜차이즈는 더욱 유념할 필요가 있다.

로컬 프랜차이즈는 지역적인 특성으로 인해 가맹 사업 초기 지인들로 가맹점이 운영되는 경우가 많다. 이때 원칙을 고수하고 매뉴얼을 준수해서 매장이 운영될 수 있도록 하는 것이 중요하다. 이것이 지켜져야 매출이 오르고 브랜드 이미지가 좋아질 수 있기 때문이다. 가맹점 확산을 위한 사전 단계인 셈이다. 지인이다 보니 자칫하다 보면 좋은 것이 좋다고 통일성 있는 매장 운영이 안 되고 융통성을 부리면서 매장을 운영하는 경우가 있을 수 있다. 절대로 간과해서는 안 될 사항이다. 가맹점 통일성이 결여되면 가맹 사업의 비전은 달성할 수가 없다.

프랜차이즈는 운영 없는 영업은 존재할 수 없기 때문이다. 브랜드가 탄생한 지역에서 기대할 만한 수익이 나게 되면 인근 타지역으로 추가로 가맹을 하는 일이 생각보다 많다. 고객 반응이 좋아서 하나 더 하고 싶은데 해당 지역은 더 이상 오픈할 곳이 없기에 가까운 타지역으로 눈을 돌리게 된다. 전국 브랜드로 진입하는 발판이 마련되는 시발점이 될 수 있는 계기다. 광역시별로 1호점을 오픈할 시는 일정한 혜택을 주고 맞춤형 창업 상담을 통해 브랜드 홍보가 용이한 로케이션에 입점하도록 하여야 한다. 전략적으로 오픈시켜서 해당 지역의 작은 가맹 본부가 될 수 있도록 하는 것이 좋다.

04 / 전국망 물류 완비

물류 시스템은 가맹 본부에서 자체적으로 운영하는 방안과 물류회사를 자회사로 설립해서 하는 방법, 물류 전문 기업에 아웃소싱을 주어 공급하는 방법이 있다. 로컬 프랜차이즈 브랜드는 가맹 사업 초기에 자체적으로 원·부재료를 공급하는 곳이 많다. 반면 수도권 브랜드는 외주 물류를 이용해서 가맹점에 공급하는 것이 일반적이다. 자회사 물류는 가맹점 수가 현격히 많은 기업에서 물류회사를 설립해서 운영하고 있는데, 프랜차이즈 업계에서 대중화되어 있지 않은 것이 현실이다. 지역에서 지인이 하는 협력 업체를 통해서 원·부재료 공급을 받고 자체적으로 배송하거나 지입차를 활용하여 가맹점에 공급하는 것이 일반적인 로컬 프랜차이즈의 가맹 사업 초기 물류 배송 시스템이다.

로컬 프랜차이즈는 가맹 본부가 위치한 지역에서 벗어나 타지역으로 신규 오픈을 추진할 시 전국 물류망에 대한 검토를 시작하게 되는 것이 일반적이다. 전국 브랜드로 거듭나기 위해서는 가맹 사업 초기부터 전국 물류 체제를 갖추고 있는 곳과 제휴를 맺고 진행해야 한다. 물류 안정화와 향후 전국적인 가맹 사업을 하는 데 유리하기 때문이다. 자체 물류를 실시하다가 가맹점 수가 늘어나고 타지역으로 확대되었을 때 전국 물류로 갈아탈 수도 있지만 거기에는 장애 요인이 발생할 소지가 있기에 가능한 한 가맹 사업 초기부터 전국 물류 프로세스를 구축할 수 있어야 한다.

로컬 프랜차이즈가 취약한 부분이 물류 배송 시스템이다. 대부분 대형 물류사는 주 1회 배송을 원칙으로 운영한다. 냉동 배송을 해야 하는 아이템인 경우도 이동 중에도 온도 유지가 잘 되는 차량으로 운송한다.

신선한 재료가 좋은 품질의 맛을 내는 데 기본이다. 가맹 사업 초기부터 계절에 구애받지 않고 아이템 특성에 적합한 적정 온도를 유지한 상태로 배송할 수 있는 물류업체와 협력해서 원상태로 가맹점에서 받을 수 있는 물류 체계를 확립하는 것이 좋다. 지엽적인 것에서 벗어나 전체를 길게 보는 시야를 갖고 물류 체계를 구축할 필요가 있다.

가맹 본부에서 거래처(제조사)로 원·부재료 매입을 위한 발주를 하면 거래처에서 물류사로 발주 물량을 입고하고 물류사에서 가맹점으로 입고하는 형태가 일반적인 상품 배송 프로세스다. 가맹점에서 물류사로 원·부재료 발주 및 대금 결제를 직접 하는 주문 결제 시스템을 도입하는 것이 효율적이다. 가맹 본부의 인력 비용을 절감할 수 있는 장점이 있는 방법이다. 또한 상품 대금 미수에 대한 부담도 미리 예방할 수 있다. 가맹 본부는 물류사로부터 판매장려금을 받으면 된다.

■ 물류 프로세스
　(1) 공장 및 물류센터
　　　주문 시스템에 따라 가맹 본부와 가맹점에서 주문한 정보를 접수하고 납품 협력사에 전송한다.
　(2) 메인 거점 센터
　　　입출고될 제품을 검수하고 지역별 차량을 분류한다.
　(3) CDP(지역) 센터
　　　상차를 하여 배송한다.
　(4) 가맹점 배송

해당 가맹점에 배송한다.

(5) 전용 제품 수익

가맹점 판매 단가 − (구매 단가 + 물류 수수료)

물류사 판매 단가 = 가맹점 판매 단가 − 물류 수수료

(6) 범용 제품 수익

판매장려금 = 가맹점 판매 금액 × %

(7) 가맹 본부 수익

(전용 제품 판매 금액 + 판매장려금) − 거래처별 구매 금액

05 전용 제품 활성화

사입 제품 방지와 맛의 통일성 유지를 위해서 프랜차이즈는 다수의 제품을 전용 제품화하는 것이 매우 유리하다. 메이저급 가맹 본부일수록 전용 제품이 많은 편이다. 다량의 전용 제품을 협력 업체 물류센터에 보관해서 운영하고 물류사에 정해진 수수료를 지급해주는 시스템을 확립해 두면 된다. 가맹 본부 수익 증대를 위해서도 전용 제품을 활성화할 필요가 있다. 범용 제품은 물류사가 구매해서 저장해 놓고 가맹점에서 주문하여 사용하는 제품이다. 가맹 본부에서는 정해진 장려비를 물류사에 지급한다. 시중에서 구입해서 사용할 수 있지만 가맹점 대다수는 편리성으로 인해 가맹 본부에서 지정한 곳에서 일괄적으로 주문하여 사용하는 편이다. 가맹점에서 몇 번은 개인적으로 범용 제품을 구입하여 사용할 수 있으나 시간 소요와 불편함을 들어 전용 제품과 함께 주문해서

매장에서 사용하는 것이 일반적이다. 전용 제품은 늘리고 범용 제품은 최소화하는 것이 통일성과 물류 이탈 방지에 도움이 된다.

원·부재료 공급하는 협력 업체를 선정할 때는 품목 제조 보고서, 시험성적표, 한글 표시 사항, 생산물 책임 보험 가입 여부를 확인 후 해야 한다. 3개 이상 거래처를 비교 분석하여 경쟁력을 갖춘 업체를 선정해서 제휴를 맺고 추진할 수 있어야 한다. 양질의 원·부재료를 착한 가격으로 지속적해서 전 가맹점에 공급할 수 있는 협력 업체를 두고 있다는 것은 가맹 사업에 있어서 큰 자산이다. 우수한 협력 업체와 제휴를 맺으면 시장 변화를 실시간으로 알 수 있는 장점이 있다. 협력 업체는 대부분 다양한 아이템의 가맹 사업처들과 거래를 하기에 많은 정보를 얻을 수 있기 때문이다. 신메뉴 개발에도 트렌드에 맞게 새로운 아이디어를 제공하기도 한다. 다방면으로 가맹 사업에 실질적 도움이 되는 협력 업체를 아이템 특성을 잘 살릴 수 있도록 도움을 받을 수 있는 곳으로 선정할 수 있는 것도 가맹 본부 경쟁력이라 할 수 있다.

육수를 사용하는 음식점이 굉장한 맛집으로 소문이 나서 프랜차이즈화하려고 할 때 가장 어려운 점이 여러 매장에서 똑같은 맛을 낼 수 있느냐 하는 것이다. 같은 맛을 내기 위해서는 불가피하게 원팩으로 포장해서 공급하여야 하는데 이 과정에서 맛이 변질될까 우려해 섣불리 가맹 사업에 뛰어들지 못하는 사례가 많다. 특히 로컬 프랜차이즈는 더하다. 외식 문화의 발달로 예전과 달리 원팩으로 전용 제품화해서 공급해도 원래의 맛에서 크게 벗어나지 않기에 어쩌면 기우에 불과할 수도 있다. 전용 제품은 맛을 잡는 병기와도 같은 것이기에 가맹 사업을 하면서 활성화해야 할 중요한 부분이다.

전용 제품이 많아질수록 맛의 통일성을 유지하는 데 효과가 있으며 가맹점에서 사입 제품을 사용할 명분이 없어지고 브랜드 가치 상승에도 기여하게 된다. 가맹 사업을 하고 있거나 앞으로 계획이 있다면 전용 제품을 최대한 확대하는 전략을 수립하여 실천하는 것이 좋다. 하다못해 작은 나무젓가락이나 김도 브랜드가 표시되게 포장해서 가맹점에 공급하는 것이 브랜드 파워를 상승시키는 데 긍정적으로 작용하기에 적극적으로 활용할 필요가 있다. 전용 제품은 공급가 면에서도 가맹점과의 이해타산에서 덜 충돌할 수 있는 이점도 있다. 범용 제품에 비해 가맹점에서 가격 가지고 말하는 경우가 드물기 때문이다. 전용 제품은 브랜드 통일성 유지와 경쟁력 강화를 위해서 활성화시켜야 하고 장려해야 할 부분이자 프랜차이즈 사업을 추진하는 데 있어서 절대적으로 증대해야 할 사항이다.

06 표준 활동 강화

슈퍼바이저가 프랜차이즈 가맹 사업에서 차지하는 비중은 이루 말할 수가 없을 정도로 크다. 슈퍼바이저의 표준 활동은 현장 매뉴얼 준수와 직결된다. 출근부터 활동을 마칠 때까지 일련의 과정에 대해서 확실하게 교육하고 지도해서 가맹점 관리를 맡길 수 있어야 가맹점 본연의 역할 수행이 가능해진다. 프랜차이즈 가맹 사업의 목적을 달성할 수 있는 기반을 마련하게 된다고 할 수 있다. 주위 환경상 수도권에 비해 슈퍼바이저 자원이 부족한 로컬 프랜차이즈는 가맹점 1호점부터 슈퍼바이저가 철저하게 표준 활동을 준수하면서 가맹점 관리를 할 수 있도록 프로세스를 구축해 놓아야 한다. 지역 특성상 지연 등의 연고로 가맹점이 오픈될 확률이 수도권보다 상대적으로 큰 로컬 프랜차이즈는 원칙을 강조한 슈퍼바이저 활동이 더욱 요구된다. 로컬에서 탄생한 브랜드가 100호점을 넘기고 그 이상 가맹 사업이 활성화되기가 힘든 이유는 가맹 사업 초기부터 통일되게 매장 운영을 할 수 있도록 지도하고 관리하지 못한 것이 크다. 표준 활동의 중요성을 입증해주는 대목이다.

슈퍼바이저는 당일 활동할 계획을 전날 수립해 놓아야 한다. 어느 가맹점에 방문해서 무슨 지도를 하고 점검하며 정책 사항을 전달할지 계획을 세워야 한다. 아무런 준비 없이 가맹점에 방문하면 슈퍼바이저가 해야 할 책무 이행보다는 방문을 위한 방문이 되는 경우가 있다. 당일 활동 전에 해당 매장에 대한 자료 및 직전 방문 시 특이 사항을 다시 한번 체크해야 한다. 가맹점 방문을 마친 다음에는 노트북에 매장 운영 사항에 대해 즉시 기록해야 한다. 다음 날 활동한 결과에 대해 심층 분석을 하여 클레임 발생 건을 비롯해 처리해야 할 일을 관련 부서 협의를 통해 신속하게 피드백해 줄 수 있어야 한다. 로컬 프랜차이즈는 여러 여건상 슈퍼바이저 표준 활동이 강력하게 이루어지기 힘든 경우가 발생할 수 있으니 더욱 신경을 써야 한다. 가맹점 운영 사항을 수시로 점검하고 표준화할 수 있어야 로컬 브랜드가 전국 브랜드로 입성하는 기반을 다지기가 용이하다.

프랜차이즈는 슈퍼바이저에 의한 가맹점 관리를 어떻게 하느냐에 따라서 사업 비전과 목표 달성 여부가 판가름 나게 되어 있다. 개인 창업과 달리 정형화된 매뉴얼에 의해 같은 맛과 서비스를 고객에게 제공할 수 있어야 하는데 이를 지도하고 감독하고 개선시키는 일을 슈퍼바이저가 하기 때문이다. 메이저 프랜차이즈 CEO는 슈퍼바이저 역할론을 매우 중시한다. 슈퍼바이저가 표준 활동을 잘해서 가맹점과 원활히 소통하며 문제를 해결하고 매뉴얼을 준수하게끔 현장 지도를 철저히 하여서 매출 증대로 이어지게 하는 것을 피부로 절감했기 때문이다. 메이저급 프랜차이즈가 수도권에 치중해 있는 편이기에 로컬 프랜차이즈는 슈퍼바이저가 가맹 사업에 미치는 영향을 덜 중시할 수 있다. 그러나 프랜차이즈가 본래의 취지와 목적을 달성하기 위해서는 강력한 슈퍼바이저 제도를 확립해서 효율적인 표준 활동 업무 프로세스를 통한 현장 실행력을 높일 수 있어야 한다는 점을 가맹 사업을 추진하는 모든 경영자는 유념해야 한다. 지역적인 환경을 안고 있는 로컬 프랜차이즈는 더욱 슈퍼바이저 역할의 중요성을 인지하고 실행에 옮길 수 있어야 한다.

1,000호점의
선결 과제

프랜차이즈 1,000호점이라는 거대한 목표는 가맹 본부와 가맹점이 가족이라는 생각을 갖고 각자에게 주어진 역할과 책무를 성실하게 수행할 때 도달할 확률이 높아지게 되어 있다. 또한 좋은 재료를 다량으로 항상 공급해 줄 수 있는 시스템을 지닌 협력 업체의 지원 사격도 필수 사항이다. 가맹 본부와 가맹점이 본연의 임무를 잘 이행했을 때 브랜드 경쟁력이 강화되어서 메이저 프랜차이즈로 전진할 수 있는 초석을 마련할 수 있게 된다. 그리고 협력 업체의 아낌없는 도움을 받을 수 있어야 안정되게 가맹점이 운영될 수가 있다. 유능한 인력이 다수 포진되어서 가맹점과 소통을 잘하고 문제 발생 시 효과적으로 해결할 수 있어야 한다. 내부 구성원 교육은 물론이고 가맹점 교육도 체계적인 교육 과정을 수립하여 강력하게 실천할 수 있을 때 메이저급 프랜차이즈로 진입하는 동력이 생길 수 있게 된다.

프랜차이즈 가맹점을 운영할 수 있도록 권리를 갖게 해주는 사업자를 가맹 본부라 부른다. 가맹점을 모아서 가맹 본부에서 확립한 정책과 매뉴얼을 실천하게 하여 서로 상생하는 사업 구조를 형성해 놓은 것이 프랜차이즈다. 가맹 본부는 역할과 책임을 다할 수 있도록 제반 시스템을 구축해 놓아야 한다. 시스템이 부재하면 가맹점과의 갈등을 유발시킬 뿐 아니라 분쟁으로까지 이어질 수 있는 소지가 있다. 가맹 사업은 가맹점에서 가맹 본부의 상표 및 서비스와 영업표지등을 사용하고 가맹 본부로부터 매장 운영에 대한 전반적인 사항을 지도받아서 고객을 상대로 제품을 판매하여 수익을 내는 대가로 로열티를 지불하는 상호 계약 관계라 할 수 있다. 가맹 본부는 가맹점이 공정하지 않다고 느낄 수 있는 정책을 펼쳐서는 안 된다. 브랜드 가치가 실추되어 가맹점 만족도가 하루아침에 떨어질 수 있기 때문이다. 아주 기본적인 사항인데도 실상은 가맹점 의견을 수렴하지 않고 일방적으로 정책을 추진하게 되는 경우가 있다. 신중을 기해야 할 부분이다. 가맹 본부는 가맹 사업 자체라 할 수 있을 정도로 프랜차이즈 성공 여부의 열쇠를 쥐고 있다고 해도 과언이 아니다. 가맹 본부가 해야 할 역할과 책임의 중요성을 일깨워주는 대목이다.

가맹점은 가맹 본부에서 확립해 놓은 운영 매뉴얼을 준수하면서 매장을 운영해야 할 의무와 책임이 있다. 이것을 지키겠다는 의지가 있어서 프랜차이즈를 선택했기 때문이다. 프랜차이즈 사업이 번창하는 브랜드는 가맹점에서 가맹 본부 규정을 이행하고 매장을 운영하는 곳이 전부라고 해도 지나치지 않을 것이다. 매뉴얼 준수는 프랜차이즈의 생명과도 같은 통일성을 유지하는 초석이기 때문이다. 대다수 가맹 본부는 가맹점이 살아야 가맹 본부가 산다는 표현을 한다. 틀린 문구가 하나도 없다. 이것을 현실로 만들 수 있는 가맹 본부가 1,000호점을 달성하는 발판을 조성할 수 있다. 가맹점 수익이 좋아야 한다는 것과 일맥상통하는 말이다. 가맹 본부와 가맹점이 함께 주어진 역할과 책무를 완벽하게 완수해 나가야 가능해지는 일이다. 이 과제를 풀어가려면 가맹 본부와 가맹점이 혼연일체가 되어 활발히 소통하고 최고의 해법을 찾을 수 있도록 환경을 조성할 수 있어야 한다. 가맹점은 주관적인 편견으로 매장을 운영하는 것을 지양해야 한다. 프랜차이즈는 여러 가맹점이 하나의 브랜드를 선택하여서 똑같은 매뉴얼을 준수하면서 매장을 운영하는 구조이기 때문이다. 타 가맹점까지 영향을 주게 되기에 반드시 지켜야 할 가맹점 의무 사항이다. 이 점을 현장에서 미이행하는 브랜드는 결코 최고의 브랜드가 될 수 없다. 이것은 프랜차이즈 진리다.

01 / 가맹 본부 역할

운영 시스템 구축

프랜차이즈는 가맹 본부에 의해 전체 업무 프로세스가 정립되어 움직이는 구조다. 그만큼 가맹 본부 정책을 가맹점에서 실행할 수 있는 강력한 제도적 장치를 마련해 놓아야 한다. 프랜차이즈의 기본인 통일성을 유지해서 브랜드 가치가 증대되어 매출 증대로 이어져야 가맹점과의 상생할 수 있기 때문이다. 가맹 본부와 가맹점이 원활히 소통해서 가맹점의 불만을 즉각적으로 해소해 줄 수 있을 때 브랜드에 대한 신뢰가 깊어지게 된다. 가맹점이 가맹 본부가 경쟁력이 없다고 판단할 때부터 현장은 서서히 통일성이 결여되고 프랜차이즈가 지니고 있는 고유의 성질이 손상되기 시작하기에 특히 유념할 필요가 있다. 인테리어 디자인이나 내부 실사 및 부착물을 동일하게 하는 이유는 가맹 본부에서 규정한 매장 운영 프로세스를 지켜야 한다는 생각이 들 수 있게 만드는 이유가 내포되어 있다고 할 수 있다. 프랜차이즈는 통일성을 잃어버리는 순간 생명력을 잃게 되어 있다.

현장 실행력을 높일 수 있도록 강력한 슈퍼바이저 제도를 확립해서 운용해야 한다. 슈퍼바이저는 가맹점이 매뉴얼을 준수하지 않고 개인적인 행동을 하면 가맹 계약이 중단될 수 있다는 것을 인식시켜 줄 수 있도록 가맹 본부에서 규정한 매뉴얼대로 매장을 운영하게끔 지도하고 관리해야 한다. 타 브랜드와 차별화된 경쟁력을 갖추기 위해서는 CEO 역량과 임직원의 충성도가 우선 뒷받침이 되어야 한다. 경쟁력 있는 시스템이 구축되어야 현장에서 통일성을 유지해서 성공적인 가맹 사업을 추진할 수 있는 동력을 갖게 된다. 부서별 업무 프로세스를 효율적으로 확립하여 부서 간 협업을 통해 시너지가 나올 수 있도록 해서 가맹점이 현장에서 가맹 본부 방침을 잘 준수하여 매출로 이어지게 지원해줄 수 있어야 한다. 가맹점과의 원활한 소통을 바탕으로 신속한 피드백이 이루어질 수 있는 프로세스 정립이 필요하다.

가맹 본부는 가맹점에서 프랜차이즈를 선택한 것에 대해 후회 없이 매장 운영을 잘할 수 있도록 주어진 가맹 본부 역할을 이행할 수 있는 시스템을 구축해 놓아야 한다. 교육 프로그램과 교육 지도를 잘 해줄 수 있도록 교육장 및 환경을 구축해 놓아야 하고 가맹 본부 정책을 가맹점과 공유할 수 있는 제도적 장치를 마련해야 한다. 또 편리하게 매장을 운영할 수 있도록 주방 시설을 구축해 놓을 수 있어야 한다. 가맹점과 현안 과제에 대해서 늘 소통할 수 있는 소통 창구를 마련하는 업무 프로세스를 확립해 놓아야 하고 매장에서 고객에게 판매하는 데 불편함이 없도록 좋은 원·부재료를 항상 공급할 수 있는 물류 시스템을 완비해 놓아야 한다. 가맹점을 지도해주는 슈퍼바이저 제도를 활성화할 수 있는 업무 시스템이 갖추어져야 하고 가맹점과의 갈등이 생겼을 시는 분쟁으로 가기보다는 협상과 대화로 해결할 수 있도록 분쟁 방지책을 정립해 놓아야 한다. 가맹 계약 종료와 해지에 대한 충분한 사유를 명기해 놓고 근거 자료에 의해서 진행할 수 있는 제도적 장치를 정립하며 가맹점 판촉 행사를 추진할 경우 사전에 가맹점 동의를 구하고 진행하는 절차를 확립해 놓아야 한다.

좋은 원·부재료 공급

고객의 입맛을 사로잡을 수 있는 좋은 재료를 공급해주는 것은 가맹 본부가 해야 할 의무다. 최고의 맛을 내기 위해서는 좋은 원·부재료 공급이 우선이다. 가맹점 수에 따른 물량 확보를 하되 매출 추이를 분석하여 원활하게 공급할 수 있도록 사전 준비를 철저히 해놓는 것도 가맹 본부의 중요한 역할이다. 가맹점에서 좋은 재료를 사용하고 레시피를 준수하여 맛있는 음식을 고객에게 제공할 수 있도록 가맹 본부는 양질의 원·부재료를 전국에 있는 가맹점에 항상 공급할 책무를 지니고 있다. 가맹 본부에서 좋은 원·부재료를 가맹점에 공급하기 위해 우선시해야 할 부분은 우량 협력 업체와 업무 제휴를 맺는 것이다. 양질의 신선한 원·부재료 공급은 매출로 직결되기에 신중하게 협력 업체를 선정해야 할 필요성이 있다.

신선한 재료를 상시 공급하기 위해서는 전제되어야 할 부분이 고객이 많아서 원·부재료가 선순환되는 것이다. 한결같은 맛을 낼 수 있는 비결이기도 하다. 맛집을 보면 좋은 재료가 날마다 공급되는 것을 볼 수 있다. 2등 브랜드가 1등을 따라오지 못하는 이유다. 고객이 붐비는 매장의 공통점은 신선한 좋은 재료가 늘 공급되고 있다는 것이다. 가맹 본부에 들어오는 가맹점 클레임을 빈도로 보면 원·부재료에 관련된 사항이 가장 많은 편이다. 가맹점주가 가장 중시하고 민감하게 표출하는 것이 원·부재료로 인해 발생되는 사항이다. 가맹 본부 입장에서는 가맹점에서 원·부재료에 대한 클레임을 제기해야만 문제가 있다는 것을 알게 되는 것이 일반적이다. 그러므로 슈퍼바이저는 가맹점에 공급된 원·부재료 상태를 점검하고 관리해주어야 한다.

원·부재료 공급 업체를 선정할 때는 계속하여 신선한 원·부재료를 공급할 수 있는지를 중시해서 선정해야 한다. 공급 단가가 목표하는 원가에 부합할 수 있도록 가격 경쟁력을 갖추고 있는지도 확인해 보고 결정할 수 있어야 한다. 또한 제품별 위생 및 품질 관리 기준을 충족하고 있는지 여부도 파악해 보아야 한다. 합의되는 납기일까지 공급을 차질 없이 해줄 수 있는지, 만약에 기일을 지키지 못했을 시 손실 보상을 해주는지도 체크해 보아야 할 사항이다. 가맹 본부에서 책정한 예상 수량에 맞게 공급이 가능한지 점검해서 원·부재료 공급 업체를 선정할 수 있도록 해야 한다. 좋은 품질의 원·부재료가 좋은 맛을 낼 수 있는 원동력이기에 각별히 주의하여 관련 업체를 선정하고 수급을 받아서 합리적인 가격으로 원하는 시기에 공급할 수 있도록 시스템을 가맹 본부는 구축해 놓아야 한다.

지속적 반복 교육

프랜차이즈 원리와 시스템을 이해시키려면 지속적인 교육을 실시해야 한다. 프랜차이즈를 모르면 가맹 사업은 번창하기 어렵다. 메이저 프랜차이즈로 진입한 브랜드는 가맹 본부 정책을 준수하면서 매장을 운영하도록 강력하게 사전에 교육을 실시하는 공통점을 갖고 있다. 가맹 사업에서 프랜차이즈 시스템을 이해하고 실행하는 것은 경영자와 임직원, 가맹점의 필수 사항이다. 프랜차이즈의 근본적인 개념을 모르면 가맹 본부와 가맹점이 상생을 이룰 수가 없다. 이것은 프랜차이즈 사업에서 불변의 진리다. 예비 창업자가 오픈 전 받는 기초 교육에서부터 어떻게 가맹 본부에서 교육하느냐가 프랜차이즈의 생명인 통일성을 유지하고 매뉴얼을 지켜가면서 매장 운영을 하는 데 결정적인 역할을 하게 되어 있다. 교육을 담당하는 가맹 본부 교육 능력이 가맹 사업의 성공 열쇠를 지니고 있다고 해도 과언이 아닐 정도로 브랜드 통일성을 유지하는 데 차지하는 비중이 크다.

가맹 본부에서 실시하는 가맹점 교육은 사관학교 생도들이 받는 교육같이 과정대로 실시해야 효과가 크다. 교육생이 수료 후 속된 표현으로 교육이 참 빡세다는 소리가 절로 나오게 할 정도로 원칙대로 절도 있게 실시해야 한다. 가맹점 교육은 교육 과정에 맞게 시간을 엄수하면서 확실하게 진행될 수 있어야 한다. 여기서부터 가맹 본부의 경쟁력이 생기게 되기 때문이다. 매장 오픈 전에 실시하는 오픈 전 교육은 매우 중요하다. 가맹 본부 정책을 잘 이행하고 매뉴얼을 준수하면서 매장 운영을 할 수 있게 인식시키는 기간이 오픈 전 교육이다. 일명 기초 교육이라고도 불린다. 프랜차이즈 원리를 이해하지 못하기에 가맹 본부와 가맹점의 모든 분쟁의 씨앗이 싹튼다고 보면 된다. 어느 조직이나 교육팀 역할이 중요하나 프랜차이즈 가맹 사업에서 가맹점 교육은 가맹 사업의 성패가 달려 있다고 해도 틀린 말이 아니다. 교육 참석 인원부터 규정을 정해서 원칙대로 교육할 수 있는 가맹 본부가 되어야 한다. 교육 과정은 브랜드마다 특색이 있기에 아이템의 특성을 최대한 살릴 수 있어야 한다. 가맹 본부가 해야 할 아주 중요한 부분이다.

가맹 본부에서 절대로 간과해서는 안 될 부분이 서비스 교육이다. 내부 구성원부터 철저하게 서비스 교육을 해서 가맹점 교육으로 이어지게 해야 한다. 여기서 주목해야 할 부분은 고객에게 진정한 서비스를 통해 만족과 감동을 줄 수 있어야 한다는 점이다. 남과 다른 서비스를 받았다는 기분이 들게 할 때 브랜드 가치와 평판은 말로 표현할 수 없을 정도로 높아지기 때문이다. 아무리 음식이 맛이 있어도 직원이 불친절하면 재방은 이루어지지 않는다는 속설이 이를 입증해주는 결과이다. 고객이 최고의 서비스를 받았다고 생각하게 되는 것은 매장 안으로 발을 디뎠을 때 직원으로부터 진성성 있고 친절한 인사를 받을 때이다. 가맹 본부에서 가맹점 교육을 할 때 주안점을 두고 시켜야 할 대목이다. 고객을 상대하는 업종은 서비스는 기본이라고 생각하고 잘해야 한다는 생각을 마음속에 항상 지니고 있어야 한다. 매장을 방문하는 고객에게 친절한 서비스를 제공한다는 것이 말처럼 쉬운 것은 아니다. 매장이 고객으로 붐벼서 바빠서 정신이 없거나 개인적인 사정에 따라 기분이 다운되었을 경우 등 여러 이유로 인해서 일관성 있게 마음에서 우러나오는 고객 서비스를 제공하기가 결코 쉬운 일은 아니다. 필자가 국내에서 TOP 3 안에 들 정도로 매장 내에서 고객 서비스를 잘하는 가맹점주를 경험한 적이 있다. 하루의 일을 위해 매장에 들어서는 순간 자신의 모든 것을 내려놓고 오직 고객에게 모든 정성을 다한다는 마음가짐을 지닌다는 점이 남달랐다. 최고의 서비스는 마음속에서 우러나오는 진실한 서비스인데 현장에서 실행할 수 있도록 가맹 본부 역할이 중요하다.

프랜차이즈 사업에서 1차 고객이 임직원이고 2차 고객이 가맹점이며 3차 고객이 고객이라는 말이 있다. 고객 서비스를 고객이 감동할 정도로 실천하려면 일차적으로 내부 직원들의 서비스 정신이 자연스럽게 일상화되어 있어야 가능하다. 그래야 가맹점을 교육해서 고객한테 양질의 서비스를 제공할 수 있기 때문이다. 교육은 반복적으로 세뇌가 될 정도로 실시해야 원하는 목적을 달성할 수 있다. 그런 만큼 명확한 교육 프로그램을 확립한 후 가맹점 교육을 진행할 수 있어야 한다. 타인을 움직여서 실행하게끔 해야 소기의 목적 달성을 이룰 수 있는 시스템이 프랜차이즈다. 프랜차이즈 사업을 교육 사업이라 하는 이유다.

상권 및 입지 분석

프랜차이즈는 많은 고객에게 좋은 품질의 맛을 제공할 수 있을 경우에 본연의 특색을 살릴 수 있다. 가맹점을 확산시켜야 하는 이유다. 가맹 본부 영업부서에서는 전국 상권을 속속들이 파악하고 있어야 한다. 우수 영업사원은 전 지역 주요 상권을 머릿속에 그리고 있다. 영업 담당이 예비 창업자가 희망하는 지역 상권에 대해서 잘 이해하고 있으면 상담 시 신뢰가 싹트게 되어 클로징까지 연결될 확률이 높아지게 되어 있다. 브랜드에 대한 굉장한 믿음을 갖게 만드는 원동력이 예비 창업자가 원하는 인근 지역 상권을 정확히 파악하고 있을 경우다. 가맹 본부는 최적의 로케이션을 정립한 후 주변의 상권을 면밀하게 검토해서 분석한 후 예비 창업자가 희망하는 지역에 대한 상권 분석을 해서 견해를 줄 수 있어야 한다. 어떤 상권에 오픈하면 매출 증대가 이루어질지를 확립해 두는 것이 좋다. 간혹 적합한 위치라고 판단되어 오픈했을 시 기대하는 매출이 안 나는 경우도 있고, 최적의 입지는 아님에도 입점시켰는데 의외로 매출이 잘 나오는 경우도 있다. 그만큼 상권이 주관적일 수 있다지만 가맹 본부는 자사의 브랜드가 입점해야 할 객관적인 위치는 정립해 두는 것이 좋다.

아이템의 특성에 맞게 협력 업체의 도움을 받아 적합한 상권에 관한 의견을 듣고 참조하는 것도 좋은 방법이다. 동종 업계와 거래하는 협력 업체는 기본적인 상권의 특징과 매출 추이를 알 수 있기 때문이다. 게다가 주변 지역과 거래를 하기에 매출 자료와 시장 상황을 어느 정도 알고 있어서 잘 활용하면 상권 파악에 큰 도움이 된다. 프랜차이즈는 협력 업체가 프랜차이즈 시스템과 가맹 본부 역할을 많이 알고 있는 만큼 협조를 구하면서 업무를 추진한다면 시간과 경제적인 비용을 절감하는 효과를 가져올 수 있기에 적극 활용을 권장한다. 어떤 브랜드라 할지라도 최적의 입지가 있다고 단언하기는 현실적으로 어려운 것이 사실이다. 하지만 가맹 본부는 입점 가능한 전국 상권을 파악한 후 예비 창업자와 창업 상담을 할 수 있어야 계약 체결을 손쉽게 할 수 있다. 가맹 본부에서 상권 분석과 입지 선택에 대한 의견을 제시할 경우 특정 자리를 한정 지어 예비 창업자에게 권유하는 일은 금물이다. 최종 결정은 창업자가 할 수 있게 해야 한다는 것은 프랜차이즈 영업에서 철칙이다.

유동 인구가 많고 상주인구가 고정적으로 존재하는 상권이 매출을 올리기가 수월하다는 것을 잘 알면서도 막상 점포를 물색하러 지역을 돌아보면 마음에 드는 곳을 찾기가 힘들다. 적합한 지역이라 판단되면 평수가 작다든지 권리금이 많아서 비용상의 문제가 봉착하거나 점포가 나온 것이 없어서 한참을 기다려야 하는 경우가 많다.

매출이 좋으려면 점포가 위치하는 상권과 입지가 최우선인데 현장 상황이 다르기에 가맹점마다 매출 편차를 심하게 보이는 주원인이 된다고 볼 수 있다. 일부 가맹 본부는 일부러 안테나 매장을 B급 상권에 구해서 운영하면서 매출 분석을 하기도 한다. A급 상권이 아닌 지역에서도 충분하게 매출을 올릴 수 있는 브랜드라는 것을 검증해 주어 예비 창업자의 창업 비용을 줄여주고 상권의 폭을 넓혀 주려는 목적으로 실행한다고 볼 수 있다. 다소 위험 요소를 안고 가는 방식이다. 일단 매출이 올라서 수익이 좋아야 가맹 사업을 공격적으로 전개할 수 있기 때문이다. 가맹 사업 초기는 최적의 상권에서 신규 매장이 오픈될 수 있도록 가맹 본부는 각별히 노력해야 한다.

브랜드 마케팅 및 홍보

가맹 본부는 브랜드를 불특정 다수에게 널리 알리기 위해 마케팅과 홍보를 꾸준히 해야 한다. 프랜차이즈 최고의 홍보 전사는 가맹점주다. 가맹점주 만족도와 충성도를 높여주어야 하는 이유가 여기에 있다. 기존 가맹점이 브랜드에 대한 신뢰가 없다면 가맹 사업 번창은 기대할 수가 없다. 가맹점 매출이 좋고 가맹 본부와 원활한 소통이 이루어지면서 가맹점 고충 처리를 신속히 해줄 수 있을 때 가능한 일이다. 가맹 사업에서 프로모션은 매출을 증대시키는 것이 주된 목적이지만 브랜드를 고객에게 각인시키는 효과도 크다. 때로는 매출이 감소하지 않고 현상을 유지토록 하기 위한 이유도 있다. 프랜차이즈 프로모션은 전국적으로 전 가맹점을 대상으로 실시하는 내셔널 판촉과 해당 가맹점에 국한하여 시행하는 LSM 마케팅이 있다. 매장 운영 수와 점포 특성에 적합한 마케팅 방법을 선택하여 실시하는 것이 효과적인 마케팅이라 할 수 있다.

매장 수에 부합하는 프로모션을 시행하는 것이 효율적이고 생산적인 방법이다. 지역 판촉은 가맹점과 반반 비용을 부담하여 공동으로 실시하는 것이 참여율을 높이는 데 효과적이다. 가맹 본부에서 50% 지원해주는 조건으로 가맹점 자체 판촉을 장려하는 정책을 펼치면 매출 증대로 이어져 수익으로 연결되기에 장려할 부분이다.

지역 맛집 키워드 상위 노출, 매장 위치 타깃 광고, 플레이스 광고,

블로그 기자단 등을 활용한 마케팅을 실시하면 브랜드를 알리고 매출을 증대시키는 데 도움이 된다. 가맹 본부에서 실시하는 프로모션에 대한 가맹점의 공감이 미흡한 상태에서 진행할 경우 가맹점과의 분쟁 도화선이 되는 경우가 의외로 많기에 마케팅을 전개할 시는 사전에 가맹점 동의를 구하고 진행하는 것을 원칙으로 삼아야 한다. 가맹점을 설득하는 것도 가맹 본부 몫이고 경쟁력이다. 이 부분에서 브랜드마다 여러 가지 문제점이 제기되어 프로모션이 수확이 없이 진행되는 경우가 있다. 가맹 본부에서 프로모션을 실시할 때는 반드시 최소한 한 달 전에 취지 및 실행 방법과 효과적인 측면을 상세히 알리고 공감을 얻어서 동의를 구해놓는 것이 중요하다. 붐 조성을 사전에 하지 못한 상태에서 프로모션에 대한 성과를 기대한다는 것은 어불성설이다.

가맹 본부는 브랜드 특색을 널리 알리는 일을 꾸준히 지속해서 실천해야 한다. 많은 프랜차이즈 브랜드 중에서 자사 브랜드를 대중이 알게 하려면 브랜드가 지니는 경쟁력과 차별화되는 특징을 고객의 뇌리에 각인할 수 있도록 홍보 활동을 할 수 있어야 한다. 가맹점 매출 증대를 위해 필수적으로 추진해야 하는 가맹 본부 역할이다. 브랜드를 알리는 홍보 전략은 가맹점 수에 따라 차별화해서 진행하는 것이 효과적이다. 매장 수가 일정하게 갖추어져 있다면 드라마 PPL 광고를 검토해볼 필요가 있다. 드라마는 매주 또는 매일 이어지게 스토리를 구성하여 시청자들의 궁금증을 유발시켜 또 보게 만드는 효과가 있고 집중도를 높여주게 되어 보고 싶지 않아도 화면을 통하여 보게 만들어 주기에 브랜드 홍보 효과가 크다고 볼 수 있다. 다만 비용을 충당할 수 있는 브랜드만 가능하다는 제약이 따른다는 약점이 있다. 여러 홍보 방안 중에서 가맹 본부 여건에 맞는 방식을 선택하여 실시하는 것이 효율적이다. 브랜드 홍보는 단발성이 아니라 꾸준하게 진행할 때 효과를 보게 된다. 가장 좋은 홍보 방법은 신규 매장이 오픈이 활성화되어서 매장마다 고객으로 장사진을 이루게 만드는 것이다. 운영 중인 가맹점에서 브랜드 가치를 파급시켜 주는 것이 브랜드를 널리 알리는 최고의 홍보 방법이다.

히트 메뉴 출시

가맹 본부는 상반기, 하반기 연 2회 새로운 메뉴를 개발하여 가맹점에서 판매할 수 있도록 해야 한다. 부득이한 사정이 발생하더라도 연 1회는 필히 신메뉴를 출시하는 것이 가맹 본부가 해야 할 역할이다. 가맹 본부 사업 초기는 R&D팀이 정상적으로 가동되는 경우가 드문 편이다. 원·부재료를 공급해주는 협력 업체가 신메뉴에 대한 정보를 주거나 구체적인 레시피를 직접 제안해주면 가맹 본부에서 보완하여 메뉴를 완성시키는 것이 일반적이다. 어느 정도 가맹점 수가 확보되었을 시 정상적인 메뉴개발팀이 가동되는 것이 현 실태이다. 물론 아이템에 따라 다소 상이할 수 있다. 어느 조직에서든지 2대 8 법칙이 있는 것처럼 메뉴 역시 20%가 전체 메뉴 매출의 80% 이상을 차지하는 것이 보편적이다. 가수가 음반을 취입해도 한두 곡이 히트를 쳐서 인기 가수로 변모시켜주는 것과 같은 이치다. 그만큼 히트 메뉴 개발은 매출 증대와 수익으로 직결되기에 1,000호점을 가기 위해서 절실히 요구되는 가맹 본부의 역할이다. 이는 가맹점 확산과 이어지는 연결 고리가 되기 때문이다.

히트 메뉴를 개발하는 방법은 다양하다. 가맹점주와 협력 업체 및 고객과 가맹 본부 임직원의 아이디어를 공모해서 트렌드에 부합한 신메뉴 구성을 하면 획기적인 것이 의외로 많이 출시되는 것을 필자는 경험했다. 신메뉴가 출시될 때는 메뉴 수만큼 기존 메뉴 중에서 하위 판매를 보이는 메뉴를 삭제시키는 지혜가 요구된다. 가맹점주는 본인의 매장에서 고객이 찾는 메뉴를 제외하는 것을 꺼릴 수 있는데 가맹 본부가 이를 다 반영하면 정책을 이행할 수 없기에 객관적인 데이터를 근거로 반영해서 추진하는 것이 좋다. 신메뉴가 출시되면 철저한 가맹점 교육을 통해 레시피 준수를 이행시켜야 한다. 간단한 메뉴는 동영상을 통해 교육하는 경우가 있는데 가급적 현장에서 직접 신메뉴 교육을 진행해야 한다. 지역별로 할 때는 매장 평수가 큰 곳에서 가맹점주를 모아서 교육을 하면 효과적이다.

수많은 가맹 본부가 존재하지만, 히트 메뉴 출시는 가뭄에 콩 나듯이 탄생하고 있는 것이 프랜차이즈의 현실이다. 그만큼 히트 메뉴를 만들기가 어렵다는 것과 같은 이치다. 반면에 제대로 된 히트 메뉴가 나왔을 시 매장 매출의 판도가 달라지는 효력을 발휘할 수 있게 된다. 매출이 많이 안 나오는 브랜드는 히트 메뉴 출시로 돌파구를 찾을 필요가 있다. 그래서 대부분 브랜드가 꾸준하게 신메뉴를 개발하고 있다고 보아야 한다. 고객들은 자주 같은 메뉴를 먹게 되면 특정 몇 개의 아이템을 제외하고는 식상하게 느낄 수밖에 없다. 새로운 히트 메뉴 출시를 손꼽아 기다리는 사람은 매장을 운영 중인 가맹점주다. 프랜차이즈를 선택한 이유 중 하나가 메뉴에 대해 신경을 쓸 필요가 없다는 점이다. 히트 메뉴 출시는 부단한 연구와 노력을 필요로 한다. 가수가 신곡을 내서 대중에게 히트시키는 일이 쉽지 않은 것과 같은 논리다. 그래도 언젠가는 히트곡이 나와서 무명 가수가 졸지에 사랑받는 인기 가수로 탈바꿈하는 사례를 볼 수 있을 것이다. 히트 메뉴 역시 만들 수 있다는 신념을 가지고 꾸준하게 개발할 수 있어야 한다. 가맹 본부의 중요한 책무다.

02 가맹점 미션

가맹 본부 정책 실행

가맹점이 준수해야 할 부분을 현장에서 잘 이행하게 하는 것은 전적으로 가맹 본부의 경쟁력과 역량에 달려 있다고 단정 지을 수 있다. 가맹 본부는 부단한 교육 및 감독, 지도를 통해서 가맹점에서 해야 할 역할을 다하도록 이끌어야 한다. 그러기 위해서는 가맹점에서 무슨 일을 실천해야 하는지를 알고 있는 것이 중요하다. 이 부분을 모르기도 하고 알면서도 현장에서 실천하지 못하는 가맹 본부가 생각한 것보다 많은 것이 프랜차이즈 현주소라고 해도 지나친 말이 아니다.

가맹점을 위한 시스템과 지원 제도가 잘 되어 있는 브랜드를 선택했을 때 프랜차이즈를 하는 것에 만족감을 느낄 수 있게 된다. 가맹 본부도 가맹 본부 정책을 잘 이행하고 각종 매뉴얼을 잘 지키면서 매장을 운영하는 다수의 가맹점주를 만나야 가맹 사업이 성공할 확률이 높아지게 된다. 상호 함께 만족할 수 있는 첫 번째 조건인 셈이다. 가맹 본부도 마땅히 해야 할 역할이 있지만 가맹점 역시 반드시 이행해야 할 역할이 있다는 대목이다.

프랜차이즈 혜택은 보면서도 매장은 자율적으로 운영하려는 생각을 지닌 가맹점이 의외로 많다. 이런 부분을 교육 및 지도를 통해 통일성을 유지하면서 매장을 운영할 수 있도록 만드는 가맹 본부가 1,000호점이라는 비전 달성 확률이 높아지는 것이다. 가맹점은 가맹 본부에서 수립한 정책을 현장에서 실행해야 할 의무가 있다. 프랜차이즈가 성공하기 위해서는 가맹 본부는 매출 증대와 브랜드 홍보를 할 수 있는 최고의 정책을 수립해서 슈퍼바이저를 통해 전파하고 설득시켜 전 가맹점이 실천할 수 있어야 한다. 가맹 본부 경쟁력이 뒷받침되었을 때 가능한 일이다. 아무리 훌륭한 정책이 있어도 현장에서 통일되게 실행이 안 되면 무용지물이 될 수밖에 없기에 정책 실행 여부는 슈퍼바이저 능력이 크게 좌우한다. 매장에서 가맹점주가 개인적인 일탈행동을 하지 못하게 지도하고 관리하기 위해서는 평소에 슈퍼바이저를 잘 육성해 놓아야 한다.

가맹 본부는 정책을 전개할 때 전 가맹점에서 동시에 추진하여 고객이 똑같은 서비스를 제공받을 수 있도록 해주는 것이 절대적이다. 가맹점에서 이행을 잘 할 수 있도록 하기 위해서는 평소에 가맹점과 원활히 소통하면서 공감하는 분위기를 조성해 놓아야 한다. 운영 매뉴얼과 프로모션 등 제반 사항을 가맹점이 당연히 이행해야 하는 것이 프랜차이즈가 지니고 있는 특성이다. 그러기 위해서는 표준화 준수 사항 이외에 가맹점에서 수긍하기 어려울 정도의 일방적인 정책은 가맹 본부에서 지양해야 한다. 분쟁의 불씨가 여기서부터 싹트게 되기 때문이다. 가맹점주 설득을 통한 강력한 실행력을 보여주는 가맹 본부가 경쟁력을 갖게 되어 메이저급 프랜차이즈 가맹 본부로 발돋움하게 된다고 할 수 있다.

표준화 이행

프랜차이즈는 어느 가맹점에서나 똑같은 맛을 낼 수 있어야 한다. 그러나 가맹 본부의 역량에 따라서 맛이 상이한 현상을 보이고 있는 것이 현실이다. 실질적으로 전체 가맹점이 똑같은 맛을 내고 있는 브랜드가 소수에 불과하다고 해도 지나친 말이 아니다. 다만 근사치에 얼마만큼 도달했느냐가 맞는 표현이라 할 수 있다. 가맹 본부에서는 맛의 통일성을 강조하고 교육해서 반드시 실천하게 해야 한다. 메뉴 레시피를 비롯하여 교육 프로그램을 아이템 특색에 부합하게 정립한 후 체계적으로 메뉴 교육을 해야 한다. 가맹점은 가맹 본부 메뉴 레시피에 따라 제품을 완성하여 고객에게 제공할 의무가 있다. 같은 재료를 주고 요리를 하게 해도 손맛에 따라 다르기에 메뉴의 통일성을 유지하기 위해서는 지속적인 교육과 지도 및 관리가 요구되는 것이 프랜차이즈다. 가맹점은 가맹 본부에서 교육받은 대로 메뉴를 완성해서 고객에게 판매할 수 있어야 한다. 현장에서 실제로 메뉴를 완성해보니 약간의 보완점이 있다고 판단되면 슈퍼바이저를 통해서 의견을 제시하는 것이 좋다.

프랜차이즈는 가맹 본부 교육 정책이 차지하는 비중이 매출 증대와 가맹점 확산에 지대한 영향을 주게 되어 있다. 신규 오픈 가맹점은 가맹 본부에 집합하여 메뉴에 익숙해질 때까지 반복 교육을 실시하는 것이 중요하다. 미흡한 교육생은 교육 기간을 연장해서라도 교육할 필요가 있다. 신메뉴를 출시할 경우는 가맹점 메뉴 교육 시 동영상으로 진행하는 가맹 본부가 점점 증가하는 추세인데, 가급적 현장에서 직접 대면 교육을 실시하는 더 효과적이다. 지역별로 큰 평수 매장에 모여서 실시하면 가맹점 반응이 좋다.

청결이 맛을 능가한다고 해도 틀린 말이 아닐 정도이다. 외식업에서 맛은 기본으로 자리 잡은 지가 오래다. 요즘은 오픈 주방이 많아서 고객들이 지나다가 주방을 힐끗 보게 되는 경우가 많은 편이다. 순간적으로 청결 상태를 알게 된다. 아무리 음식이 맛있어도 위생 청결이 안 좋다고 판단되면 재방을 하지 않는 것이 고객 심리다. 매장 홀을 비롯해 주방 및 외부까지 늘 청결하게 유지하고 직원은 위생에 만전을 기할 수 있어야 한다. 자칫 잘못하면 위생 청결 부분을 소홀히 하는 일이 발생하게 되는 것이 현실이다. 매장에서 일하는 직원의 청결한 복장과 태도 또한 간과해서 안 될 점이다. 매장의 청결은 직원을 보는 순간 연상되고 느낌이 확 오게 되기 때문이다. 예전에는 장사가 잘되는 집이 의외로 매장 내부가 지저분한 경우가 간혹 있었다. 그들은 고객이 많아서 바쁘게 움직여서 청결 부분에 신경을 쓸 겨를이 없다는 핑계를 대곤 했다. 운이 좋게 이슈가 안 될 수는 있지만 시일이 지날수록 고객의 발길이 끊어지게 될 것이 자명한 일이다.

위생 청결은 서비스업에서는 필수 불가결한 부분이다. 프랜차이즈 가맹점은 매장 내·외부 및 주방 환경을 항상 깨끗하게 유지하고 있을 의무가 있다. 브랜드 이미지를 실추시키는 행동을 삼가야 할 책무가 있어서다. 시장에서 브랜드 가치는 고객으로부터 받는 평판으로 평가하기 때문이다. 슈퍼바이저가 매장 방문을 하면서 체크하고 관리해야 할 부분이다. 깨끗한 브랜드가 맛이 좋은 브랜드를 능가하는 추세다. 깨끗한 브랜드는 맛은 기본으로 갖추어져 있다고 느끼는 것이 고객의 일반적인 심리이기 때문이다. 청결은 매장에서 근무하는 직원의 유니폼과 언행에서 비롯되게 되어 있다. 매장 근무자 마음가짐이 고객의 마음을 사로잡는 계기가 된다는 점을 유념할 필요가 있다.

진정성 있는 서비스 제공

고객에게 제공하는 서비스는 고객이 매장 안에 발을 디디는 순간부터 이루어져야 한다. 가맹점에서 종사하는 모든 직원은 주문부터 음식 제공 및 고객이 매장을 나갈 때까지 자동적으로 몸에 익숙해져서 서비스가 생활화되게 해야 한다. 고객은 일상적인 서비스를 받았을 때는 크게 감흥을 받지 않고 다른 곳에서 받아 보지 못한 특출한 서비스를 받을 때 충성 고객이 된다는 점을 유념할 필요가 있다. 남과 다른 차별화된 서비스를 받을 때 머릿속에 오래 남아서 좋은 이미지를 갖게 되어 있다. 서비스는 스스로 잘하고 있다고 착각하기 쉬운 것이 일반적이다. 프랜차이즈는 개인 창업과 달리 가맹 본부 영향력을 많이 받을 수밖에 없는 구조를 지니고 있으나 고객의 마음을 사로잡을 수 있는 친절한 서비스는 충성 고객 확보에 큰 영향을 미치게 되므로 가맹 본부는 서비스 교육에 만전을 다할 수 있어야 한다.

한국 관광객이 타국에 가서 발 마사지숍 두 곳을 방문했다고 한다.

한 곳은 고객으로 문전성시를 이루고 있었고 다른 한 곳은 속된 표현으로 파리 날리고 있었다고 한다. 잘되는 곳 직원한테 여기는 왜 이리 잘되느냐고 했더니, 직원이 자신의 에너지와 정성을 모두 쏟아부으면서 서비스를 제공한다고 했다고 한다. 매일 업무 시작 전에 조회를 통해서 정성 어린 서비스를 하도록 교육을 받는다고 한다. 이처럼 진정성 있게 열의를 다해 서비스를 제공하도록, 가맹 본부가 가맹점 교육을 지속적으로 실시해서 생활 속의 일부가 되도록 해야 한다. 최고의 브랜드라 할지라도 불친절한 서비스는 고객의 발길이 끊기게 하는 만큼 가맹점에서 고객에게 진정한 서비스를 제공할 수 있도록 가맹 본부는 슈퍼바이저 교육을 일차적으로 잘 해서 담당 가맹점에 대한 맡은 직무를 수행하도록 해야 한다.

고객 서비스에서 첫 번째로 중요한 것은 진정성 있는 인사다. 직원이 형식적으로 인사를 하거나 보고도 못 본 듯이 할 경우 그곳은 단골 고객 확보가 어렵다. 진실성이 없는 인사를 하는 경우 고객은 찰나에 눈치를 채게 되어 있다. 매장을 찾는 고객의 절반만 염두에 두면서 고객 관리를 해도 망할 리가 없다는 장사 격언이 있듯이 서비스 직종에서 인사가 차지하는 비중은 매우 크다. 실제로 직원이 고객이 감동할 정도로 한결같이 인사하면서 최고 매출을 보이는 경우를 직접 목격했다. 매장 문을 나갔을 때 따라 나가서 뒤를 보면서 '안녕히 가세요. 또 오세요.'라는 인사를 진실하게 하므로 단골 고객이 아닌 충성 고객이 많이 확보되었기 때문이다. 서비스업에서 특히 외식업에서 정성과 진실이 담긴 인사는 고객 유치와 매출 증대에서 최고의 무기라 할 수 있다.

고객은 좋은 품질과 가격 대비 효율적인 메뉴 구성으로 자신의 입맛에 맞는 메뉴를 선호한다. 매장에 들어섰을 때 깨끗하고 청결하다는 느낌이 순간적으로 들 때 마음 한편에서 브랜드에 대한 만족감을 갖게 된다. 주방이 깨끗하다는 기분이 들 수 있을 정도로 깔끔하게 되어 있으며 직원들이 깨끗한 유니폼을 착용하고 있고 고객이 원하는 부분을 알아차리고 서비스를 제공해줄 때 브랜드와 해당 매장에 대해 만족하게 되어 있다. 이러한 고객 만족 서비스가 되기 위해서는 가맹 본부와 가맹점이 공동의식을 지니고 각자의 역할을 수행할 수 있어야 가능하다. 가맹점은 현장에서 고객에게 직접적으로 서비스를 제공하는 위치에 있으므로 더욱 본연의 역할 완수에 최선을 다해야 할 임무를 띠고 있다. 브랜드 이미지와 평판이 안 좋게 나는 이유는 매장에서 고객 서비스가 부족한 탓이 크다.

매장 근무자는 진정성 있는 인사 예절 습관이 몸에 배어 있어야 하고 고객에게 다가갈 수 있는 서비스를 할 수 있어야 한다. 고객이 매장을 방문했는데 매장 직원이 고객에게 무관심하게 대하는 기분이 들 때 다시 찾지 않는다는 통계가 있다. 메뉴가 마음에 들지 않을 경우와 같은 업종의 새로운 브랜드가 더 마음에 들 때도 재방을 안 하게 되는 것이 일반적인 고객의 심리다. 심도 있게 되새겨 볼 만한 내용이다.

고객은 매장에 발을 디디는 순간 브랜드를 평가하기 시작한다. 메뉴를 주문하면서 직원의 말과 태도를 보면서도 금세 뇌리에 이미지가 스쳐 가게 되어 있다. 테이블에 주문한 메뉴가 도착했을 경우 매장 직원의 서비스 태도를 보고 확실하게 브랜드 이미지가 머리에 굳혀지게 된다.

고객 서비스의 중요성을 한마디로 정의해주는 대목이다. 매장에서 근무하다 보면 간혹 고객한테 불쾌할 정도의 말과 행동을 하지 않은 것 같은데 불만을 표출하는 고객을 접할 경우가 있다. 이럴 경우 고객이 왜 저런 언행을 하는지를 먼저 돌이켜보고 상대 입장에서 생각하고 대응해야 한다. 함께 공감해주고 사과를 해야 할 일이면 공손하게 하면서 양해를 구할 수 있어야 한다. 물질적인 보상이 필요하다면 해 주어서 브랜드 이미지에 손상이 가지 않는 고객 서비스를 제공해야 한다. 이것이 가맹점에서 이행해야 할 진정한 고객 서비스다. 고객이 원하는 서비스는 늘 밝고 환하게 맞이해주면서 예의 바른 말과 행동을 하고 원하고 바라는 것을 말하기도 전에 스스로 알아서 제공하는 서비스이다. 특히 매장을 방문했을 때 고객을 기억해주는 서비스가 최고의 서비스라는 점을 가맹본부와 가맹점은 반드시 기억하고 있어야 할 부분이다.

유니폼 착용

제복을 입은 경우를 보면 상대방이 무슨 일을 하는지를 금세 알아차릴 수 있다. 유사시에 SOS를 쳐서 자신이 해결할 일에 대해 도움을 청할 수 있다. 매장에서 반드시 유니폼을 착용하고 있어야 하는 이유다. 매장에서 고객이 필요한 사항을 더 요청할 일이 있을 때 직원이 유니폼을 입고 있어야 손쉽게 해결할 수 있다. 유니폼을 입고 있지 않으면 누가 고객이고 직원인지 알 수가 없기 때문이다. 프랜차이즈 가맹점은 필히 유니폼을 착용하고 근무해야 한다. 가맹 본부는 절대로 이 부분을 간과해서는 안 된다. 무슨 일이 있어도 유니폼 미착용을 허용해서는 안 된다. 여기서부터 가맹 본부 경쟁력이 무너지기 시작하기에 가맹점 관리에 만전을 기해야 한다. 실제로 가맹점주가 유니폼을 미착용하고 매장에서 근무하는 경우가 종종 있다. 이 또한 그냥 지나쳐서는 안 되는 사항이다. 고객은 매장에서 일하는 사람들이 유니폼을 입은 사람도 있고 안 입은 사람도 있으면 브랜드에 대한 이미지가 달라지게 되어 있다. 가맹점주 본인은 내 매장인데 누가 무어라고 하겠느냐는 마음이 앞서서 미착용할 수도 있지만 매장의 통일성이 없어지게 된다는 점을 유념해야 한다. 오토로 매장을 운영하는 가맹점주가 매장에 와서 근무하는 경우가 있다. 매장에 발을 디디자마자 가장 먼저 유니폼으로 환복하는 것을 잊어서는 안 된다. 가맹점이 반드시 지켜야 할 의무다.

프랜차이즈의 중요한 특징 중 하나는 전체 가맹점이 모든 부분에서 똑같이 매장을 운영해야 한다는 점이다. 유니폼의 통일성은 최우선이다. 브랜드 경쟁력이 있고 시스템이 정립된 가맹 본부는 가맹점에서 유니폼 착용을 강력하게 실행시킨다. 가맹점에서 점주는 유니폼을 잘 안 입고 있는데 종업원은 잘 입고 있는 경우가 있다. 가맹점주에게 유니폼을 왜 항상 착용해야 하는지를 명확하게 이해시켜서 착용시킬 필요가 있다. 유니폼 착용 여부에 따라 고객을 맞이하는 태도가 극명하게 달라지기에 가맹점의 유니폼 착용은 어떠한 경우라도 준수할 수 있도록 해야 한다. 현장에서 말처럼 잘 이루어지지 않는 것이 유니폼 착용이다. 유니폼은 착용감이 좋고 세탁이 용이하며 가맹점에서 편리함을 느낄 수 있도록 신중을 기해서 선정해야 한다. 프랜차이즈 가맹점에서 의외로 유니폼 색상을 비롯하여 품질이 마음에 안 들어 불만을 토로하고 미착용하는 사례가 발생하고 있기에 이 점을 가맹 본부는 유념할 필요가 있다.

매장 내에서 근무하고 있는 직원이 유니폼을 착용하지 않았을 때 슈퍼바이저는 절대로 그냥 지나쳐서는 안 된다. 유니폼은 곧 브랜드이기 때문이다. 메이저 브랜드는 매장에서 유니폼을 입지 않고 근무한다는 것은 상상조차 할 수 없는 이야기다. 만에 하나 가맹점에서 유니폼 미착용 사례 적발 시는 단호한 조치를 할 수 있어야 한다. 슈퍼바이저가 가맹점 관리를 하면서 소홀히 넘겨서는 안 될 부분이 유니폼 미착용이다. 1차, 2차 경고장에 이어 내용증명까지도 보내서 바로잡아야 할 정도로 중요한 부분이다. 가맹 본부 주관으로 매장 오픈 전에 실시하는 기초 교육 시 매장에서 근무하면서 반드시 유니폼을 착용할 수 있도록 강조해서 마음속에 각인시켜 줄 수 있도록 해야 한다. 유니폼을 착용하지 않고 매장에서 근무하는 브랜드는 프랜차이즈라고 볼 수 없을 정도로 중요한 부분이다. 가맹점에서 유니폼을 미착용하고 근무할 경우 가맹 본부는 절대로 용납해서는 안 되며 반드시 고치도록 해야 한다.

LSM 실천

프랜차이즈 가맹점은 매장마다 고유의 특색을 갖춘 상권을 보유하고 있다. 상권의 특성을 잘 살려서 매장의 여건에 부합하게 적용하는 마케팅 방법을 LSM이라 부른다. 점포가 위치한 지역을 토대로 상권을 분석해서 인근의 고객을 자주 방문하게 하여 지인까지 같이 오는 충성 고객을 유치하는 데 좋은 효과를 보는 마케팅 방식이라 할 수 있다. 로컬 마케팅은 본인의 매장, 고객, 동종 업종 경쟁 브랜드의 특징을 냉정하게 분석한 후 현장의 특성에 적합하게 판매 활동을 하는 것을 뜻한다. LSM은 지역 점포 마케팅이다. 단골고객을 확보하기 위한 마케팅 수단이다.

LSM 마케팅을 성공적으로 수행하기 위해서는 고객이 지니고 있는 브랜드의 이미지를 파악해야 하고 점포가 위치한 지역의 고객 성향을 알아야 한다. 남녀 구성 비율과 나이 분포도를 이해할 필요가 있다. 매장을 찾는 고객이 주로 어떤 계층인지를 알아내는 것이 중요하다. SNS를 활용해서 브랜드 경쟁력과 점포 위치를 고객에게 알려서 매장 방문을 유도하는 것도 효과적이다.

고객으로부터 물건을 팔아 달라고 요청받아서 제품 판매 활동을 하거나 고객이 제품을 사도록 구매 동기를 불러일으키게끔 하는 일련의 활동을 마케팅이라 할 수 있다. 고객에게 브랜드를 알려서 신규 고객 유입과 재방문을 유도하게 하기 위한 지역 마케팅은 가맹점 매출 증대를 위해 적극적으로 시행할 필요가 있다. 주 고객층으로 마케팅을 전개할지 아니면 새로운 고객을 창출하기 위해서 실행할지는 매장 컨디션을 보고 효율적인 방식을 선택하면 된다. 전 가맹점을 대상으로 하는 판매 촉진 활동은 많이 희석되어 가는 분위기다. 프랜차이즈는 특정 매장을 대상으로 고객 유입을 위해 실시하는 LSM을 활성화하는 브랜드가 점차 확산되고 있다.

SNS를 활용한 로컬 마케팅이 대세이다. 오프라인 마케팅이 작금은 온라인 마케팅에 비해 성과가 미흡한 것이 여러 결과로 입증되었기 때문이다. LSM을 가맹점 실정에 맞게 효과적으로 시기와 장소를 고려하여 적절하게 실행할 줄 아는 가맹 본부 마케팅 정책이 필요하다. 가맹점이 동참하여 LSM을 적극적으로 추진할 수 있게 환경을 조성할 줄 아는 슈퍼바이저가 실력 있는 슈퍼바이저라 할 수 있다. LSM은 평소 담당하고 있는 가맹점과 소통을 잘하고 도움을 주어 공감하게 하여야만 실행하기가 용이하다. 대다수 가맹점은 자비를 들여서 자체 마케팅하기를 꺼리는 습성이 있는 편이다. 가맹점 매출 증대의 지름길이 LSM이라는 것을 염두에 두고 가맹점을 설득하여 활성화시키는 슈퍼바이저를 많이 확보한 가맹 본부가 가맹점 확산에 유리한 고지를 점령하기가 수월하다. 슈퍼바이저의 역량이 프랜차이즈 사업에서 중요함을 다시 한번 깨우쳐 주는 대목이라 할 수 있다.

사업가 마인드 함양

프랜차이즈는 가맹 본부와 가맹점이 동반 사업자 개념을 지니고 있다. 가맹점주는 장사가 아닌 사업가로서 마음가짐을 지니려고 노력해야 한다. 나만 잘되면 된다는 생각이 아닌 나와 함께 같은 브랜드를 운영하고 있는 동료 가맹점과 가맹 본부가 성공할 수 있도록 사업가라는 마인드를 갖고 매장을 운영할 수 있어야 한다. 프랜차이즈 가맹점을 운영하면서 프랜차이즈 혜택은 누리되 매장 특색에 맞게 운영한다는 사고를 지닌 경우가 있다. 브랜드가 퇴보하기 시작하는 첫 단계가 되기에 가맹 본부는 철저히 지도하고 관리할 수 있어야 한다. 가맹점주 중에는 개인 창업을 하다가 프랜차이즈 창업을 하는 경우가 많은 편이다. 오랫동안 몸에 익은 장사 마인드를 신속히 사업가 정신으로 변모시켜주는 것이 가맹 본부의 역량이다.

개인 장사와 가맹점 운영은 매장 운영이 천지 차이다. 장사할 때 심정으로 매장을 운영하는 가맹점이 많을수록 브랜드 평판이 좋아질 수가 없고 가맹 사업이 번창하기 힘들다. 매뉴얼이 무너지기 시작하고 통일성이 결여되기 때문이다. 가맹점주가 사업가 정신을 지니면서 매장을 운영한다는 것은 공동체 의식을 지니고 있다는 것과 일맥상통한다. 가맹점은 가맹 본부 정책을 지키면서 운영해야 한다는 마음가짐이 있어야 한다. 가맹점에서 사업가 마인드를 갖기 위해서는 프랜차이즈를 이해하고 있어야 수월해진다. 프랜차이즈 기본 원리는 사업 문외한을 사업가로 변신시켜주는 것이다. 가맹점이 사업가 마인드를 갖느냐는 가맹 본부의 역량과 비례한다고 할 수 있다. 가맹점은 각자 성향과 가치관이 다르며 생각 자체가 다르다. 장사 경험이 있는 가맹점주는 이전의 사고를 버리고 프랜차이즈 원리와 시스템을 이해하려고 노력하는 자세가 필요하다. 가맹 본부는 이를 지도하고 교육해서 동일한 마음가짐으로 매장을 운영할 수 있도록 해야 한다.

가맹 본부와 가맹점이 함께해야 성장할 수 구조를 지닌 프랜차이즈는 함께한다는 생각을 갖고 각자의 역할을 수행할 수 있어야 한다. 한쪽을 떼어서는 아무것도 이룰 수가 없는 것이 프랜차이즈다. 가맹점은 나하나가 매뉴얼을 준수하지 않고 매장을 운영하게 되면 선의의 다른 가맹점에 피해를 주게 된다는 것을 인지하고 매장을 운영할 수 있어야 한다. 실제로 표준화를 지키지 않고 운영하는 가맹점 때문에 여기는 왜 다르냐고 항의를 받은 경험이 있다며, 매장 운영을 통일시켜 달라고 오히려 역으로 말해주는 가맹점도 있다. 가맹점주가 개인 장사의 개념을 버리고 사업가 정신으로 무장하여 매장을 운영해야 하는 이유이다. 장사

마인드가 강한 가맹점일수록 자신의 매장에 한해 별도의 운영 방식을 고집하려는 경향이 큰 편이다. 프랜차이즈는 전체 가맹점이 통일되게 운영될 수 있도록 시스템화하는 것이 중요하다. 예를 들어 어느 가맹점에서 고객이 평균 객단가 이상 주문했을 시 매뉴얼에 없는 과일 서비스를 자비로 했을 때 일반적인 상식으로는 잘한다고 장려해 줄 수 있는 사항이다. 하지만 프랜차이즈는 운영 매뉴얼에 없는 사항이므로 이런 운영을 하지 못하도록 지도할 수 있어야 한다. 브랜드 경쟁력이 좋을수록 강하게 지도하고 있는 편이다. 가맹 본부와 전체 가맹점이 나보다는 우리라는 사업가 마인드를 갖게 하기 위함이다.

03 / 우수 가맹점 출점

가맹 본부 정책을 현장에서 잘 실행하고 매뉴얼을 준수하면서 동일한 맛을 내어 고객이 감동할 수 있는 서비스를 제공하고 매장 매출과 수익이 좋은 가맹점을 우수 가맹점이라 지칭한다. 우수 가맹점이 많아야 1,000호점으로 가는 길이 수월하게 된다. 그러기 위해서는 예비 창업자가 신규 계약을 체결하고 난 후 아이템 특성에 부합하는 상권과 입지가 좋은 위치에 점포 확정을 할 수 있도록 가맹 본부에서 도움을 줄 수 있어야 한다. 우수 가맹점이 되려면 일차적으로 매출이 동반되어야 하기 때문이다. 가맹점은 수익이 원하는 만큼 나오지 않으면 긍정적인 사고를 지니기가 힘들 수밖에 없다. 매장 매출은 점포 위치에 영향을 크게 받는다. 유동 인구와 상주인구가 많은 지역에 점포가 입점해야 고객 유입이 많아서 매출이 올라가게 될 확률이 높게 된다. 이런 지역은 매물이 나왔어도 권리금 등 점포 비용이 과다해서 구하고 싶다고 구해지는 것이 아니다. 그래서 차선책으로 점포를 구하여서 프랜차이즈 가맹점을 하는 곳이 많은 상황이다. 여기서 매출이 기대하는 만큼 나오는 곳도 있고 반대인 곳도 있다. 점포 로케이션이 우수 가맹점이 되는 첫 번째 관문이라고 해도 틀린 말이 아니다.

매출이 올라갈 수 있는 환경에 점포가 입점되었다면 운영 매뉴얼에 의해 매장을 운영할 수 있어야 한다. 이렇게 운영할 수 있도록 만드는 것이 가맹 본부 역할이고 슈퍼바이저의 책무이다. 우수 가맹점은 또 다른 우수 가맹점 낳는 것이 프랜차이즈 원리다. 다수의 우수 가맹점을 출점시킬 수 있는 가맹 본부는 1,000호점을 향할 수 있는 유리한 여건에 놓이게 되므로 심혈을 기울여서 창업 대상자를 선정하고 상권 분석을 통해 적합한 위치에 오픈할 수 있도록 노력해야 한다. 프랜차이즈 가맹점 중 우수 가맹점이라고 단정하여 말할 수 있는 가맹점은 많지 않은 것이 사실이다. 어느 브랜드나 전체 가맹점 중 30% 이내가 해당되는 것이 일반적이다. 다수의 우수 가맹점을 확보하느냐가 신규 가맹점을 늘리는 데 중요한 변수가 되기에 신규 오픈을 잘 할 수 있어야 한다. 하지만 가맹 사업을 추진하다 보면 우수 가맹점을 출점시킨다는 생각보다 일단 신속하게 가맹점을 확산시켜야 한다는 생각이 앞서게 되어 있다. 메이저 프랜차이즈로 진입하기 위해서는 이런 생각에서 탈피하여 점포와 예비 창업자 선정에 만전을 기해서 우수 가맹점이 될 수 있는 환경을 조성할 수 있어야 한다.

프랜차이즈 사업을 하면서 우수 가맹점과 부진 가맹점을 구분하는 조건은 점포 매출이 크다. 정량적인 수치로 평가하는 가맹 본부가 많은 편이다. 프랜차이즈는 가맹점에서 가맹 본부 정책을 이행하지 않고 운영 매뉴얼을 미준수하면 결국 부진 가맹점으로 전락하게 되어 있다. 가맹점을 지도하고 개선시키는 슈퍼바이저의 역할이 중요시되는 대목이다. 우수 가맹점을 출점시켜야 신규 가맹점 오픈이 손쉬워지는 이유는 브랜드에 대한 만족도와 충성도가 높아서 브랜드 이미지를 긍정적으로 파급시켜 주는 일을 하고 지인에게 창업을 권하기도 하며 예비 창업자가 매장을 방문했을 시 브랜드를 좋게 평가해 줄 수 있기 때문이다. 아이템 특성과 가맹 본부 실정에 맞게 우수 가맹점을 많이 확보할 수 있는 전략을 수립하여 실행할 수 있을 때 1,000호점이라는 숫자에 도전할 수 있는 발판이 조성된다는 것을 경영자는 상기하고 가맹 사업을 추진해야 한다.

우수 가맹점을 분기별로 초대해서 경영자와 식사 자리를 마련해서 간담회를 개최하는 것도 가맹점 우호도를 좋게 만드는 방법이다. 우수 가맹점을 출점시키는 것도 중요하지만 지속적으로 유지할 수 있도록 하는 것은 더 중요한 일이다. 매장을 운영하다가 자칫 긍정적인 사고가 어떤 사유로 인해서 부정적으로 변모될 수 있기 때문이다. 이런 사례는 프랜차이즈 가맹점에서 흔하게 볼 수 있는 일이다. 가맹 본부가 얼마만큼 가맹점과 소통을 잘하면서 가맹 사업을 하고 있느냐가 가맹점 만족도의 관건이 된다. 슈퍼바이저의 역할이 중시되는 이유다. 우수 가맹점은 매장에 상패를 부착할 수 있도록 제도화하면 가맹점이 자긍심을 갖게 할 수 있고 고객에게 더 좋은 서비스를 제공할 동기를 부여하는 이중 효과를 볼 수 있다. 우수 가맹점은 또 다른 우수 가맹점을 만들기에 영업사원은 예비 창업자를 대할 때부터 우수 가맹점을 만들겠다는 신념을 가지고 상담부터 상권 분석까지 심혈을 기울여서 직무 수행을 할 수 있어야 한다.

04 가맹점 매출이 곧 가맹점 숫자다

프랜차이즈 가맹 본부는 고객의 욕구와 니즈를 파악하여 기존 메뉴의 강점과 약점을 분석하여 지속적으로 고객이 바라는 새로운 메뉴를 개발해서 출시해야 할 책무가 있다. 가맹점 매출을 상승시키기 위해서 반드시 해야 할 일이다. 가맹점에서 기대한 매출이 나오지 않으면 신규 매장 오픈은 기대하기 어렵다. 프랜차이즈는 가맹점 숫자가 브랜드 가치와 브랜드 파워 및 브랜드 경쟁력을 말해주는 지표이다. 가맹점 매출과 가맹점 숫자는 직접적인 상관관계를 보인다고 할 수 있다. 프랜차이즈 성공 여부는 결국 가맹점 매출에 달려 있다고 해도 과언이 아니다. 경영자는 매출이 뒷받침 안 되면 가맹점은 늘 수가 없다는 것을 늘 염두에 두고 가맹 사업을 펼쳐야 한다. 가맹점 매장 매출을 올리기 위해서는 가맹 본부와 가맹점이 꾸준한 의사소통을 할 수 있어야 한다. 어느 한쪽의 일방통행은 좋은 성과를 낼 수 없는 것이 프랜차이즈 진리다.

프랜차이즈는 창업주 경영자가 혼자서 판단하고 결정하는 일이 타 업종보다 많은 편이다. 경영은 의사결정이라는 말이 있다. 프랜차이즈 기업은 다수의 의견을 수렴하기보다는 경영자가 주관적으로 정책을 결정해서 실행하는 경우가 많다. 구조적으로 특이한 사업 형태라고 할 수 있다. 경영자의 결정은 가맹점 매출을 올려서 가맹점을 확산시키기 위함이다. 합리적이고 생산적인 결정을 할 수 있으려면 가맹점의 의견을 들어본 후 임직원과 논의하여 현실성 있는 최고의 실행안을 도출할 수 있어야 한다. 이것이 현장 실행력을 높여서 가맹점 매출을 올릴 수 있는 비결이기 때문이다. 가맹 사업을 하다 보면 신규 가맹점이 대폭 늘어나는 시기가 있다. 브랜드가 성장기에 최고 방점을 찍을 수 있는 시점이다. 예비 창업자가 선택할 수 있는 상권의 폭이 넓을 때이다. 이 시기에 가맹 본부 역량을 총집결할 수 있는 브랜드는 신규 오픈이 활성화되어 브랜드 위상이 급격하게 상승하게 된다. 이처럼 가맹점이 증가하려면 유리한 상황과 여건 조성이 절대적으로 필요하다. 이유 불문하고 가맹점 매출이 가맹점주가 만족할 만하게 나와야 하는 것이 가맹점 증가의 최우선 요소임을 경영자는 머릿속에 강하게 심어 놓고 사업을 추진해야 한다.

가맹점 매출 상승을 위해서 SNS와 스마트플레이스를 활성화해야 한다. 고객은 스마트폰을 이용하여 맛집을 검색하고 트렌드를 읽는 것이 대세다. 스마트플레이스를 활용하여 어떠한 메뉴를 취급하고 있고 판매가는 얼마인지를 확인하여 필요시 전화로 예약하는 고객이 점점 늘어나고 있는 추세다. 메뉴를 스마트플레이스에 등록하는 브랜드도 증가하고 있다. 매출을 올리는 방식이 점차 고급화되고 있다고 볼 수 있다. 가맹점 매출 증대는 여러 가지가 톱니바퀴처럼 맞물려서 움직여야 수월해지게 되어 있다. 아이템, 브랜드 가치, 가맹 본부 경쟁력, 점포 로케이션, 슈퍼바이저 역량, 가맹점주 매장 운영 능력 등 많은 것이 일체감을 보여줄 때 가능하다. 이렇게 복합적인 요인들을 하나로 묶어줄 수 있게 만드는 것은 전적으로 가맹 본부 몫이다. 가맹 본부의 역량이 부족한 브랜드는 100호점을 넘기지 못하고 프랜차이즈로서 생명력을 잃어가게 되어 있다. 프랜차이즈는 결국 가맹점을 확산시키기 위해 가맹점 매출을 올리는 것이다.

가맹점과의 갈등과 분쟁의 씨앗이 되는 첫 번째가 매장 매출 저조이다. 매장 휴업과 폐점까지 연결될 수 있기에 매출 부진 가맹점에 대한 특단의 대책을 강구할 수 있는 가맹 본부가 되어야 한다. 가맹점 매출의 편차가 심한 브랜드는 신규 매장 확산이 힘들 수밖에 없다. 브랜드에 대한 이미지가 긍정보다는 부정적으로 자리매김할 확률이 매우 높기 때문이다. 가맹 본부와 가맹점이 함께 머리를 맞대고 매출 활성화를 위해 우선 점포 입지상의 문제는 없는지와 매장 운영상의 미흡한 점이 있는지를 분석해야 한다. 고객이 만족할 수 있도록 서비스 제공을 할 수 있는 방책과 지역 특성에 적합한 점포 마케팅을 통해 신규 고객 유입과 단골 고객 확보에 주력할 필요가 있다. 슈퍼바이저는 매장 운영 전반에 관한 것을 진단하여 어느 부분이 부족하고 미흡하여서 매출 부진으로 이어지고 있는지를 심층 분석하여서 처한 여건과 환경에 부합하는 현실적인 대안을 강구할 수 있어야 한다. 가맹점 매출이 가맹점 확산의 지름길이기에 가맹 본부는 매출 증대를 할 수 있는 방법이 무엇인지를 명확하게 이해하고 브랜드 특성에 맞는 마케팅 및 홍보 활동을 하면서 가맹점 지도에 전력을 다해야 한다.

PART
6

가맹점 교육이
매출을 좌우한다

프랜차이즈 사업은 가맹 본부에서 직접 소비자를 상대로 판매 활동을 하는 것이 아니라 가맹점을 통해서 가맹 본부 정책을 그대로 현장에서 실행하게 하여 매출을 올려서 서로 상생하는 시스템이다. 성장 환경과 성향 및 가치관이 다른 사람들로 구성되는 가맹점을 가맹 본부 정책과 매뉴얼을 이행하게 만든다는 것이 결코 쉬운 일이 아니다. 지속적인 교육을 실시해서 프랜차이즈 원리와 시스템을 이해시켜야 가능해지는 일이다. 프랜차이즈 사업은 교육이 전부라는 말이 있을 정도다. 그만큼 교육이 사업의 성공 열쇠를 가지고 있다고 해도 지나친 말이 아니다. 교육의 효과를 보기 위해서는 교육을 하는 사람의 교육 능력이 우선이다. 가장 우수한 인력이 교육팀에 포진되어 있어야 한다. 군대 훈련소에서 소정의 교육 기간이 끝난 후 교육 성적이 상위에 있는 훈련생을 차출하는 것과 같은 맥락이다. 이처럼 프랜차이즈는 가맹점 교육 과정을 체계적으로 수립하여 강도 있게 원칙을 준수하고 실시할 수 있어야 한다. 특히 매장 오픈을 앞둔 예비 가맹점에 대한 교육은 브랜드 특성과 매뉴얼을 확실하게 이해하고 숙지할 수 있도록 철저하게 진행할 수 있어야 한다. 초기 교육이 향후 매장 운영에 영향을 크게 미치기 때문이다.

기초 교육

예비 창업자가 가맹 계약을 체결하고 점포를 확정한 후 매장을 오픈하기 전에 가맹 본부에서 실시하는 오픈 전 교육을 기초 교육이라고 한다. 기초 교육을 어떻게 시키느냐가 향후 매장을 운영하는 근간이 된다고 할 수 있다. 프랜차이즈 생명이나 다름없는 통일성을 전 가맹점이 유지하면서 매장을 운영하게 하려면 가맹 본부는 기초 교육을 육군사관생도들이 교육받는 것처럼 철저하게 할 수 있어야 한다.

기초 교육 과정부터 브랜드 파워가 상승되는 시발점이 되기에 온 정성을 다해서 교육을 진행할 수 있어야 한다. 교육 프로그램은 현장에서 실질적으로 활용할 수 있도록 이론과 실습을 겸용해서 수립하여 놓는 것도 중요하다. 가맹 본부의 경쟁력을 비롯하여 브랜드에 대한 자긍심을 가질 수 있도록 원칙에 의한 생산적인 교육을 진행하여, 교육생으로부터 힘은 들었지만 프랜차이즈를 이해하는 계기가 되었으며 매뉴얼을 준수하면서 매장을 운영해야 하는 이유를 터득했다는 교육 후기를 들을 수 있어야 한다.

프랜차이즈 원리와 시스템에 대해서 이해하고 숙지하도록 하고, 장사가 아닌 사업이라는 것을 주지시켜 주어야 한다. 나만 잘해서 매출이 증대되는 것이 아니라 전체 가맹점에서 함께 정책과 매뉴얼을 준수하면서 매장을 운영해야 브랜드 가치가 올라가서 매출 증대로 이어지게 된다는 사실을 인지시킬 수 있어야 한다. 프랜차이즈를 가맹점주에게 이해시키면 매장에서 실행력을 높이고 가맹 본부 정책을 이행시키는 데 매우 크게 영향을 미치게 되므로 기초 교육을 통해서 명확하게 인지시킬 수 있어야 한다. 이 부분은 매우 중요한 사항이다. 가맹점과의 갈등과 분쟁이 발생하게 되는 주요 원인도 프랜차이즈 시스템을 이해하지 못하는 데서 비롯되는 것이 크다고 할 수 있다. 경영자를 위시해서 가맹 본부 임직원이 프랜차이즈에 대한 이해를 정확하게 하고 있어야 하는 이유가 여기에 있다. 교육을 하는 사람이 해박한 지식이 없는데 교육생이 프랜차이즈를 이해한다는 것이 논리에 맞지 않기 때문이다. 매장 운영에도 직격탄을 맞게 되어 통일성은 고사하고 브랜드 가치를 하락시키는 원인을 제공하게 될 수 있다는 점을 가맹 본부는 인지하고 교육을 할 수 있어야 한다.

가맹점의 역할과 책무에 대해서 확실하게 교육하여 현장에서 실행할 수 있도록 해야 한다. 개인 창업과 프랜차이즈 창업을 병행하여 매장을 운영하고 싶은 마음이 들지 않도록 교육 기간 동안 주입시켜서 가맹 본부와 동반 사업자라는 인식이 들 수 있도록 해야 한다. 가맹점이 해야 할 역할을 잘 이행하는 브랜드가 1,000호점을 가는 데 매우 유리한 고지를 점령하게 되어 있다. 가맹점주가 본연의 역할을 다하느냐 못하느냐는 전적으로 가맹 본부 역량에 달려 있다고 할 수 있다. 가맹 본부가 해야 할 책무를 잘 이행하는 것이 가맹점에서 자신의 역할을 잘하게 만드는 원동력이 된다는 점을 경영자는 염두에 두어야 한다. 가맹점에서 왜 주어진 역할을 잘해야만 하는지를 강조하여 확실하게 머릿속에 남아 있게 만드는 것이 중요하다. 프랜차이즈와 브랜드를 처음으로 학습하는 기초 교육은 가맹 사업의 성패는 물론이고 메이저 프랜차이즈로 향하는 기반을 마련하느냐의 관건이 될 수 있는 장이기에, 심혈을 기울여서 실질적으로 매장 운영에 도움이 되도록 철저하게 가맹점 교육을 해야 한다.

장사가 아닌 사업가 마인드를 심어주는 것도 필요하다. 프랜차이즈는 나 혼자만 잘해서는 수익이 날 수 없는 구조를 지니고 있다. 브랜드 이미지와 평판이 좋아서 브랜드 파워가 있어야 고객이 찾게 되어 매출이 증대되는 형태가 프랜차이즈다. 함께해야 목표를 이룰 수 있는 시스템인 셈이다. 기초 교육 시 가맹 본부와 가맹점이 수직 관계가 아닌 수평 관계로서 공동으로 펼치는 사업이라는 점을 인지시킬 수 있어야 한다. 장사는 내 것만 챙기면 되고 나 위주로 매장을 운영하면 된다. 내가 어떻게 매장을 운영하든지 누가 무어라 시비 걸 사람이 없다. 하지만 프랜차이즈는 나의 일거수일투족이 브랜드를 의미하기에 개인행동을 하여서는 안 된다는 점을 숙지시키는 것이 필요하다. 교육을 통해서만 가능한 일이다. 매장을 오픈하기 전에 하는 교육이 체감적으로 몇 배로 와닿기에 가맹점 역할을 현장에서 잘 실행할 수 있도록 강도 높은 교육을 해야 한다.

고객에게 진정성 있는 서비스를 제공할 수 있는 교육을 간과해서는 안 된다. 고객 서비스는 누구나 잘할 수 있다고 착각하기가 쉬운 부분이다. 대다수가 매장에서 고객이 만족할 만한 서비스를 하고 있다고 판단한다. 오류를 범할 수 있는 부분이다. 고객 서비스는 내가 잘하고 있다고 생각하면 안 된다. 상대가 감동을 받을 수 있는 서비스를 할 수 있어야 한다. 롤플레잉을 통해 진정한 서비스 제공이 무언인지를 서로 비교하면서 터득할 수 있도록 교육할 필요가 있다. 아무리 핫한 맛집이라도 종업원이 불친절하면 고객은 발길을 끊어버리게 되기 때문에 서비스 교육은 매우 중요하다. 매장에서 종사하는 직원은 고객한테 늘 진정성 있게 서비스를 제공한다는 개념을 지닐 수 있도록 교육해야 한다. 프랜차이즈는 교육 없이는 이루어낼 수가 있는 것이 없다고 보아야 한다.

특히 고객을 진정으로 존경하는 마음을 가슴속에 간직하고 사소한 것부터 놓치지 않고 고객의 마음을 사로잡을 수 있도록, 서비스 교육에 가맹 본부는 최선을 다해야 한다.

지역 점포 마케팅 교육을 실시하여 매장 매출을 올릴 수 있도록 해주는 것도 기초 교육 과정에 필요한 부분이다. 이 교육은 가맹 본부에 따라 실시 여부가 정해진다. 브랜드가 안정화되고 교육 시스템이 정립되어 있는 가맹 본부에서 할 수 있는 교육 과정이기 때문이다. 메이저급 가맹 본부는 대부분 실행하고 있다. 점포 판촉이 예전과는 달리 작금은 지역 특성을 고려하고 점포 여건에 적합한 마케팅을 추진하는 것이 대세다. 여러 가지 주어진 환경에 적합한 마케팅을 하기에 효과가 좋은 마케팅 기법이다. 매장 오픈 전에 사례를 통해 마케팅 방법을 교육하면 가맹점주 만족도가 좋으니 실천해 볼 것을 권한다. 그동안 기존 가맹점에서 실천하여 성과를 낸 운영 성공 사례 위주로 교육을 실시하면 효과적이다. 성공 사례집을 제본해서 배포하여 매장에서 활용할 수 있게 해주는 것도 매출을 증대시키는 데 좋은 방법이다.

기초 교육은 프랜차이즈 이론과 매장 운영 실습을 병행해서 실시한다. 특히 레시피 매뉴얼을 준수하면서 맛을 낼 수 있도록 교육을 반복해서 실시하여야 한다. 음식을 만드는 데는 개인차가 크다. 손쉽게 따라오는 교육생이 있고 감이 늦어서 반복하여 실습 교육을 해야 할 교육생이 있다. 메뉴는 레시피에 입각하여 확실하게 완성할 수 있도록 교육해야 한다. 미흡한 교육생은 재교육을 하거나 교육 기간을 연장해서라도 숙련시켜야 한다. 교육 시작 전에 교육의 중요성을 교육생에게 인지시키고 교육 후반에 테스트를 하여 일정한 궤도에 오르지 못했을 경우 재교육을 실시한다는 것을 공지하고 긴장의 끈을 놓지 않고 교육에 임할 수 있도록 철저하게 실시해야 교육 효과가 크게 나타나게 된다는 점을 가맹 본부는 명심하고 교육을 해야 한다. 이론 교육에서는 프랜차이즈 시스템에 대해 완벽하게 이해시키는 것도 잊어서는 안 된다.

메뉴 실습은 완벽에 가까울 정도로 만들 수 있도록 교육을 해야 한다. 가맹 본부는 한 치도 양보해서는 안 될 사항이다. 가맹점에서 맛의 통일성을 보이지 못하는 순간부터 성공적인 가맹 사업을 일구기 힘들다는 것을 경영자는 인지하고 교육을 강화해야 한다. 기준 이하의 수준을 보이는 교육생을 별도 교육하여 숙련시켜야 하는 이유다. 아이템에 따라 메뉴 레시피의 난이도가 다를 수 있으나 완전하게 맛을 낼 수 있도록 교육할 수 있어야 한다. 전국 어디서나 같은 맛을 고객한테 제공할 수 있을 때 가맹 본부와 가맹점이 상생할 수 있기 때문이다. 예비 창업자가 가맹 본부와 계약을 체결한 후 매장 오픈 전에 가맹 본부에 입소하여 받는 기초 교육은 프랜차이즈 시스템을 비롯하여 운영 프로세스, 메뉴 실습 등 전반적으로 매장을 오픈해서 닫을 때까지 과정을 상세히 실습하는 교육이다. 가맹 본부 교육 담당은 사관학교 조교 같은 마음가짐으로 교육을 할 수 있어야 한다. 아이템마다 확연히 상이할 수 있지만 창업자를 대상으로 하는 오픈 전 교육 기간은 메뉴 특성을 살려서 정해야 한다. 사실 교육 기간은 길수록 좋다. 반복 교육을 통해 익숙하게 만들어야 실전에서 힘들지 않기 때문이다.

기초 교육이 끝난 후는 교육생에게 교육을 마친 소감을 들어서 교육의 질을 높일 수 있도록 하는 것이 좋다. 현장에서 매장을 운영하는 매뉴얼에 대한 만족도를 알아보고 메뉴 실습을 하는 데 불편한 점은 없었는지도 체크할 필요가 있다. 메뉴를 숙지할 수 있도록 교육 기간은 적절했는지 확인해 보는 것도 중요하다. 앞으로 개선해야 할 교육 내용을 들어보는 교육생 후기 시간을 별도로 두어 교육 과정에 반영할 사항이라고 판단되면 내부 논의를 거쳐 효과적인 오픈 전 교육이 될 수 있도록 해야 한다. 교육생이 만족하지 않고서는 교육 효과가 나올 수도 없고 매장을 오픈하고 운영하는 데 애로 사항이 생길 수가 있기 때문이다. 매출과도 직결되는 사항이기에 교육팀은 창업자 대상으로 실시하는 최초의 가맹 본부 교육인 기초 교육에 만전을 기할 수 있는 교육 프로그램을 수립하고 실천할 수 있어야 한다. 교육생의 교육 만족도가 높을수록 브랜드 가치가 올라가게 되기 때문이다. 프랜차이즈 교육은 교육생 입장에서 잠시도 다른 생각을 할 여지가 없이 교육에만 전념할 수 있도록 해야한다. 조금은 힘들다는 표현이 나올 정도로 원칙에 의한 교육이 되도록하는 것이 향후 매장 운영에 도움이 된다는 점을 인식하고 교육생에게

도 주지시키면서 교육을 하는 것이 좋다.

02 / 보수 교육

대다수 가맹점은 기초 교육을 수료하고 일정 기간 동안 초심을 잃지 않고 교육받은 내용을 토대로 매뉴얼을 준수하면서 매장을 운영한다. 하지만 어느 정도 시일이 경과하면 오픈 시 마음이 서서히 사라지게 되는 것이 일반적인 현상이다. 그래서 새로운 마음가짐으로 매장을 오픈했을 때처럼 운영할 수 있도록 정신 재무장을 해주는 교육이 보수 교육이다. 기존 가맹점주가 초심을 잃지 않고 매장을 운영할 수 있도록 BASIC을 기반으로 교육해 주고 성공 사례를 상호 공유하며 가맹 본부 비전을 발표하면서 가맹점에서 준수해야 할 사항에 대해서 당부하는 교육이다. 메이저급 가맹 본부가 되기 위해서 가맹점 보수 교육은 필수적으로 실시해야 한다. 일정 기간 매장을 운영하게 되면 자칫 초심을 잃어버릴 수가 있기에 가맹 본부는 적절한 시점에 보수 교육을 통해 매장을 오픈했을 때의 마음가짐을 되돌아보는 계기를 마련해 주어야 한다.

일정한 점포 안에서 매일 같은 일을 반복하다 보면 매너리즘에 빠질 수 있고 나태한 마음이 들 수가 있다. 사람이기에 일어날 수 있는 현상이다. 보수 교육을 해야 하는 이유가 여기에 있다고 할 수 있다. 보수 교육을 실시하고 있는 프랜차이즈 가맹 본부가 많지 않은 것이 현실이다. 교육 과정을 수립하여 실천하면 기대 이상의 효과를 가져오게 되는 것이 보수 교육이다. 가맹점에서 느끼기에 보수 교육을 실시하면 무언가 부족해서 받는다는 기분이 들 수밖에 없어서 보수 교육에 입소하지 않으려고 매뉴얼 준수에 더욱 노력하는 효과를 볼 수가 있다. 보수 교육 사전에 운영 매뉴얼을 준수하면서 매장을 운영해야 한다는 것을 가맹점에 주지시키는 효과도 있다.

보수 교육은 매장 운영이 미흡한 가맹점을 대상으로만 실시하는 교육이 아니다. 일정한 기간이 경과한 가맹점을 대상으로 기초 교육 시 받았던 교육을 바탕으로 좀 더 심도 있는 교육을 실시해서 초심을 유지하면서 매장을 운영하여 안정적인 매출을 보일 수 있도록 하기 위해 실시하는 교육이기도 하다. 기존 가맹점을 대상으로 진행하는 교육이며 모든 가맹점이 교육 대상이 되는 넓은 의미를 내포하고 있는 교육이 보수 교육이다. 보수 교육은 이럴 경우 실시한다는 것을 정립하여 사전에 슈퍼바이저를 통해 가맹점에 알리는 것이 중요하다. 전체가 대상이 되는 보수 교육은 활성화해야 하고 개별 가맹점이 받아야 하는 교육은 가급적 실행하지 않는 것이 좋다고 할 수 있어서다. 그만큼 현장에서 운영 매뉴얼을 잘 이행하고 있다는 방증이기 때문이다. 경영자는 가맹점 소집 교육과 집합 교육을 내포하고 있는 보수 교육 과정을 수립하여 정해진 규정에 의해 실천할 수 있어야 메이저 프랜차이즈로 진입하기가 수월해진다는 것을 염두에 두어야 한다.

슈퍼바이저가 가맹점을 방문하여 QCS를 점검한 결과 기준에 미달한 가맹점은 보수 교육울 실시하는 것이 좋다. 가맹점 체크리스트에 따라 점검한 후 사후 조치를 취하지 않고 점검하는 그 자체에 비중을 두는 가맹 본부가 의외로 많은 편이다. 사전에 QCS 점검 결과 가맹 본부가 정한 기준에 도달하지 못한 가맹점은 보수 교육을 들어와야 한다고 공지하면 자연적으로 맛과 위생 청결 및 서비스가 좋아지는 효과를 볼 수 있다. 가맹점을 관리하면서 보수 교육을 활용하는 방법은 많다. 가맹 본부 집합 교육도 들어오고 싶지 않은데 하물며 소집 교육은 더욱 좋아하지 않기에 적절하게 매뉴얼화해서 실행하면 매장 운영하면서 통일성을 유지하는 데 긍정적인 측면으로 작용하게 되어 있다. 매뉴얼을 이행하지 않는 가맹점은 반드시 보수 교육을 실시해야 한다. 브랜드 가치를 훼손할 여지가 있어서다. 가맹점 교육을 강화하게 되면 가맹 본부 경쟁력은 높아지게 되어 있다. 교육은 지속적이고 반복적으로 실시할 때 효과가 배가 되는 법이다.

매장을 운영한 기간별로 가맹점을 집합하여 가맹 본부가 실행하고 있는 정책 사항을 전달하고 메뉴 실습을 병행해서 실시하여 조금은 흐트러질 수 있는 마음을 다시 재무장할 수 있도록 보수 교육을 할 필요가 있다. 경영자의 결단이 있어야 할 수 있는 교육이다. 메이저급 브랜드는 거의 실시하고 있다. 매장 수가 500호 이상 되는 가맹 본부는 필히 해야 할 교육이다. 300호점만 넘어도 실시하는 것이 메이저 진입을 위한 브랜드 경쟁력 강화에 좋다. 매장 운영 1년 이상, 3년 이상으로 세분화하여 교육하는 것이 효율적이다. 가맹점을 한곳에 모으는 것을 꺼리는 경영자가 있다. 가맹 본부를 비방하고 부정적인 것만 노출시키면 어쩌나 하는 두려움이 엄습해 오기 때문이라 할 수 있다. 메이저 프랜차이즈로 입성하려면 버려야 할 사고다. 이런 식의 회피는 길게 보았을 때 마이너스다. 가맹 본부와 가맹점의 원활한 소통이 최우선인 가맹 사업의 본질을 훼손할 우려가 있어서다. 가맹점주들과 자주 만나고 대화하는 것이 가맹 사업을 번창시키는 지름길임을 가맹 본부는 늘 인지할 필요가 있다.

가맹점이 어느 정도 늘어나면 지역별로 지역 간담회를 할 수 있어야 한다. 매장을 운영하다 보면 인원 문제로 자리를 하루도 비우기가 힘든 매장이 많다. 가맹 본부가 있는 장소로 오라고 하면 매장 운영을 이유로 불참하는 사례가 많기에 지역 간담회는 활성화할 필요가 있다. 지역의 특성도 파악할 계기가 되며 참석률이 높아서 정책 전달에 효과가 좋은 장점도 있다. 지역 간담회를 통해 현안 과제를 논의하고 가맹점 현장의 소리를 들어서 정책에 반영할 것은 새기고 이해시킬 사항은 설명을 해서 납득시키는 계기로 삼으면 좋다. 이때 교육 시간과 당부 사항을 전하는 시간을 가지면 된다. 이처럼 보수 교육을 하는 방법과 대상은 다양하다. 언제 어느 가맹점을 대상으로 어디서 실시할 것인지를 가맹 본부가 정해서 사전에 가맹점에 공지하고 철저하게 준비해서 교육을 진행할 수 있어야 한다. 브랜드를 안착시키는 최고의 방책이 될 수 있기 때문이다.

03 / 신메뉴 교육

신메뉴 교육은 가맹 본부로 소집해서 할 수도 있고 지역별로 평수가 큰 가맹점에 집결시켜 할 수도 있고 동영상을 통해서 레시피를 전해주고 자체적으로 실습해보게 할 수 있다. 동영상 교육은 지양하는 것이 좋다. 교육의 효과가 미흡하다. 가맹 본부에서 일정 매장별로 집합하여 실시하거나 지역별로 매장을 정해서 직접 실시하는 방법 중 가맹 본부 실정에 맞게 선택해서 실천할 수 있어야 한다. 아무리 맛이 있어도 오랜 기간 먹게 되면 고객이 식상해할 수 있다. 신메뉴를 정기적으로 출시하는 것이 매출 증대에 도움이 돼서 대부분 가맹 본부는 보통 연 2회 내지 연 1회 실시하는 것이 일반적이다. 신메뉴 교육 시 주의할 점은 교육생이 직접 실습해 볼 수 있도록 해야 한다는 점이다. 눈으로만 보고 가서는 안 된다. 교육을 받고 가서 매장 직원에게 전수해 주어야 하는 입장인데 본인도 직접 실습을 안 해 본 상태에서 교육을 한다는 것이 이치에 맞지도 않고 레시피가 다른 방향을 갈 우려를 낳을 수 있기에, 가맹 본부는 신메뉴 교육 시 참석자 전원이 직접 실습할 환경을 만들어 줄 수 있어야 한다. 신메뉴 교육 시 집합 교육을 할 경우 여건상 참석자 전원을 실습시켜 준다는 것이 말처럼 쉽지 않은 것이 현실이다. 경쟁력을 갖추고 있는 가맹 본부만 할 수 있는 일이다.

신메뉴 교육은 가맹점주가 직접 받을 수 있도록 해야 한다. 이 점은 가맹 본부가 간과해서는 안 될 사항이다. 점주가 레시피를 숙지해야 메뉴의 근간이 흔들리지 않을 확률이 높기 때문이다. 직원의 이직이 잦은 상황에서 점주가 아닌 직원이 대신 신메뉴 교육을 받았을 시 해당 직원이 불가피한 사정으로 그만두었을 때 맛은 서서히 흔들리기 시작할 수밖에 없어서 주의를 요해야 한다. 고객의 입은 냉정하고 민감하다는 것을 항시 염두에 두고 매장을 운영할 수 있어야 한다. 신메뉴를 출시할 경우 교육 일정을 잡아서 가맹점에 공지하게 되는데, 이때 교육 대상자를 가맹점주로 명기해 놓을 필요가 있다. 부득이한 사정을 제외하고는 가급적 가맹점주가 교육받을 수 있도록 제도적으로 장치를 마련해 놓는 것이 좋다. 신메뉴 특성과 판매 전략을 점주가 직접 듣고 보아야 생산성이 배가 될 수 있는 효과가 크기 때문이다. 신메뉴를 출시할 때 완벽한 교육이 되지 않으면 가맹점마다 맛의 통일성이 흔들리게 될 수 있다. 교육의 중요성이 대두되는 대목이다. 신메뉴는 상반기와 하반기에 출시하는 것이 이상적이다.

신메뉴 교육은 가맹 본부에 따라서 메뉴개발팀에서 실시하기도 하고 슈퍼바이저가 진행하는 경우도 있다. 슈퍼바이저가 가맹점을 직접 방문하여 실시하게 되는데 메뉴가 처음 출시될 때는 가급적 메뉴를 개발한 부서에서 실시하는 것이 효율적이다. 신메뉴가 출시되면 보통 하나의 메뉴가 아닌 몇 개의 메뉴가 나오는 것이 기본이다. 이때 기존 메뉴에 더해서 메뉴의 숫자가 늘어나는 결과를 초래하게 된다. 신메뉴가 추가된 메뉴 숫자에 맞게 기존 메뉴 중에서 직전 3개월 평균 매출 하위를 차지하고 있는 메뉴를 삭제할 수 있는 정책이 필요하다. 현장의 불만을 없애기 위해 객관적인 기준에 의해서 삭제하는 것이 중요하다. 조직은 항시 새로운 피가 수혈되어야 활기찬 것처럼 가맹 본부는 가맹점 매출 증대를 위해 정기적으로 고객의 시선을 끌 수 있는 새로운 메뉴를 출시해야 한다. 가맹점 100%가 신메뉴 교육에 참석할 수 있게 만드는 가맹 본부가 경쟁력이 있는 가맹 본부다.

04

임직원 역량 강화 교육

직장 조직은 철저하게 능력 위주로 평가되고 운영되고 있다. 주어진 일을 잘 해내어 성과와 실적을 내는 직원이 성공 가도를 달리게 된다. 일 처리를 잘해야 효율성과 생산성을 증대시켜서 상사에게 인정받고 남보다 많은 보상과 혜택을 누릴 수 있다. 프랜차이즈 사업은 사람 사업이라 말한다. 직무 능력을 갖춘 인재를 많이 확보하고 있느냐가 사업의 성패를 판가름할 수 있다고 해도 틀린 말이 아닐 정도다. 유난히 타 기업에 비해서 이직이 빈번한 프랜차이즈는 인재 영입과 육성에 더 노력해야 한다. 프랜차이즈 전문 지식을 갖추고 있는 자원은 대다수가 현재 근무하고 있는 가맹 본부에서 자리를 잡고 있어서 실질적으로 경력 사원을 채용해도 특출난 인재를 만나기가 쉽지 않은 것이 프랜차이즈업계 현실이라 할 수 있다. 창업주 경영자가 인복이 있어야 가맹 사업을 성공시킬 확률이 높다는 말이 여기서 유래되었다고 보아도 무방하다. 가맹 본부는 가맹점 교육이 중요하다는 것을 알 것이다. 이렇게 중요한 교육을 하는 교육 담당은 해박한 프랜차이즈 전문 지식을 갖추고 있으면서 교육해야 하기에 임직원 역량 강화 교육은 더욱 중차대한 미션이라 할 수 있다.

직책과 직급에 따른 차별화된 직무 능력 교육을 할 수 있어야 한다. 직장 조직은 직급과 직책에 맞는 직무가 부여되게 되어 있다. 팀 플레이어가 될 수 있는 팀원이 있어야 팀의 성과가 나오게 되는 법이다. 팀 안에서 소속된 구성원과 협력하여 맡겨진 직무를 완수하여 성과를 낼 수 있는 팀원을 팀 플레이어라고 말한다. 조직의 성과는 팀장의 능력에 달려 있다고 단언해도 될 정도이니 그만큼 중책을 맡고 있는 팀장 교육도 반드시 해야 한다. 외부 위탁 기관을 통해서나 외부 강사를 초빙해서 진행할 수도 있고 내부적으로 경영자나 임원이 하는 경우도 있다. 대기업은 대부분 정기적으로 팀장 교육을 실시하고 있다. 조직의 시스템을 정립하기 위해서는 팀장의 역량이 절대적이다. 현안 과제를 팀 간 협업을 해서 시너지를 창출할 수 있어야 회사가 추구하는 목표와 비전을 달성할 수가 있다. 업무를 하면서 타 팀과 타협은 해서는 안 될 사항이다. 프랜차이즈는 가맹 본부와 가맹점 및 고객이 서로 밀접한 상관관계를 맺고 있는 특수 조직의 형태를 띠고 있다고 볼 수 있다. 팀장 교육이 더욱 절실한 이유다.

슈퍼바이저 능력 향상 교육은 반드시 수시로 진행해야 한다. 가맹 사업의 중추적인 임무를 수행하고 있는 슈퍼바이저는 개인 능력의 차이가 심한 편이다. 유능한 슈퍼바이저를 다수 확보하고 있는 가맹 본부는 브랜드 통일성을 유지하는 데 상대적으로 유리하다. 슈퍼바이저의 역할과 책무는 상세하게 교육해서 주지시켜야 한다. 가맹점 방문을 위한 방문이 되게 해서는 절대로 안 된다. 가맹점을 방문하여 어떻게 점검하며 지도하고 감독하는지를 디테일하게 숙지시켜야 한다. 슈퍼바이저 능력 향상 교육은 외부 전문 기관에서 많이 실시하고 있다. 슈퍼바이저의 개념과 역할 등 기본적인 미션 위주로 교육 과정이 되어 있는 것이 일반적이다. 실제 강의를 듣고 온 슈퍼바이저의 의견을 들어보면 원론적인 부분이 많다고 아쉬움을 표하는 경우가 적지 않다. 운영팀장이 슈퍼바이저가 현장에서 바로 적용할 수 있는 실무 능력 배양 교육을 상시 해야한다. 현재의 브랜드 가치와 당면 과제를 누구보다도 잘 알고 있는 운영팀장이 실무 교육을 해 주어야 실전에서 활용하여 성과를 내기가 수월하다.

프랜차이즈 가맹 본부는 기존 가맹점과 예비 창업자 때로는 고객한테 걸려 오는 전화가 많다. 직원이 받는 전화 응대에 따라 브랜드 이미지가 좋아질 수도 있고 하락하게 될 수도 있다. 전화 응대 교육의 필요성이 대두되는 이유다. 용무가 있어서 어느 기업에 전화를 했을 시 첫 통화를 하는 직원의 전화 태도에 따라 그 회사 이미지가 순간적으로 뇌리에 스쳐 가게 되는 것과 같은 맥락이다. 프랜차이즈는 가맹점과 고객의 충성도에 따라 사업의 성패가 달려 있기에 임직원의 전화 예절도 큰 몫을 하므로 교육을 해야 한다. 특히 예비 창업자가 창업 상담을 요청하는 전화에는 각별히 신중하게 대응할 수 있어야 한다. 첫 전화를 받는 직원이 어느 선까지 응대할 것인지 정해 놓아야 한다. 전화를 받는 직원한테 이것저것 다 물어보며 답을 듣고 싶어 하는 욕구가 강하기 때문이다. 상황에 맞게 응대할 수 있는 규정을 만들 필요가 있다. 대면해서 소통할 경우와 달리 전화로 대화할 때는 본말이 전도되어 본의 아니게 오해를 불러오게 되는 일이 발생할 수 있다는 것을 염두에 두고 소통할 수 있어야 한다. 가맹점과 휴대폰으로 소통할 경우도 상대의 감정을 자극하는 말은 삼가고 공감할 수 있는 언어를 구사할 수 있도록 교육해야 한다. 가맹점과 전화로 불필요한 언쟁을 하여 브랜드 이미지를 실추시키지 않는 것이 중요하기 때문이다.

직장 생활은 상사에게 보고만 잘해도 인정받는 경우가 많다. 보고로 시작해서 보고로 끝나는 것이 직장 생활이다. 보고를 잘못하고 안 해서 상사로부터 질책을 받는 일이 비일비재하다. 왠지 보고를 잘하는 직원을 보면 일의 성과와 무관하게 신뢰가 가는 것을 느낄 수 있을 것이다. 주어진 일과 시킨 일에 대한 집중도와 열의가 있으며 일머리가 있는 직원이라는 생각이 들어서 믿음을 주게 되는 것이다. 상사한테 하는 보고는 결론을 먼저 말하는 것이 기본이다. 상사는 보고자의 말을 끝까지 들으려고 하지 않는 습성이 있다. 추진하고 있는 일과 앞으로 해야 할 일이 머릿속에 많아서인 이유도 있다. 반면에 보고자는 과정 설명을 먼저 해서 결론이 도출된 이유를 전하고 싶은 마음이 앞서서 결론보다는 과정을 먼저 말하는 경우가 많다. 이렇게 직무를 수행하면서 보고를 잘하는 요령에 대한 교육도 놓쳐서는 안 될 사항이다. 프랜차이즈 사업을 추진하다 보면 해결해야 할 과제가 무수히 많이 발생하게 되어 있다. 이런 과제를 처리해 나가기 위해서는 경영자와 임원 및 팀장의 결정이 있어야 한다. 담당으로부터 보고 체계가 신속하게 이루어져야 해법을 찾아서 정책을 실행할 수 있다. 가맹점 현장에서 실시간으로 발생하고 있는 일을 신속하게 빠짐없이 보고를 받아 대책을 강구해서 신속하게 피드백해 줄 수 있을 때 브랜드에 대한 가맹점 충성도가 높아지게 되는 것이 프랜차이즈 속성이다. 가맹 본부 임직원에게 보고 교육을 해야 하는 이유이다.

PART
7

슈퍼바이저가
프랜차이즈
처음과 끝이다

필자가『프랜차이즈 1,000호점 만들기』를 집필하면서 누차 슈퍼바이저의 중요성에 대해 강조하고 있음을 알 수 있을 것이다. 성공적인 가맹 사업을 위해서 강력한 슈퍼바이저 활동은 절대적이기 때문이다. 슈퍼바이저는 메이저 프랜차이즈로 진입하게 만드는 산파와 같은 존재다. 슈퍼바이저가 체계적인 표준 활동을 실행하여 매장 운영의 통일성을 유지할 수 있도록 해야 고객으로부터 신뢰받고 사랑받는 브랜드로 정착할 수 있게 된다. 슈퍼바이저의 필요성과 역할을 강조하는 이유다. 프랜차이즈 사업을 전개하는 일부 경영자는 슈퍼바이저의 필요성과 중요성이 직접 피부에 와닿지 않아서 임직원 중 누구나 가맹점을 관리해도 된다고 여기는 경우가 있다. 성공적인 가맹 사업을 이루고 싶다면 생각조차 해서는 안 되는 사항이다. 가맹점 한 곳을 운영하더라도 슈퍼바이저 제도는 강력하게 운용할 수 있어야 한다. 메이저급 프랜차이즈를 꿈꾸고 가맹 사업을 목전에 두고 있는 경영자는 반드시 인지해야 할 점이다. 현재 가맹 사업을 전개하고 있는 경영자도 슈퍼바이저가 미치는 영향의 지대함을 인식하여야 한다. 이 부분은 확실하게 검증한 결과를 바탕으로 강조하는 사항이니 필히 유념했으면 한다. 최고의 슈퍼바이저 운용 시스템 구축은 1,000호점을 가기 위한 필수 불가결한 요소다.

01 프랜차이즈 꽃

어느 지역에서나 똑같은 품질과 똑같은 가격으로 똑같은 서비스를 고객에게 제공하는 브랜드가 진정한 프랜차이즈라 할 수 있다. 가맹 본부의 정책과 방침을 가맹점 통해서 고객에게 제공하여 브랜드 가치를 증대시키는 것이 프랜차이즈 원리다. 슈퍼바이저는 가맹점이 가맹 본부의 운영 매뉴얼을 잘 준수하면서 실행할 수 있도록 지도하고 감독하며 교육하고 개선시켜 주는 임무를 수행한다. 또한 가맹점에서 발생하는 모든 일에 대해 가장 먼저 알고 있어야 하고, 가맹 본부 제반 정책에 대해서 가맹 본부를 대신하여 처음으로 전달해주는 역할을 한다. 슈퍼바이저는 가맹 사업의 시작이고 마지막이라는 표현이 무색하지 않을 정도로 프랜차이즈의 중차대한 미션을 수행하는 일을 담당하고 있다.

프랜차이즈의 꽃이 슈퍼바이저라 불릴 정도로, 가맹 사업에서 슈퍼바이저가 미치는 영향은 말로 표현할 수 없을 정도다. 경영자를 대신하여 모든 가맹 본부 정책을 가맹점에 전달하여 설득시켜서 실행할 수 있게 하는 최일선의 전사이고 해결사이며 지도자이기 때문이다. 슈퍼바이저를 현장 경영자라 부르는 이유다. 가맹점 수가 확산될수록 CEO가 일일이 가맹점과 소통한다는 것이 물리적으로 어렵기에 슈퍼바이저가 대신하여 현장 방문을 통해 가맹점을 지도하고 관리하는 것이다. 가맹 본부에서 확립한 제반 매뉴얼과 정책 사항을 가맹점이 일선 현장에서 준수하면서 고객이 만족할 수 있을 정도로 서비스를 제공하고 있는지 점검 및 지도하는 임무를 수행하는 것이 슈퍼바이저이다.

프랜차이즈 가맹 사업은 타 직종과 달리 생산한 제품을 직접 소비자에게 제공하는 시스템이 아니고 가맹점을 통해서 고객에게 제공하는 업무 프로세스를 지니고 있다. 이런 역할을 중간에서 수행해주는 자가 슈퍼바이저이다. 슈퍼바이저는 감독자이고 지도자이며 해결사다. 실질적인 전달자이고 현장 실행자이다. 가맹 사업은 슈퍼바이저의 손과 입에서 시작하여 마무리까지 이루어지는 형태라고 할 수 있을 정도로 슈퍼바이저의 비중은 매우 크다. 이렇게 중요한 책무를 지닌 슈퍼바이저를 중시하지 않고 소극적으로 운영하는 브랜드는 성공적인 가맹 사업과는 거리가 멀다고 단정 지을 수가 있다. 가맹 사업을 하면서 소홀이 여겨서는 안 되는 부분이 슈퍼바이저 제도다. 이렇게 중차대한 미션을 수행하고 있는 슈퍼바이저 능력 향상을 위한 교육을 강화해서 유능한 슈퍼바이저를 많이 확보하고 있을 때 경쟁력 있는 가맹 본부가 될 수 있다.

강력한 슈퍼바이저 제도를 운용하지 않는 브랜드는 100호점을 넘기기가 하늘에서 별을 따는 것처럼 힘들다고 단정 지어도 지나친 말이 아니다. 그만큼 프랜차이즈 사업에서 슈퍼바이저 역할은 말로 형용할 수 없을 정도로 지대하다. 경영자는 이 점을 항시 염두에 두고 가맹 사업을 펼쳐야만 한다. 가맹점 관리를 효율적으로 하기 위해서는 인적·물적 자원을 활용해서 가맹점 관리 프로그램을 정립해 놓는 것이 좋다. 표준 활동 매뉴얼을 수립하여 제반 표준화 지표를 확립한 후 ERP를 통한 가맹점별 각종 데이터를 분석하여 가맹점 관리를 할 수 있도록 해야 효율적인 슈퍼바이저 활동이 될 수 있다.

가맹 본부는 가맹점에서 매뉴얼을 준수하면서 운영하고 있는지를 한눈에 전산으로 파악할 수 있는 제반 시스템을 구축해 놓고 있어야 한다. 어느 가맹점에서 가맹 본부 정책을 미준수하는지 알아야 특별 지도를 통해 신속히 개선시킬 수 있기 때문이다. 오픈부터 마감까지 운영에 따른 오퍼레이션이 잘 정립되어 있어야 매장에서 브랜드가 추구하는 맛과 서비스를 고객에게 제공하기가 수월하다. 개인 매장을 운영하지 않고 프랜차이즈를 선택하는 궁극적인 이유는 정형화된 시스템에 의해 매장을 손쉽게 운영하고 싶어서다. 가맹점 지도를 위한 운영 프로세스 없이 슈퍼바이저가 방문을 위한 방문을 하게 만들어서는 안 된다. 슈퍼바이저가 다녀간 뒤에는 가맹점에서 무언가 해소되고 얻었다는 느낌을 받을 수 있도록 해주어야 한다. 매출에 도움이 될 수 있는 흔적을 남겨줄 수 있어야 한다. 슈퍼바이저는 이 점을 반드시 염두에 두고 가맹점을 방문하여야 한다.

02 ／ 슈퍼바이저 책무

슈퍼바이저는 오작교처럼 가맹 본부와 가맹점 사이의 연결 고리가 되어 가교 역할을 할 수 있어야 한다. 가맹 본부가 하고자 정한 모든 사항을 가맹점에 명확히 전달해서 이해시켜 실천하게 만들고, 가맹점 현장의 소리를 잘 듣고 가맹 본부에 보고하여 해결해 줄 수 있는 다리 역할을 하는 임무를 띠고 있다. 가맹 본부와 가맹점의 원활한 소통을 실현시켜서 상호 상생할 수 있도록 해주는 일을 해야 한다. 가맹점은 자신이 원하는 사항을 가맹 본부가 들어주길 바란다. 그렇지 않을 시 대화가 안 된다고 말한다. 슈퍼바이저가 중간에서 어떻게 일 처리를 하느냐에 따라 가맹 본부에 대한 우호도를 좋게 만들 수도 있고 반대 현상이 나타날 수 있다. 가교 역할을 잘해야 하는 이유가 여기에 있다. 분리되어 있는 두 주체를 연결해주는 가교 역할은 슈퍼바이저의 중요한 직무다.

슈퍼바이저가 매장을 방문하면서 가맹점의 중요한 의견을 상사에 보고하지 않고 스스로 판단하여 묵살해 버리는 경우가 있다. 속된 표현으로 먹어 버리는 경우다. 자신의 기준에서 대수롭지 않은 일이라고 결정하고 보고하지 않기에 일어나는 현상이다. 가맹점 불만이 쌓이는 단초를 제공할 수 있기에 주의해야 할 부분으로, 피드백이 안 된다며 가맹 본부에 안 좋은 감정을 갖게 해주는 주요 원인이다. 슈퍼바이저 임무 중에서 반드시 시정해야 할 사항이다. 가맹 본부의 정책을 전달하는 것도 중요한 일이나 가맹점의 의견을 경청해서 요청 사항에 대한 해결책을 회신해주는 것도 매우 귀중한 직무임을 슈퍼바이저는 필히 인지하고 가맹점을 방문할 수 있어야 한다. 슈퍼바이저가 가맹 본부와 가맹점 사이에서 쌍방이 원활한 소통이 될 수 있도록 중간에서 다리 역할을 충실하게 수행해야 가맹점의 가맹 본부에 대한 우호도가 좋아져서 신규 매장 오픈이 활성화되고 메이저 프랜차이즈로 나아가는 기반도 조성할 수 있기 때문이다.

가맹점 QCS 점검은 슈퍼바이저가 해야 할 중책이다. 품질, 위생 청결, 서비스는 프랜차이즈 가맹 사업의 가장 핵심 체크 사항이다.

여기에 고객에게 하는 인사를 추가하여 가맹점 관리 중점 사항으로 규정하는 가맹 본부도 있다. 슈퍼바이저가 QCS에 G(Greeting, 인사)를 더해서 매장 관리를 하면 기대 이상의 매장 매출 증대 효과를 볼 수 있다. 얼마만큼 진정성 있게 서비스를 제공하느냐에 단골 고객 확보 성패가 달려 있다고 해도 지나친 말이 아니다. 존중하는 마음을 담아 상대에게 인사하면 진심으로 좋은 대접을 받았다는 기분이 들게 되므로, 매장에서 고객에게 하는 인사의 중요성을 가맹점에 전파하고 잘 실행하고 있는지 체크하고 지도하는 업무를 슈퍼바이저가 해야 한다. 프랜차이즈 사업에서 서비스는 대부분 우선순위에 두고 있고 다들 잘하고 있다고 착각하기가 쉬운 대목이다. 실상은 브랜드마다 천지 차이의 양상을 보이고 있다. 고객은 상대방이 형식적으로 의례적으로 서비스를 하고 있는지를 금방 알아차리게 된다. 진정성 있는 서비스를 제공하면 고객은 감동하게 되어 있다. 이 점을 중시하고 슈퍼바이저가 매장 방문 시 지도하고 교육할 수 있어야 한다.

맛의 통일성은 절대적으로 간과해서는 안 될 사항으로 매장에서 레시피를 준수하여 메뉴를 완성해서 제공하고 있는지를 점검해야 한다. 특별히 매출이 저조한 가맹점은 반드시 놓치지 말아야 할 사항이다. 위생 청결 부분은 주방을 집중적으로 점검해야 한다. 슈퍼바이저는 오픈 주방은 물론이고 닫힌 주방이라도 음식에 불필요한 이물질이 섞이지 않도록 종업원 청결 상태와 주방 환경에 각별히 주의를 기울이도록 점검하고 지도해줄 수 있어야 한다. QCS 점검은 점검 그 자체로 끝나는 것이 아니라 후속 관리가 더 중요하다. 미진한 부분을 개선시킬 수 있도록 운영 프로세스가 갖추어져 있어야 한다. 매뉴얼 미준수 가맹점에 대해서는 1차로 구두 경고해서 경고장을 발부하되 개선이 안 될 시 내용증명 발송까지도 고려하여, 가맹점에서 항상 깨끗한 환경에서 좋은 품질의 메뉴를 완성하여 마음을 담은 서비스를 고객에게 제공할 수 있도록 슈퍼바이저는 가맹점을 지도해야 한다.

가맹점 불만의 1순위가 자신의 요청 사항에 회신을 늦게 해 주거나 아예 해 주지 않을 때이다. 가맹점 만족도를 높이기 위해서는 불만 사항에 대한 피드백을 신속하게 해주는 것이 최선책이다. 슈퍼바이저는 가맹점 불만 사항을 접수했을 시 스스로 처리할 수 있는 것과 상사한테 보고 후 처리할 것을 구분할 수 있어야 한다. 일의 경중에 따라 해결해줄 수 있는 직책이 있기 때문이다. 접수된 내용은 진행 상황과 해결 방안에 대하여 해당 가맹점에 빠르게 피드백해 주어야 한다. 그리고 일정한 시일이 필요한 사안은 진척 사항을 반드시 알려주어야 한다. 가맹점의 소리를 잘 경청해주고 매장의 현상 분석과 해법을 제시해줄 수 있는 능력을 갖춘 슈퍼바이저가 가맹점으로부터 인정받는다. 매장에서 발생하는 컴플레인 사항을 신속히 처리하여 회신을 주는 슈퍼바이저는 더욱 신뢰받게 되어 있다. 나아가 가맹 본부에 대한 가맹점 우호도를 높이는 효과를 가져오기도 한다. 슈퍼바이저의 역량에 따라 개인차가 크게 나타나는 사항이 가맹점 클레임 처리다.

 가맹점 간담회를 해보면 가장 많은 불만이 슈퍼바이저에게 말한 내용이 함흥차사란 것이다. 한두 번도 아니고 지속적으로 발생하여 가맹 본부에 대한 불만이 가득한 가맹점을 흔하게 접할 수 있게 된다. 비단 특정 브랜드에 국한되는 것이 아니라 다수의 가맹 본부에서 나타나는 현상이라고 할 수 있다. 말처럼 해결책이 쉽지 않은 것도 부인할 수 없는 현실이다. 슈퍼바이저에게만 귀책 사유를 떠넘기기가 어려운 사안도 많이 존재한다. 가맹 본부가 제반 부문이 시스템화되어 있지 않을 때 발생할 수 있는 현상이다. 슈퍼바이저가 역량을 갖추고 있고 가맹 본부 부서가 업무적으로 프로세스가 구축되었을 때 가맹점이 만족할 수 있을 정도의 불만 처리를 할 수 있게 된다. 가맹점이 브랜드에 대한 믿음과 충성도를 지니게 하려면 클레임 처리를 신속하게 해 주는 것을 업무 우선순위로 두고 실천할 수 있어야 한다. 슈퍼바이저가 수행해야 할 중책 중의 중책이 가맹점 불만 처리다.

 가맹 본부의 매뉴얼을 전 가맹점에서 준수하면서 매장을 운영할 때 프랜차이즈의 특성을 살려서 가맹 사업을 번창시킬 수가 있다. 가맹점의 통일성이 유지가 얼마나 중요한지를 일깨워주는 대목이다. 가맹점에서 한 가지씩 사소한 것이라도 매뉴얼을 미이행하고 있다면 가맹점이 100호점이 있다고 가정했을 경우 100가지의 통일성이 결여된 상태로 가맹 사업을 추진하고 있다고 볼 수 있다. 100% 프랜차이즈로서 본연의 목적을 달성하기가 힘들다고 단정해도 결코 틀린 말이 아니다. 가느다란 빗방울이 바위를 뚫는다는 비유가 적절할 것이다. 슈퍼바이저는 가맹점이 왜 매장을 통일성 있게 운영해야 하는지를 이해시켜서 실천하게 만들 수 있어야 한다. 다수의 매장에서 매뉴얼을 지키지 않고 운영하는 브랜드는 프랜차이즈의 근본이 흔들리기에 머지않아 유명무실한 브랜드로 전락하기기 십상이다. 경영자는 이 점을 유념하고 강력한 슈퍼바이저 제도를 운용할 수 있어야 한다. 메이저 프랜차이즈로 진입을 위한 첫 단추를 끼울 수 있는 계기가 되기 때문이다.

슈퍼바이저가 가맹점을 방문하는 주된 목적은 가맹점 매출 증대에 있다. 가맹점이 매뉴얼을 준수하고 운영할 때 브랜드가 추구한 맛을 고객에게 제공하여 단골 고객 확보로 매출이 올라가게 되기에, 슈퍼바이저가 매뉴얼 이행에 대한 점검과 지도를 끊임없이 하는 것이다. 가맹점주가 늘 매장에서 근무하는 것이 아니다 보니 자칫 매뉴얼이 흔들릴 수 있는 소지가 많은 것이 프랜차이즈 현실이다. 가맹 본부 교육을 미이수한 직원이 매장에서 근무하는 사례도 의외로 많아서 매뉴얼이 지켜지지 않는 경우도 많다. 슈퍼바이저가 점검하고 지도하면서 교육해야 할 사항이다. 상황에 따라서 교육팀에 입소하여 교육을 이수하게 해야 한다. 가맹점 방문 시는 매장 운영 항목을 기재한 체크리스트에 의한 관리를 해야 한다. 일정한 점수 미달 가맹점은 지속적으로 지도해주어야 하며 보수 교육을 시켜서 완벽하게 탈바꿈하게 해야 한다. 한 개 가맹점에서 매뉴얼이 지켜지지 않으면 걷잡을 수 없이 주변 가맹점으로 파급되게 되어 있다. 평소 가깝게 지내는 가맹점에 대수롭지 않은 듯 말해서 옮겨가게 만들기 때문이다. 브랜드가 무너지기 시작하는 징조다. 이 부분을 슈퍼바이저가 유념하고 가맹점 매뉴얼 준수에 심혈을 쏟아부을 수 있어야 한다.

가맹점 방문 시 인근 시장 상황을 둘러보고 핫한 새로운 브랜드가 출시되었는지 등을 파악해서 보고하는 임무를 슈퍼바이저가 수행할 수 있어야 한다. 가맹점 매출이 하락하는 데는 여러 요인이 있지만 매장 인근에 새로운 브랜드가 출현해서 고객이 이탈하게 되는 현상도 무시할 수 없기에 슈퍼바이저는 가맹점 방문 시 주의 깊게 시장 상황을 파악하고 고객 이탈 방지를 위한 대책을 가맹점과 함께 강구할 수 있도록 해야 한다. 시시각각으로 변모하는 외식 시장에 발 빠르게 대처할 수 있도록 가맹점 방문 시 주변 시장을 돌아보며 획기적인 브랜드와 메뉴가 있는지 눈여겨보고 좋은 것은 내부적으로 검토할 수 있도록 정보를 주어야 한다. 현대는 모방이 도움이 되는 경우가 많으므로 슈퍼바이저는 방문 가맹점에서 업무를 마치고 난 후 주변 상황을 파악할 필요가 있다. 수퍼바이저 방문 시 가맹점에서 먼저 주변 시장 상황을 전해 주는 경우도 있다. 무심코 들어버리고 그냥 지나쳐서 다음 방문지로 향하지 말고 현장을 방문하여 직접 눈으로 목격해서 구성원과 공유할 수 있도록 해야 한다.

실시간으로 변화하는 트렌드를 읽어서 정보를 제공해주는 것도 슈퍼바이저의 임무 중 하나다.

미투 브랜드의 난립으로 고객이 이탈하게 되어 매출이 하락세를 보이는 경우가 있다. 비록 일시적인 현상일지라도 매출에 영향을 주게 되므로 해당 가맹점은 신경이 안 쓰일 수가 없다. 브랜드 파워가 강한 경우는 매출에 그다지 직접적인 영향을 받지 않지만 그래도 눈에 거슬리게 될 수밖에 없다. 개중에 좋은 메뉴를 가지고 승부를 내는 브랜드가 오픈하게 되는 경우가 있다. 슈퍼바이저가 직접 시식을 해 보고 강점을 파악한 후 정리해서 상사에게 보고할 수 있어야 한다. 실력 있는 슈퍼바이저는 가맹점 방문을 위해서 지역을 순회할 때 주변 시장을 눈여겨본다. 새로이 시장을 주도하고 선점하고 있는 것이 무엇인지를 유심히 살펴보는 것을 생활화되어 있다고 할 수 있다. 어느 조직이든 사소한 부분을 놓치지 않아야 리더가 될 확률이 높다. 자고 일어나면 새로운 아이템이 탄생하여 길거리에서 새로운 간판을 목격할 수 있다. 현대는 정보 전쟁 시대라고 말하는 것처럼 슈퍼바이저는 시장 정보에 귀를 기울이는 습관을 갖도록 해야 한다.

슈퍼바이저는 매장 운영을 잘하고 매출이 좋은 가맹점의 비결을 타 가맹점에 전파해서 매출을 상승시켜 줄 수 있어야 한다. 동료 슈퍼바이저와 늘 소통하면서 성공 사례를 상호 교류하고 현업에 활용하여 매장 수익이 나올 수 있도록 해주면 가맹 본부에 대한 가맹점 우호도도 최고조에 다다르게 된다. 실력 있는 슈퍼바이저로 인정받게 되는 지름길이다. 가맹점 만족도가 높아지므로 적극적으로 실행할 수 있어야 한다. 매출을 늘리는 방법, 고객 불만 처리 방안 등 매장에서 발생할 수 있는 전반적 사항에 대한 성공 사례를 공유해서 매장 방문 시 활용할 수 있어야 한다. 매출이 좋은 가맹점은 그만의 무엇인가 획기적인 방식으로 매장을 운영하고 있다는 공통점을 갖고 있다. 이런 성공 사례를 타 매장 방문 시 전해주면 같은 환경에서 매장을 운영하고 있는 입장에서 귀를 쫑 긋하고 들을 수밖에 없다. 피부에 직접 와닿는 말이기 때문이다.

슈퍼바이저는 가맹점 방문을 마치고 오면 무언가 매장에 도움을 주 었다는 기분이 들어야 하고, 가맹점도 도움이 되었다는 생각을 갖게 할 수 있어야 한다. 매장 방문 시 타 가맹점의 성공 사례를 전해주면 가맹 점 관리가 수월해지는 효과를 가져오게 된다. 운영팀 미팅 시 타지역 슈 퍼바이저와 가맹점 성공 사례를 활발하게 공유해서 좋은 성공 사례는 내 것으로 만들어서 매장 방문 시 적용시킬 수 있어야 한다. 가맹점에서 슈퍼바이저가 방문하면 무언가 보탬이 되겠다는 인식이 들도록 매장 관 리를 해 놓아야 한다. 가맹점주에게 슈퍼바이저가 방문할 때마다 지적 만 하고 감독만 한다는 생각이 들게 해서는 안 된다. 무능한 슈퍼바이저 의 단면이다. 성공 사례를 비롯하여 매장을 효율적으로 운영하고 있는 가맹점의 효과적인 방안을 실제 사례를 통해 파급시켜 줄 수 있는 슈퍼 바이저가 될 수 있어야 한다.

슈퍼바이저의 최대 임무는 가맹점 매출 증대에 있다. 매출 증대를 위해서 가맹점 방문을 정기적으로 하는 것이다. 가맹 본부 정책을 이행 시키고 매뉴얼을 준수하게 만드는 것의 종착지는 가맹점 매출을 증대시 켜서 수익을 극대화시켜주는 데 있다. 프랜차이즈는 구조적으로 가맹점 과 가맹 본부가 톱니바퀴처럼 맞물려 있기에 서로 하나가 될 때 매출이 증대된다. 가맹 본부 정책을 동일하게 전 가맹점이 현장에서 실천할 때 그 진가가 나타나서 브랜드에 대한 신뢰를 고객에게 주어 매출 증대로 이어지게 된다. 가맹점에서 개인행동을 하기 시작하면 타 가맹점으로까지 파급되어 메뉴의 맛이 흔들리게 되고 고객이 같은 서비스를 받지 못하게 되는 현상을 보이게 되어 브랜드 이미지가 실추되고 매출 감소까지 이어질 수 있다. 슈퍼바이저가 집중해서 점검하고 지도해야 할 사항이다.

슈퍼바이저가 가맹점 매출을 크게 증대시킨다는 것은 현실적으로 한계가 있다. 아무리 유능한 슈퍼바이저라 할지라도 담당 매장 매출을 크게 증대시킨다는 것은 말처럼 수월한 일이 아니다. 반면 가맹점 관리를 잘하지 못했을 시 매출이 크게 감소할 수는 있으므로 슈퍼바이저는 이 부분을 염두에 두고 가맹점을 관리할 수 있어야 한다. 슈퍼바이저는 매장 방문 시 늘 매출 추이를 사전에 숙지하고 분석해서 미흡한 부분은 지도해서 개선시켜야 하고, 잘하는 부분은 계속하여 더욱 잘할 수 있도록 장려하고 독려해 줄 수 있어야 한다. 가맹점 매출을 올려주기 위해서는 슈퍼바이저뿐만 아니라 아이템과 가맹 본부 정책 및 마케팅이 맞물려서 움직여 주어야 한다. 기본적인 시스템이 정립되어 있어도 슈퍼바이저가 제 기능과 역할을 못 하면 프랜차이즈 근간이 무너지게 된다는 점을 경영자가 인지하고 슈퍼바이저 육성에도 투자를 아끼지 않아야 한다.

03 / 슈퍼바이저 역량

프랜차이즈는 가맹 본부에서 고객에게 직접 제품과 서비스를 제공하게 하는 것이 아니라 가맹점주를 통해서 행해지기 때문에 가맹점과의 원활한 의사소통이 최우선이다. 슈퍼바이저가 갖추고 있어야 할 역량 중 첫 번째가 의사소통 능력이다. 상대의 의중을 파악할 수 있도록 경청하는 자세로 잘 들어주어야 상대와 대화가 원활하게 이루어지게 된다. 자신의 말을 귀담아들어 주는 상대한테는 마음의 문을 열게 되어 있다. 슈퍼바이저가 매장을 방문하게 되면 가맹점주는 평소 하고 싶었던 말을 모았다가 한 번에 다 하게 된다. 대체로 운영하면서 불편했던 점과 가맹 본부에서 하는 일에 대하여 아쉬웠거나 개선해 주길 바라는 점을 주로 말하게 된다. 슈퍼바이저가 잘 들어주어야 하는데 중간에 말을 끊어버린다든지 아예 들을 생각을 안 하게 되면 가맹 본부와 간극이 생기는 계기가 되어 브랜드 만족도가 하락하게 된다. 이처럼 소통을 잘하기 위해서는 우선적으로 상대의 말을 들어주는 자세가 있어야 한다. 그다음에 자신이 하고 싶은 말을 해야 상대방도 수긍하고 이해하려는 마음을 가지려고 노력하게 된다. 이것이 소통의 기술이다. 슈퍼바이저가 필히 지니고 있어야 할 덕목이다.

슈퍼바이저는 가맹점을 방문하였을 때 매장에서 일어나고 있는 일들에 대해서 정확하게 들여다볼 수 있는 실력을 지니고 있어야 한다. 매출 추이를 분석할 수 있어야 하고 비효율적인 방식으로 매장을 운영하고 있지는 않은지, 직원이 서비스를 잘하고 있는지, 매뉴얼을 잘 지키면서 고객에게 제공하고 있는지 등 전반적인 사항을 파악할 수 있는 실력을 갖추고 있어야 한다. 현상을 분석할 수 있는 능력을 지니고 있어야 담당 가맹점에 대한 관리를 잘해서 가맹점 만족도를 높여줄 수가 있다. 매장에 발을 디디고 가맹점주와 대화하는 순간 매장에서 일어나고 있는 일들이 주마등처럼 스쳐 갈 수 있도록 분위기와 매장 운영 흐름에 대해 감을 잡아서 핵심 사항에 대한 질문과 교육을 할 수 있어야 한다. 눈치와 센스가 있어야 상대방과 소통하기가 수월하다. 슈퍼바이저가 지니고 있어야 할 요소이다.

가맹 본부와 가맹점은 무수히 많은 문제와 해결할 과제를 지니고 있다. 가맹점마다 성향과 추구하는 이상이 다르다. 가맹 본부에서 해주었으면 하는 점이 다 다르다. 슈퍼바이저가 가맹점을 방문해보면 가맹점마다 발생하고 있는 일들이 상이하고 해결해주어야 할 점이 각양각색인 것을 알 수 있다. 매장 여건과 환경이 다르기에 본인에게 유리한 면만 해주길 바라기 때문이다. 슈퍼바이저가 가맹점마다 진단을 잘해서 맞춤형으로 문제 해결을 해줄 수 있어야 한다. 조직은 늘 해결해야 할 문제가 발생하게 되어 있다. 프랜차이즈 특성상 많은 금액을 들여서 창업을 하게 되는 가맹점은 빠른 시일 내에 투자금을 회수하려는 마음이 앞서게 되어 있다. 매장에서 일어나는 현안 문제를 신속하게 가맹 본부에서 해결해주길 기대할 수밖에 없다. 슈퍼바이저의 역량에 따라서 가맹점과의 문제 발생 부분에 대한 해결 여부가 결정된다. 문제 해결 능력을 갖춘 슈퍼바이저가 될 수 있도록 부단한 노력을 해야 하는 이유다.

프랜차이즈는 가맹점의 매장 운영 능력에 따라서 단골 고객 확보 여부가 정해진다. 가맹 본부에서 확립하고 있는 제반 사항을 이행할 때 매출이 증가하게 되어 있다. 결국 실행력 싸움이다. 가맹 본부 정책과 매뉴얼을 가맹점에서 잘 이행하고 있는 브랜드는 메이저 진입이 가능해지고 반대인 경우는 브랜드 가치가 점점 하락하여 프랜차이즈로서 명분이 없어지게 된다. 슈퍼바이저는 상대를 설득할 수 있는 기량을 갖추어야 한다. 상대가 인정하고 수긍하게 만드는 힘이 설득력이다. 설득이 되어야 납득을 하게 되어서 실행하게 된다. 무조건 하라고 강요하는 식의 가맹점 관리는 통하지 않는다. 반드시 왜 해야 하는지에 대한 이해를 먼저 시킬 수가 있어야 한다. 그러려면 설득을 하는 사람은 지식과 설득하는 기술을 갖추고 있어야 한다. 슈퍼바이저가 지녀야 할 덕목 중 하나가 설득력이다.

가맹 본부에서 고객을 직접 상대하는 것이 아니기 때문에 프랜차이즈는 가맹점주를 설득하는 일이 중요하다. 슈퍼바이저는 가맹점을 설득해서 실천할 수 있게 하는 책무를 지니고 있다. 기본적인 역할이지만, 성장 환경과 가치관 및 세대 차이가 나는 가맹점주를 설득한다는 것이 인생 경험이 부족한 젊은 나이의 슈퍼바이저로서는 쉬운 일만은 아니다. 가맹 본부의 지속적이고 반복적인 교육이 필요한 이유다. 가맹점에서 가맹 본부의 정책을 실행하기 위해서는 수긍이 가게 먼저 설득할 수 있어야 하는데 슈퍼바이저가 능력과 역량을 갖추고 있어야 가능한 일이다.

프랜차이즈 본연의 목적을 달성하기 위해서는 내부 구성원의 프랜차이즈 시스템에 대한 이해와 실행 능력을 갖추고 있어야 한다. 아무리 좋은 아이디어와 전략이 있어도 현장에서 실행하지 않으면 소용이 없다. 어떤 일이든지 할 수 있다고 생각하면 해내게 되고 할 수 있을까 하는 마음이 앞서면 하기가 힘들다. 자신이 스스로 하는 것도 실행력이고 상대를 실천하게 할 수 있는 것도 실행력이라 할 수 있다. 슈퍼바이저는 본인의 실행력과 상대를 실행하게 하는 능력을 지니고 있어야 한다. 가맹 본부에서 정한 정책 사항과 매뉴얼을 가맹점이 현장에서 이행하고 있을 경우에 슈퍼바이저가 책무를 다하고 있다고 말할 수 있다. 프랜차이즈는 실행력 여부에 따라서 고객의 브랜드 선호도가 판가름나게 되어 있다.

경영자는 현장 실행력을 강화하기 위해서 임직원 교육을 수시로 할 수 있어야 한다. 즉시 하면서 될 때까지 한다는 마음가짐으로, 슈퍼바이저가 가맹점을 순회하면서 가맹점을 지도할 수 있는 역량을 배양해 주어야 한다.

슈퍼바이저의 가맹점 클레임 처리 능력에 따라서 브랜드에 대한 가맹점 우호도가 정해지게 되는 것이 프랜차이즈 속성이다. 현장에서 수시로 생기는 불평 사항과 고충 처리 부분을 신속히 해결해줄 수 있는 능력을 지닌 슈퍼바이저가 되어야 한다. 가맹점이 가맹 본부에 대한 불만의 첫 번째가 현장에서 발생하는 불평 사항을 처리해 주지 않는 경우와 회신조차 주지 않을 때이다. 슈퍼바이저는 클레임이 접수되었을 시 놓치면 절대로 안 된다. 여기서부터 가맹 본부와 금이 가기 시작하기 때문이다. 클레임은 처리해 주는 것도 중요하지만 속도전이라고 보아야 한다. 얼마만큼 빠르게 해결해주고 회신해주느냐에 따라 가맹점이 브랜드를 대하는 감정이 확연하게 달라지기 때문이다. 많은 브랜드의 가맹점주 말을 들어보면 클레임을 잘 해결해주고 신속한 피드백을 해줄 때 가맹 본부에 대한 신뢰를 갖게 된다는 사실을 확인할 수 있다. 얼마나 클레임 처리가 슈퍼바이저의 중요한 책무인지 알 수 있는 대목이다.

슈퍼바이저는 주방일을 완벽하게 숙지하고 직접 조리하여 만들어 낼 수 있어야 한다. 가맹점 방문 시 매장에서 레시피를 준수하고 메뉴를 고객에게 제공하고 있는지 평가할 수 있어야 하는데 그러기 위해서는 슈퍼바이저의 조리 능력이 기본적으로 요구된다고 할 수 있다. 매장 방문 시 맛 점검을 소홀히 하게 되는 경우가 많다고 할 수 있다. 실제로 매장을 방문하면서 맛을 점검하고 다니는 슈퍼바이저가 많지 않은 것이 현실이다. 전달 사항과 QCS 체크리스트에 의한 점검에 치중하는 사례가 많은 편이다. 한 번쯤 경영자가 되새겨볼 사항이다. 슈퍼바이저 조리 교육도 교육팀 주관으로 실시할 수 있어야 한다. 당연히 숙지하고 있겠지 하면 큰 오산이다. 사람은 자신이 잘하는 것을 집중적으로 상대에게 어필하고 부족한 면은 숨기려는 의도를 갖고 있다. 조리 실력은 반복적으로 해보지 않고는 숙련되기가 힘든 부분이 있기에 주기적으로 교육이 필요한 사항이다. 슈퍼바이저의 조리 실력이 있어야 현장에서 맛의 통일성을 유지하게 된다는 점을 가맹 본부는 유념할 필요가 있다.

슈퍼바이저는 현장에서 일어나고 있는 사항에 대해 보고를 잘할 수 있는 실력을 갖추어야 한다. 오늘은 보고할 게 없는 것이 보고라는 말이 있듯이 직무 보고는 조직 생활에서 생활화할 수 있도록 습관화가 되어 있어야 한다. 실력이 없는 슈퍼바이저는 보고하기를 꺼리는 습성이 있다. 보고하면 상사가 반문할까 봐 두려워하는 이유도 있다. 직장에서 왜

프랜차이즈 1,000호점 만들기

보고를 잘해야 하느냐면 현장의 문제 해결을 하기 위함이다. 직급과 직책이 높아질수록 자금 사용권과 의사결정을 할 수 있는 권한이 주기에 대책을 강구할 수 있어서다. 보고는 습관이다. 상사한테 보고하는 순간 책임이 자신으로부터 보고를 받는 자에게 이전되게 된다. 능력 있는 직원은 그래서 보고를 상사에게 신속하게 하는 측면도 있다. 문제 소지를 안고 있으면 언젠가는 밖으로 표출되어 상사가 알게 되어 있다. 보고를 하지 않고 그냥 넘겨 버리려다가 일을 더 크게 만들어 버리는 상황으로 몰고 가는 사례가 의외로 많다. 프랜차이즈는 이런 상황이 더욱 빈번하게 발생할 소지가 많다. 보고를 생활화해야 하는 이유가 여기에 있다고 할 수 있다.

슈퍼바이저는 매장 손익을 분석해줄 수 있는 능력이 있어야 한다. 실제로 매장을 방문하여 매장 손익 분석을 해주는 슈퍼바이저가 그리 많지 않은 편이다. 손익 분석을 해주기 위해서는 고도의 실력보다는 매장 운영 기법과 기본적인 경영 원리를 알고 있어야 한다. 가맹점에 방문하여 손익 분석을 해주는 슈퍼바이저는 가맹점으로부터 신뢰받게 되어 있다. 여기서 손익 분석에 그치지 않고 매출 증대 방안까지 제시해줄 수 있을 때 슈퍼바이저에 대한 믿음은 더욱 쌓이게 된다. 가맹 본부 경쟁력이 강화되는 순간이다. 능력을 갖춘 슈퍼바이저를 많이 확보하고 있는 브랜드는 가맹점 확산 속도가 빠르다. 슈퍼바이저 일거수일투족이 신규 매장 오픈과 직결되기 때문이다. 가맹점 손익을 정확히 분석하여 매출 증대를 위한 해법을 제시할 수 있을 때 가맹점 충성도가 좋아져서 브랜드 가치가 상승되는 효과를 불러오게 된다는 점을 경영자는 직시하고 슈퍼바이저 역량 강화에 주력하여야 한다.

최고의 슈퍼바이저는 가맹점 매출을 증대시켜 줄 수 있는 슈퍼바이저다. 가맹 본부 정책 사항과 매뉴얼을 지키도록 하여 매장을 효율적으로 운영해서 수익을 극대화시켜 주는 슈퍼바이저가 능력 있는 슈퍼바이저다. 유능한 슈퍼바이저를 확보하고 있느냐가 가맹 사업의 성패를 좌우한다. 슈퍼바이저는 가맹점을 방문하고 나오면 필히 무언가 흔적을 남기고 올 수 있어야 한다. 가맹점주가 어떤 것이든지 도움을 받았다는 기분이 들게 해야 한다. 방문을 위한 방문만 하는 슈퍼바이저는 무능한 슈퍼바이저다. 문제를 해결해 주는 게 아니고 오히려 문제만 더 안고 오는 경우가 많다. 그러면서 자신은 스스로 열심히 가맹점 방문 활동을 하고 왔다고 한다. 거기다 한발 더해서 특이한 사항이 없느냐고 질문하면 자신 있게 큰 소리로 없다고 말한다는 것이다. 슈퍼바이저는 가맹점에서 안 오면 보고 싶고 오기를 기다려지게 만들 수 있어야 한다. 이런 슈퍼바이저가 최고의 슈퍼바이저다. 현실적으로 능력이 좋은 슈퍼바이저는 한곳에 정착하여 근무를 오랫동안 하는 편이라 프랜차이즈 사업을 시작하는 가맹 본부에서 역량 있는 경력 사원을 도입하기가 쉽지 않은 것이 일반적인 현상이다. 슈퍼바이저 직무 능력 향상을 위한 교육이 절실하게 대두되는 이유가 여기에 있다고 할 수 있다. 유능한 슈퍼바이저 확보가 수익 창출과 신규 개설에 직결됨을 가맹 본부는 각별히 유념해야 한다.

유능한 슈퍼바이저가 되기 위해서는 의사소통 능력, 현상 파악 능력, 위기 대처 능력, 설득력, 실행력, 순발력, 문제 해결 능력, 클레임 처리 능력, 손익 분석 능력, 성공 사례 전달 능력, 경청 능력, 이해력, 판단력, 조리 능력, 보고 능력, 기록 정리 능력, 시장조사 능력, 교육 능력, 표준 활동 능력, 매출 증대 능력, 매뉴얼 준수 이행 능력, 공사 구별 능력, 표현력, 전화 응대 능력, 감정 조절 능력, 맞춤형 관리 능력, 부진 매장 육성 능력, 추진력, 해법 제시 능력, 상대 의중 파악 능력, 매출 추이 분석 능력 등을 갖추고 있어야 한다.

04 　슈퍼바이저 표준 활동

슈퍼바이저가 출근해서 가맹점을 방문하여 활동을 마치고 활동 분석을 한 후 다음 방문 계획까지 수립하는 일련의 활동 과정을 체계적으로 할 수 있도록, 가맹 본부는 매뉴얼을 수립해 놓아야 한다. 프랜차이즈 브랜드 중에서 프랜차이즈답게 가맹점을 운영하고 있는 곳은 대다수가 슈퍼바이저 표준 활동에 대한 명확한 매뉴얼이 수립되어 그대로 현장에서 실천하고 있다는 공통점을 갖고 있다. 슈퍼바이저가 가맹점을 방문하는 이유와 방문 시기를 비롯해 지도하고 점검하는 사항과 사후 대처 방안까지 정확하게 규정화하고 있다. 이 부분을 확립하지 않고 상황에 따라 슈퍼바이저 제도를 운용하는 브랜드는 프랜차이즈로서 자리매김하기가 현실적으로 어렵다. 프랜차이즈의 근간이고 생명이나 다름없는 통일성이 지켜지기가 힘들기 때문이다. 슈퍼바이저가 표준 활동을 할 수 있어야 가맹점에서 표준화가 지켜지게 된다는 점을 경영자는 반드시 인지해야 한다.

　슈퍼바이저 출근은 월요일을 제외하고는 현장 중심으로 할 수 있어야 한다. 월요일은 대부분의 가맹 본부가 주간 회의를 하기 때문에 사무실로 출근하는 것이 일반적이다. 현장 출근 시 가맹점을 방문하여 매장 사진을 단톡방이나 별도의 공간에 올려서 출근했다는 것을 상사에게 알리고 있다. 슈퍼바이저가 오픈바이저를 겸하고 있는 곳이 많아서 신규 매장 오픈 시는 오픈 매장으로 곧바로 출근한다. 이처럼 슈퍼바이저 출근은 형태가 다양하다. 프랜차이즈는 아이템의 특성에 따라 매장 오픈 시간과 마감 시간이 상이하다. 여기서 주의할 점은 매장 운영 시간에 맞추어 슈퍼바이저 근무 시간을 조정하여 운영할 수 있어야 하는 점이다. 일부 브랜드의 슈퍼바이저는 스태프 부서 구성원처럼 근무 시간을 조정해 달라고 요청하는 경우가 있다. 가맹점 운영 시간에 부합하게 근무 시간을 조정하고 현장 사정상 추가 근무가 불가피할 때는 추가 수당이나 대체 휴무를 주면서 슈퍼바이저 역할에 대해서 이해시킬 수 있도록 해야 한다. 도저히 이 근무 제도를 수용 못 하겠다고 하는 슈퍼바이저가 있다면 타 보직으로 전환해 주는 것이 좋다. 물론 극히 드문 사례다. 이처럼 슈퍼바이저의 근무 형태는 전적으로 매장 운영 시간과 맞출 수 있어야 한다.

　가맹점을 방문하기 전에는 직전 방문 때 소통한 내용과 그 이후 유선으로 대화한 것들에 대해서 상기하고 필요한 자료와 회신해줄 사항에 대해서 준비해야 한다. 슈퍼바이저는 방문을 위한 가맹점 방문을 해서는 안 된다. 한눈에 매장 상황을 이해할 수 있게 담당하고 있는 가맹점에 대해서 현상을 분석한 자료를 만들어 놓고 실시간으로 매장에서 발생하는 사항에 대해 기록해서 정리해 놓아야 한다. 업무의 연속성을 기하기 위해 반드시 실천해야 할 사항이다. 인사이동이 있을 시도 유용하게 활용할 수 있는 자료가 되기 때문이다. 방문하는 가맹점에 대해서 어떤 부분을 점검하고 지도해 줄 것이며 설득해야 할 사항은 무엇인지 등을 미리 준비하는 자세를 갖는 것이 효율적인 매장 관리를 하는 데 유용하다. 매장마다 특색이 강하고 현안 과제가 다르기에 사전 준비가 필요하다. 표준 활동에 의한 매장 방문이 수월하게 될 수 있기 때문이다. 방문한 가맹점에 대한 활동 일지를 작성하는 것은 슈퍼바이저의 기본적인 직무이다. 브랜드마다 양식은 상이할 수 있으나 어떤 형태로든지 매장 방문한 내용을 요약 정리해야 하고 직속 상사는 이를 확인할 수 있어야 한다.

슈퍼바이저는 월 1회는 원칙적으로 가맹점을 방문할 수 있어야 한다. 프랜차이즈 사업을 추진하고 있는 모든 경영자는 마음속에 새겨야 할 부분이라고 단언한다. 가맹점 관리의 철칙이다. 현장을 직접 눈으로 보지 않고는 매장에서 무슨 일이 일어나고 있는지 알 길이 없다. 유선으로 통화하는 것만으로 현장을 파악했다는 것은 착각이다. 프랜차이즈 사업을 하면서 절대로 간과해서는 안 될 점이 매월 1회는 가맹점을 방문하여 슈퍼바이저가 눈으로 매장 운영 상황을 직접 목격해서 점검하고 지도해야 하는 이유다. 슈퍼바이저가 매장을 방문하였을 경우 도움 주는 것이 없다고 느끼는 가맹점주는 슈퍼바이저 방문 자체를 별로 좋아하지 않게 되어 있다. 그래서 무언가 왔다 간 발자취를 남길 수 있는 슈퍼바이저가 되어야 하는 것이다. 발자취는 현장의 고충 처리와 매장 매출을 증대시킬 수 있는 방법을 제시해주는 것을 의미한다. 현장에 답이 있기에 가맹점 방문을 게을리해서는 안 된다. 실제로 가맹 본부에서 이런저런 이유로 한 달에 한 번도 가맹점을 방문하지 않는 브랜드가 생각보다 많다. 필자가 터득한 바로는 월 1회도 가맹점을 방문하지 않는 브랜드는 메이저 진입 자체가 힘들다는 것이다. 가맹점과의 소통이 잘 안되어서 매장 운영의 통일성이 유지되기 힘들기 때문이다.

05 / 슈퍼바이저 체크리스트

슈퍼바이저는 가맹점을 방문했을 때 매장에서 운영 매뉴얼을 표준화 규정을 잘 이행하면서 운영하고 있는지에 대해 미리 정리해 놓은 목록인 체크리스트를 활용하여 가맹점을 점검하고 지도해야 한다. 현장에서 규정을 미이행하면서 운영되고 있는 부분에 대한 사항을 점검하면서 잘못 운영되고 있는 부분에 대해 기록하면서 지적해 줄 수 있어야 한다. 차기 방문 시 체크리스트를 근거로 개선 사항을 확인하여야 한다. 매장을 방문하여 말로만 지적하면 그때뿐이 될 확률이 높다. 자료를 활용하면서 지도하고 관리하여야 개선 효과가 크다. 슈퍼바이저가 가맹점을 방문하는 목적은 운영상 표준화를 이루면서 고객에게 올바른 제품과 서비스를 제공하는지를 점검하고 부족한 부분은 시정시켜서 매장을 방문하는 모든 고객이 같은 품질과 서비스를 제공받을 수 있도록 하는 데 있다. 체크리스트 점검의 주된 내용은 품질과 위생 청결 및 서비스가 제대로 이행되고 있는지다. 여기서 주의할 점은 슈퍼바이저는 점검표에 따라 확인하다가 부족한 점이 발견되어 지적할 때는 상대방에게 이렇게 운영하면 안 되는 이유에 대해 상세하게 설명해줄 수 있어야 한다. 단순히 잘못된 점에 대해 지적만 하고 체크하게 되면 가맹점의 반감을 살 수 있기에 지양해야 한다.

슈퍼바이저는 매장 방문 시 가맹 본부에서 규정하고 있는 레시피를 준수하면서 제대로 맛을 내고 있는지를 중점적으로 점검할 수 있어야 한다. 맛의 근간이 흔들리면 프랜차이즈로서 의미가 없어지기 때문이다. 매장에 반입된 원·부재료를 먼저 입고된 순서에 의해 사용하고 있는지도 점검 대상이다. 혹여나 유통기한이 지났거나 임박한 원·부재료를 사용하는 것을 미연에 방지하기 위해서다. 사입 제품을 사용하여 제품을 만들고 있는지도 중점적으로 체크해야 할 사항이다. 매장 내에서 근무하는 직원들이 반갑게 고객을 맞이하면서 진정한 서비스를 제공하고 있는지도 눈으로 직접 목격하여 확인해서 점검할 수 있어야 한다. 고객에게 말을 건넬 때 불쾌하게 들리지 않도록 표현하고 있는지와 밝은 표정으로 응대하고 있는지도 눈여겨보면서 체크해야 한다. 가맹 본부에서 규정한 유니폼을 전 직원이 착용하고 근무하고 있는지도 필히 점검해야 한다.

매장 근무자 개인의 위생 및 청결 상태와 주방 조리기구 및 매장 내·외부의 청결 상태를 꼼꼼하게 점검할 수 있어야 한다. 특히 화장실은 예의주시하여 청결 여부를 확인할 필요가 있다. 화장실이 깨끗한지 여부가 고객이 재방을 하는 데 심심치 않게 영향을 줄 수 있기 때문이다. 외부 간판의 청결 상태도 점검해야 한다. 매장 출입구 청소 상태와 배너 설치 여부도 점검 대상이다. 테이블 상태는 양호한지와 고객이 찾을 경우 빠르게 응대하고 있는지도 체크해야 한다. 이외에도 추가로 점검할 사항이 있을 수 있으나 대부분 가맹 본부가 대동소이하다고 보아야 한다. 가맹점 체크리스트는 아이템의 성질과 특성이 달라도 대부분 일정한 표준화된 항목을 위주로 점검하고 지도하는 것이 일반적인 원칙이다. 슈퍼바이저가 가맹점을 방문하여 매장 관리를 하는 지표가 체크리스트다.

가맹점은 매장 관리에 대한 점검표에 민감하게 반응하여 좋은 평가를 받고 싶어 한다. 단 가맹 본부에서 체크리스트에 의한 사후 조치를 제대로 할 경우에 한한다. 매월 점검을 하여도 우수 가맹점과 부진 가맹점에 대해서 그에 상응하는 사후 조치가 없다면 가맹점 체크리스트는 휴짓조각에 불과하게 된다는 점을 경영자는 반드시 염두에 두고 운영팀과 가맹점 관리를 할 수 있어야 한다. 이 부분은 놓쳐서는 안 되는 사항이다. 가맹 사업의 성공 여부에 직접적으로 연관될 수 있기 때문이다. 슈퍼바이저가 정기적으로 매장 방문을 하여 매장 상황을 점검하고 체크한 체크리스트를 제대로 활용하고 있는 가맹 본부가 미미한 것이 프랜차이즈 현실이라고 해도 프랜차이즈에 종사하고 있는 독자는 반론을 제기하기가 쉽지 않을 것이다. 그만큼 점검 자체로 끝나게 되는 경우가 많은 편이다. 메이저 프랜차이즈일수록 체크리스트 활용도가 높다. 신규 매장 오픈이 활성화되어 메이저로 입성한 브랜드가 된 이유가 여기에 있기 때문이다. 가맹점 체크리스트는 효율적인 매장 관리를 할 수 있는 근거 자료로 활용하여 매장 운영 표준화에 적극적으로 적용할 수 있어야 한다.

06 / 운영팀장 직무

프랜차이즈의 꽃이 슈퍼바이저라면 그 꽃을 관리하는 사람이 운영팀장이다. 슈퍼바이저가 표준 활동을 잘하면서 가맹점을 지도하고 있는지를 확인하고 능력을 배양해 주면서 현장에서 해결하지 못하는 사항을 처리해 주는 역할을 한다. 운영팀장은 매장 운영 실무를 총괄하고 있는 프랜차이즈 꽃 중의 꽃이라 할 수 있다. 물론 운영팀장 위에 본부장과 임원이 있을 수 있지만 실제적으로 가맹점을 총괄하는 자리는 운영팀장이기 때문이다. 운영팀장의 역량에 따라 브랜드 가치가 달라질 수 있다. 일선에서 슈퍼바이저를 진두지휘하는 운영팀장이 능력이 출중할 경우 가맹점이 안정되게 운영될 확률이 높다. 경영자와 슈퍼바이저의 중간에서 현장의 현안 과제를 해결해주는 역할을 잘 수행하기 때문이다. 운영팀장은 사무실에서 근무하는 시간보다 현장에서 가맹점을 방문하는 시간이 더 많아야 한다. 일부 가맹 본부는 운영팀장이 스태프 부서 팀장같이 내근 업무에 치중하는 곳이 있다. 지양해야 할 사항이다. 현장을 돌면서 슈퍼바이저의 근무 상태도 확인하고 슈퍼바이저 선에서 미해결된 부분에 대해 가맹점을 직접 방문하여 해결해주는 활동을 하고 슈퍼바이저보다 한 단계 위의 직책을 가지고 현장을 지도하고 교육하며 해결하는 직무를 수행하는 것이 운영팀장의 미션이다.

운영팀장이 프랜차이즈에 대한 전문 지식을 지니고 아이템 특성과 가맹 본부의 정책과 경영자의 경영 철학을 숙지하고 슈퍼바이저를 육성시킬 수 있어야 가맹점 운영이 안정화될 수 있다. 훌륭한 장수 아래 용맹한 군사가 존재하는 것과 같은 이치다. 운영팀장은 슈퍼바이저가 현장에서 어떻게 활동하고 있는지에 대해서 적나라하게 파악하고 있어야 한다. 외근하는 일이 주 업무인 경우는 상사가 자신의 활동 사항을 체크하고 있다는 것을 강하게 인식시켜 주어야 주어진 직무를 잘 완수하여 성과를 내기가 수월하다. 내 정신이 아니라 남의 정신으로 활동을 할 수 있게 제반 환경을 조성해 주는 것이 중요하다. 프랜차이즈는 운영팀장이 어떤 리더십으로 어떻게 슈퍼바이저를 관리하고 육성시키며 슈퍼바이저가 해결하지 못한 부분을 잘 처리해 줄 수 있느냐에 따라서 본연의 목적을 달성 여부가 달려 있다. 슈퍼바이저의 가맹점 관리 능력은 운영팀장의 역량에 의해 좌우된다고 보아도 틀린 말이 아닐 정도로 가맹 사업에서 차지하는 비중이 큰 직책이 운영팀장이다.

가맹점과의 갈등이 유발될 징조가 보일 경우 슈퍼바이저는 곧바로 운영팀장에게 보고를 하게 되는데 이때 팀장으로서 진가를 보여 주어야 슈퍼바이저가 신뢰할 수 있는 팀장이 된다는 것을 인지하고 일 처리를 할 수 있어야 한다. 팀장으로서 무게를 느껴야만 그에 맞는 미션을 수행할 수 있다는 것을 염두에 두어야 한다. 슈퍼바이저가 현장의 소리를 놓치지 않고 보고할 수 있도록 환경을 조성해 줄 수 있어야 한다. 또한 스태프 부서와 소통을 잘하여 업무 협조를 구해서 매장에서 발생한 과제를 슬기롭게 풀어갈 수 있도록 해야 한다. 제반 문제가 타 부서의 지원 사격을 받아야 해결될 수 있는 일들이 많기 때문이다. 프랜차이즈는 가맹 본부와 가맹점이 쇠사슬처럼 서로 연결되어서 어느 하나가 삐걱대면 함께 무너지는 구조로 형성되어 있다. 운영팀장이 제 역할을 다할 때 슈퍼바이저가 담당 매장 관리를 잘하여서 가맹 본부와 가맹점이 소통을 원활히 할 수 있는 환경이 조성되고 서로 상생할 수 있게 만들 수 있다.

운영팀장은 가맹 본부 정책 사항이 현장에서 잘 이행되고 있는지 확인하고 점검해야 한다. 슈퍼바이저가 가맹점과 원활한 소통을 하면서 매장의 불만 사항을 잘 처리해주고 있는지 파악할 수 있어야 한다. 가맹점에서 원하는 사항이 무엇이며 현장 이슈가 어떤 것인지를 알고 있어야 한다. 매출이 저조한 가맹점에 대한 원인 파악과 대책을 마련해야 하고 슈퍼바이저를 교육하고 독려해주며 활동 결과에 대한 평가를 할 수 있어야 한다. 슈퍼바이저를 질책하고 지적하기보다는 지도하고 육성해준다는 마음을 갖고 관리해야 한다. 운영팀장은 가맹 본부에 대한 불만이 많고 브랜드 만족도가 높지 않은 가맹점을 집중적으로 방문할 수 있어야 한다. 가맹점 관리의 마지막 보루라고 생각하고 팀을 지도하고 가맹점을 관리해야 하는 중책을 지닌 팀장이 운영팀장이다.

가맹 계약 체결은
아무나 못 한다

1,000호점을 달성하려면 이유 불문하고 신규 매장 오픈을 신속하게 전개할 수 있어야 한다. 가맹 본부 영업사원이 누구냐에 따라서 계약 체결 실적이 확연하게 차이를 보이게 되는 것이 프랜차이즈다. 프랜차이즈는 가맹점이 많을수록 브랜드 가치가 상승하게 되어 있다. 프랜차이즈 신규 계약 체결을 잘하려면 브랜드에 대한 경쟁력이 밑바탕이 되어야 한다. 최고의 브랜드로 자리매김하면 영업력이 그다지 크게 영향을 주지 않는 편이다. 이미 브랜드를 확정하고 입점 가능 지역을 확인하고 향후 오픈까지의 진행 과정을 알려는 마음이 강하기 때문이다. 브랜드가 시중에서 안정화되어 있어서 예비 창업자가 아예 브랜드를 결정하고 가맹 상담을 받을 시는 예비 창업자의 질의 사항에 영업사원이 상담만 잘해 주어도 계약 체결이 손쉽게 이루어진다. 수많은 프랜차이즈 브랜드 중에서 이러한 브랜드는 손에 꼽을 정도다. 그래서 영업 능력을 갖춘 인력이 필요한 것이다. 특정 소수 브랜드를 제외한 대다수 브랜드는 신규 매장 오픈 속도가 영업력에 의해 결정되고 있는 것이 일반적이다.

사람을 만나서 이야기하는 것을 영업이라 정의한다. 영업사원은 상대가 거부감을 느끼지 않게 하면서 자사 브랜드를 선택하도록 영업 능력을 갖추고 있어야 한다. 그러기 위해서는 브랜드 경쟁력을 비롯해서 강점과 창업비 등 제반 부분을 확실하게 이해하고 있어야 한다. 더불어 용모를 단정히 하고 표정 관리를 잘하는 것도 잊어서는 안 된다. 말만 잘해서는 창업자 마음을 사로잡기가 수월치 않다. 영업사원은 브랜드 얼굴이다. 일거수일투족이 그대로 창업자한테 전달되기에 언행을 잘해야 한다. 브랜드 파워가 있을수록 고자세를 취하면서 영업 상담을 하는 경우가 간혹 있다. 해서는 안 되는 금기 사항이다. 예비 창업자에게 아무리 강하게 해도 창업을 할 사람은 다 하고 안 할 사람은 안 한다는 말이 있는데, 극소수에 해당한다는 것을 유의해야 한다. 영업사원의 진실성이 매장을 오픈한 후에도 영향을 주게 되어 좋은 감정으로 매장을 운영하고 가맹점 만족도도 올라가게 된다는 것을 유념하고 창업 상담을 해야 한다.

영업하는 인력은 많으나 유독 계약 체결을 잘하는 사람은 많지 않은 편이다. 그들만의 차별화된 역량을 지녀서 가능한 일이다. 누가 영업을 하느냐에 따라서 신규 계약 체결이 좌우되는 경우가 많다. 또한 창업을 안 하려고 하는 창업자를 하게 만들 수도 있다. 첫 상담부터 상대가 부담을 느끼지 않고 불편하지 않게 상담을 이끌어 갈 수 있는 능력이 필요하다. 시기적절하게 강약을 조절하면서 상담할 수 있어야 한다. 신규 개설을 담당하는 영업사원은 가맹 본부를 대신하는 첫 번째 얼굴이다. 브랜드를 확실하게 이해하고 확신에 찬 모습이 창업자에게 스며들도록 해야 하고 특히 전화 상담 시 예의를 지키며 브랜드 특장점을 간략하면서도 임팩트 있게 설명할 수 있어야 한다. 또한 예비 창업자는 매장 운영에 대해 궁금한 것이 많기에 매장 운영 프로세스를 정확하게 숙지하고 있어야 한다. 영업 능력을 갖추는 것도 중요하지만 좋은 성품을 소유하고 있는 것도 성과를 내는 좋은 덕목 중의 하나다.

01 관리 영업

프랜차이즈 가맹 영업을 담당해도 신규 계약 체결은 아무나 할 수 없다. 기존 브랜드를 위시해서 나날이 탄생하는 새로운 브랜드가 많아서 예비 창업자가 선택할 수 있는 폭이 넓은 것도 원인이 될 수 있으나 더 큰 이유는 프랜차이즈를 하기 위해 지출되는 창업비가 적은 금액이 아니라는 점이다. 여러 브랜드에 대한 가맹 상담을 받아 본 후 기존 매장을 방문하여 상담받은 내용이 맞는지 눈으로 직접 확인하는 경우가 많다. 브랜드에 대한 가맹점주의 반응이 시큰둥하면 계약 체결이 되기까지 험난한 여정이 기다리고 있다고 볼 수 있다. 영업 담당의 영업력으로만 계약 체결을 이루기가 용이하지 않은 것이 프랜차이즈 영업이다. 브랜드 파워와 가맹 본부 경쟁력과 및 운영 시스템이 구축된 상태에서 영업 담당의 영업력이 있을 때 가맹 계약이 체결될 확률이 높다. 프랜차이즈 영업의 특색이다.

메이저 프랜차이즈로 진입하기 위해서는 영업사원이 예비 창업자를 대상으로 브랜드에 대한 영업 활동을 하는 것이 아니고 상담 활동을 할 수 있어야 한다. 이미 마음속에 브랜드를 확정 지은 상태에서 가맹 본부를 찾기에 창업비와 입점 가능 지역에 대한 문의와 창업 절차를 질문할 수 있도록 브랜드 가치가 확고하게 자리를 잡았을 때 가능한 일이다. 필자가 이 같은 사례를 직접 겪으면서 동종 브랜드에 비해 고유의 강점을 보유하고 있는 브랜드력이 가맹점을 확산시키는 데 얼마나 소중한지를 몸소 체험했기에 자신 있게 말할 수 대목이다. 프랜차이즈를 꿈꾸고 있고 현재 가맹 사업을 추진하고 있는 경영자는 염두에 두고 있어야 할 부분이다.

영업은 직종을 막론하고 첫 상담부터 진척 사항을 심도 있고 성실하게 관리해 줄 수 있어야 계약 체결 확률이 높아지게 되어 있다. 순간적인 임기응변식의 영업 활동으로는 예비 창업자의 마음을 움직이기가 쉽지 않다. 영업사원은 진실되게 예비 창업자를 대하면서 브랜드에 대한 믿음을 갖고 당당하게 확신에 찬 목소리로 브랜드 강점을 전달할 수 있어야 한다. 프랜차이즈 영업은 가급적 가맹 본부에서 실시하는 것이 좋다. 신규 개설을 서둘러서 빠르게 하려는 의도가 큰 브랜드는 영업사원을 실적급제로 보상 체계를 만들어 놓고 전국을 직접 돌면서 현지에서 영업 상담을 추진한다. 아이템의 특성에 따라 상이할 수 있겠으나 가맹 본부에서 실시하는 것이 브랜드를 안정화시키는 데 유리하다. 현지에서 실시하는 것과 가맹 본부에서 실시할 때, 향후 가맹점 관리 시 무언가 보이지 않는 미묘한 차이가 나타나는 경우가 많다. 큰 금액을 들여 창업하는데 가맹 본부를 방문하여 이것저것 눈으로 직접 확인하고 창업을 결정하는 것이 보통의 상식이라고 보아야 한다. 가맹 본부는 신규 창업 프로세스를 명확하게 정립하여 놓고 추진할 수 있어야 한다. 예비 창업자와 첫 대면 시 브랜드와 가맹 본부에 대한 신뢰와 경쟁력을 갖게 하는 것이 필요하다.

02 영업의 고수

영업의 고수들을 보면 당당함과 자신감이 있고 브랜드에 대해 확신을 갖고 있다. 성실하게 직장 생활을 하는 습성이 있고 자기 관리를 철저히 한다. 금요일 일과를 마치기 전에는 일주일 동안 음주를 하지 않는다는 자기만의 생활 수칙을 지니고 있다. 영업이 쉬우며 좋다고 생각하면서 천직으로 알고 자부심을 갖고 일한다. 계약을 체결한 후에도 사후 고객 관리를 잘해서 추가로 예비 창업자 소개를 잘 받는다. 창업자와 지속적인 관계 형성을 잘해 놓는 기술을 지니고 있다. 상대방의 의중 파악이 빠르고 자신에 대한 이미지를 좋게 부각하여서 거부감이 들지 않도록 하는 재능이 있다. 영업의 고수는 대다수가 부지런하다는 공통점을 갖고 있다. 근무 시간과 요일에 구애받지 않고 예비 창업자의 일정에 맞추어서 영업 활동을 한다. 상대에게 전하는 말과 행동을 기분에 거슬리지 않게 예의를 갖추면서 하는 것이 일반적이다. 그러면서도 전할 말은 명확하고 자신 있게 실행하는 강점을 갖고 있다.

영업 활동을 하면서 계약 체결을 잘하기 위해서는 기본적으로 전국 상권을 꿰차고 있어야 유리하다. 상권을 알고 있으면서 예비 창업자와 소통하면 상대방이 말하는 것에 대해서 믿음이 가게 되어 창업을 결정할 때 영향을 주는 경우가 많다. 예비 창업자는 브랜드를 결정한 후에는 점포를 어디다 구해야 할지가 최대 관심사다. 이때 가맹 본부 영업 담당이 상권과 입지 분석을 잘해주면 전폭적인 신뢰를 얻게 되어 매장을 운영하면서도 가맹 본부와 우호도가 좋게 될 수 있다. 지역적인 상권에 대해 많이 알고 있다면 영업 활동을 하면서 절대적으로 유리한 위치에 놓일 수 있다. 가맹 영업을 담당하는 직원이 정착을 못 하고 탈락하는 이유는 영업력이 부족한 면도 있을 수 있으나 상권 분석 능력이 미약해서 점포 물색에 대한 예비 창업자의 부족한 면을 충족시켜 주지 못하는 것도 이유가 된다. 거액의 자금을 들여 창업하려는 예비 창업자에게 상권에 대해 조언을 해줄 수 있을 때 진정한 영업의 고수 소리를 들을 수 있다.

영업이 힘들다고 말하는 궁극적인 이유는 한 달의 성과에 그치지 않고 계속하여 실적을 내야 하기 때문이다. 단기간의 영업 실적은 영업 여건과 상황이 좋으면 올릴 수 있지만 오랫동안 꾸준하게 좋은 실적을 낸다는 것은 결코 쉬운 일이 아니다. 장기적으로 프랜차이즈 영업을 잘하려면 우선적으로 지니고 있어야 할 지식이 매장 운영 프로세스를 숙지하는 일이다. 영업사원이 매장 오픈부터 마감까지 일련의 운영 과정을 알고 있으면서 예비 창업자에게 전달할 수 있을 때 상대방이 브랜드와 더욱 친숙해지는 효과가 크기 때문이다. 진정성을 지니고 브랜드 경쟁력에 대해 해박한 지식을 갖고 상대의 심정을 헤아릴 줄 알면서 맞춤형 상담을 할 수 있어야 영업의 고수로 안착할 수 있는 발판을 조성하게 된다. 영업은 일반적으로 외로운 직무일 수 있지만 고수한테는 천직이 될 수 있다.

프랜차이즈 영업은 일반 영업과는 판이하다. 영업 프로세스가 잘 되어 있고 교육 체계가 잘 되어 있으면서 영업력이 좋은 곳을 꼽으라면 대표적으로 보험, 자동차, 제약 영업이 해당한다고 말할 수 있다. 프랜차이즈 영업이 이들과 다른 점은 신규 계약 체결이 끝이 아니라 시작이라는 점이다. 단발성에 그치지 않고 계속하여 함께 사업을 이끌어가는 동반 사업자가 되기 때문이다. 영업 담당의 역할이 왜 중요한지를 증명해주는 대목이라 할 수 있다. 영업의 고수를 확보하고 있는 브랜드는 1,000호점 진입이 수월할 수밖에 없다. 계약 체결률이 높은 이유도 있으나 점포 위치에 대해 조언을 잘해 주어서 매장을 오픈한 후 매출이 좋아 가맹 본부에 대한 만족도를 높여주는 역할을 해주기 때문이다.

영업의 고수가 존재하는 브랜드는 상대적으로 가맹점 확산 속도가 빠르다. 단 여기서 주의할 사항은 오픈 수에만 집중하다 보면 자칫 부실 계약으로 이어지게 될 수 있다는 점이다. 속칭 영업의 선수가 되는 것이 아니라, 진실함을 바탕으로 예비 창업자에게 진정성 있게 브랜드 강점을 알리어 오랜 기간 가맹 사업의 동행자가 될 수 있도록 만드는 영업이 최고의 프랜차이즈 영업이라 할 수 있다. 일반적으로 어느 기업이나 이직률이 높은 보직이 영업부서다. 실적에 대한 압박을 못 이겨서 자리를 떠나는 경우가 대부분이다. 영업은 성과가 없으면 다니라고 해도 스스로 물러나게 될 수밖에 없다. 자긍심과 자존감이 무너져 버리기 때문이다. 그래서 영업이 힘들다고 하는 것이다. 반면에 영업의 고수들은 영업을 평생 직업이라고 여기면서 직무를 잘 완수한다. 영업의 고수가 필요한 이유다.

03 / 점포 개발

프랜차이즈 영업을 하다 보면 예비 창업자가 자신의 점포를 물색해달라고 부탁하는 경우가 있다. 지양해야 할 부분이다. 가맹 계약을 체결한 후 예비 창업자 자신이 경제적인 여건을 비롯해 주어진 환경에 맞게 사전에 점포를 물색한 후 영업사원에게 상권 분석을 의뢰하는 것이 합리적인 방법이다. 최고의 상권과 입지에 점포를 구해서 매장을 오픈하면 금상첨화겠지만 각자 주어진 여건으로 인해 최상의 위치에 점포를 확정하기가 현실적으로 어려운 것이 일반적이다. 프랜차이즈 가맹점을 하려는 예비 창업자의 실상이다. 영업 사원이 예비 창업자 점포를 물색하여 확정까지 해주는 일을 할 필요는 없다. 오픈 후 매출이 기대하는 것처럼 나오지 않으면 책임 추궁할 빌미를 줄 수 있어서다. 예비 창업자가 물색해 온 점포가 아이템과 브랜드에 부합하는 로케이션인지를 확인하여 좋지 않은 곳은 다른 곳을 알아볼 수 있게 지도해주는 것이 합리적인 점포 개발 프로세스다.

최적의 점포 입지는 매장을 오픈하고 봐야 알 수 있는 대목이다. 점포는 주관적인 경우가 많다. 같은 장소를 가지고도 본 사람마다 다른 평가를 하기가 일쑤다. 그만큼 좋은 입지는 단정하기 어려운 부분이 많다. 물론 누가 보아도 아이템 성질에 부합하는 최상의 점포 로케이션은 있다. 이런 지역은 몇 안 되고 상대적으로 점포 비용이 많이 들어서 일부 특정 창업자만 구할 수 있으니 대중성은 없다고 봐야 한다. 영업사원은 예비 창업자에게 기본적인 상권 설명과 아이템 특성상 어떤 상권에 점포를 물색하는 것이 효율적인지를 설명해 줄 수 있어야 한다. 일부 브랜드는 경영자가 가맹 사업의 주된 목표를 빠른 신규 개설에 두고 과중한 영업 목표를 부여하여 진행 과정을 점검하고 평가하기에 영업사원이 실적에 급해서 점포 물색을 직접 해 주거나 상권 분석을 세밀하게 하지 않은 상황에서 점포 확정을 해 주는 사례가 있다. 이런 브랜드가 의외로 많은 것이 프랜차이즈 현실이다. 불완전한 영업이 이루어지면 매장을 운영하면서 그에 상응하는 부정적인 면이 발생할 수 있다. 성공적인 가맹 사업을 위해서는 정도 영업을 통한 가맹 개설이 이루어질 수 있도록 해야 한다.

일부 가맹 본부는 사전에 지역마다 브랜드가 입점하기 적합한 상권 분석을 통해서 점포 개발을 해 놓고 예비 창업자와 상담을 진행하면서 추천해주기도 한다. 이런 브랜드는 대체적으로 창업비가 많이 들어서 특정한 예비 창업자를 대상으로 할 때 활용되고 있는 방식이다. 가맹 본부 브랜드 파워를 유지하고 매출 증대를 위한 목적이 있어서 추진하는 경우도 있다. 이때 주의할 부분은 점포 위치를 추천은 해주되 결정은 예비 창업자 몫이라는 것을 분명하게 강조해주어야 한다는 사실이다. 이 부분을 놓쳐서는 안 된다. 점포 개발을 잘할 수 있어야 신규 개설에 속도가 붙게 되어 있다. 브랜드를 결정해 놓고도 점포를 구하지 못해서 오픈이 늦어지는 사례가 많은 것이 프랜차이즈 실태다. 점포 확정을 신속하게 할 수 있도록 영업 프로세스를 확립해 놓는 것도 가맹 본부 경쟁력이다. 주먹구구식 프랜차이즈 영업은 계약 체결 확률이 매우 낮다. 예비 창업자 발굴부터 점포 확정까지의 진행 절차를 규정해 놓고 실천할 수 있어야 가맹 영업이 안정화되어서 지속적인 신규 매장 오픈이 용이하다.

04 / 예비 창업자 발굴

신규 매장을 확산하기 위해서는 선결 조건으로 창업을 희망하는 예비 창업자를 다수 확보할 수 있는 모객 발굴 전략을 수립할 수 있어야 한다. 최고의 예비 창업자 발굴 방법은 운영 중인 가맹점이 고객으로 항상 붐비게 만드는 것이다. 브랜드를 입소문 나게 할 수 있을 때 가맹점 확산이 수월해진다. 실제로 매장 매출이 좋은 브랜드는 매장 점장이 신규 매장을 오픈하는 일이 많고 가맹점주가 친지나 지인에게 창업을 적극 권장하게 되어 신규 오픈이 빠르게 이루어진다. 결국은 기존 매장의 매출이 신규 창업과 직결되게 되는 것이 프랜차이즈 속성이다. 가맹점 매출을 올리는 것이 가맹점을 확산시키는 최고의 비책이다. 브랜드 평판이 좋아야 신규 창업자가 모이는 것은 당연한 논리이기에 슈퍼바이저를 통한 가맹점 관리가 얼마나 가맹 사업에서 중요한지 알 수 있는 대목이다.

예비 창업자를 발굴하는 방법은 다양하다. SNS를 활용하여서 브랜드를 강점을 알리고 브랜드 가치를 올려서 창업에 대한 관심을 유발할 필요가 있다. 브랜드 홍보 기사를 온라인을 통해 활성화시켜서 브랜드를 자주 노출시키는 것도 예비 창업자 발굴에 좋은 방법이다. 신문이나 잡지를 활용하는 방법은 점점 퇴색되어 가고 있어서 효과가 작다고 보아야 한다. 홈페이지를 적극 활용하여서 예비 창업자를 발굴할 수 있도록 하는 것이 좋다. 홈페이지는 500호점이 되기까지는 매출 증대보다는 신규 창업 위주로 구성하는 것이 효율적이다. 프랜차이즈 홈페이지를 클릭하는 사람은 프랜차이즈 관련업에 종사하는 경우를 제외하고 대다수가 신규 창업에 관심을 갖고 있다고 보아야 한다. 홈페이지는 비용을 들여서도 한눈에 브랜드 경쟁력을 알아볼 수 있게 만들 수 있어야 한다. 특히 예비 창업자가 창업 문의를 하고 싶은 생각이 들도록 만들어 놓아야 한다. 브랜드 특색을 비롯하여 운영 시스템이 구축되어 있다는 느낌이 확 와닿도록 구성할 필요가 있다. 홈페이지는 예비 창업자 발굴에 크게 영향을 미치는 사항이므로 심혈을 기울여서 제작해야 한다.

가장 좋은 예비 창업자 발굴은 매장을 운영하고 있는 가맹점으로부터 추천을 받는 일이다. 소개가 곧 가맹 계약 체결로 이어질 확률이 매우 높기 때문이다. 가까운 지인이나 친지로부터 창업을 권유 받았을 경우 브랜드에 대한 신뢰가 좋아지게 되어서 일단 긍정적인 자세를 갖고 창업을 생각하는 것이 일반적이다. 더군다나 현재 직접 매장을 운영하고 있는 지인이 추천하는 브랜드라 더욱 믿음이 갈 수밖에 없다. 그래서 계약 체결 확률이 높은 것이다. 이러한 가맹점 추천 제도가 활성화되려면 전제 조건이 수반되어야 한다. 바로 가맹점에서 기대 이상의 수익이 나왔을 경우이다. 자신이 원하는 수익이 안 나오는데 주변에 창업을 권유할 리가 만무하기 때문이다. 이 부분에서도 가맹점 매출의 중요성이 다시 한 번 강조되는 것을 알 수 있다. 가맹점 매출을 올리는 것은 가맹점 수를 늘리기 위함이라고 해도 모순되는 말이 아니라는 것을 입증해 주는 대목이다.

예비 창업자는 고객의 발길이 끊이지 않고 수익이 많이 날 수 있다고 판단이 서는 브랜드를 선택하여 가맹 본부에 창업 문의를 하게 된다. 예비 창업자를 많이 발굴하기 위해서는 매출이 우선이라는 명제가 이 대목에서도 성립된다고 할 수 있다. 예비 창업자가 브랜드를 선택할 때 첫번째 계기는 매출이 좋을 거라는 확신이 들 때이다. 결국 돈을 많이 벌고 싶어서 창업을 선택하기 때문이다. 매출이 수반되는 브랜드 중에서 매장 운영이 쉽고 편리한 브랜드를 물색하게 된다. 가맹 본부와 브랜드에 대한 평판이 좋고 운영 시스템이 마음에 들며 대중성이 있으면서 앞으로도 오랫동안 잘될 것 같은 예감이 들 때 브랜드를 선택하게 되는 것이 일반적이다. 유행을 덜 탈 거 같고 가성비가 좋은 브랜드를 마음에 두게 되어 있다. 프랜차이즈 브랜드가 무수히 많은 와중에도 창업 문의가 일평균 5명 이상은 꾸준히 들어와야 메이저 반열에 오를 수 있는 기반을 조성할 수 있게 된다. 그러기 위해서는 상기에 열거한 제반 시스템이 구축되어야 한다는 전제 조건이 수반된다. 이 부분을 염두에 두고 가맹 사업을 추진해야 원하는 바를 이룰 수가 있는 것이 프랜차이즈가 갖고 있는 고유의 성질이라 할 수 있다.

05

창업 상담 기법

    같은 조건과 환경일지라도 누가 상담하는지에 따라 계약이 성사될 수도 있고 실패할 수도 있다. 일상생활은 어떤 일을 하든지 사람과의 만남 속에서 영업 활동을 지속적으로 하고 있다고 볼 수 있다. 누군가를 이해시키고 설득하여 실행하게 만드는 일을 반복적으로 행하고 있다. 같은 말을 하더라도 상대방이 공감할 수 있게 분위기를 조성하면서 믿음이 가는 어휘와 문구를 사용할 수 있는 사람이 상대방에게 자신의 주장을 관철시킬 수 있는 확률이 높다. 프랜차이즈 영업도 똑같은 맥락이다. 추가적으로 브랜드에 대한 특장점과 비전 등에 대해서 확신에 찬 모습으로 전해 주면 된다. 이처럼 어떤 영업이나 성과를 내는 데 개인차가 크다. 특히 프랜차이즈 영업은 더욱 심한 편이다. 경력 사원으로 영업 부서에 입사하여 3개월 동안 1건의 실적도 못 내서 회사를 떠나는 경우가 부지기수다. 프랜차이즈 경영자와 임원 정도 직급에 있으면 경력 영업사원이 20일 정도 영업 활동을 하는 것을 보면 실적을 낼 수 있는 직원인지 판명할 수 있다. 그래서 계약 체결은 아무나 하는 것이 아니라는 말이 나온 것이다. 상담 능력을 갖추고 있어야 실적이 나오게 될 확률이 높아지게 되기에 프랜차이즈 가맹 본부는 영업력을 갖춘 경력 사원을 영입하려고 노력하는 것이다. 영업사원은 육성해서 실적을 올리기까지의 시간이 오래 걸린다는 점이 신입 사원보다는 경력 사원을 선호하는 이유다.

    프랜차이즈 영업사원은 예비 창업자가 창업과 관련해 전반적으로 질의할 내용을 이해하고 숙지할 수 있어야 한다. 말문이 막히거나 본질과 다른 내용을 전하게 되면 영업사원에 대해 믿음이 약화될 수 있으므로 신중을 기해서 답변을 줄 수 있어야 한다. 그러기 위해서는 브랜드의 특장점과 운영상의 프로세스는 머릿속에 완벽하게 이해해야 한다. 예비 창업자는 창업비가 어느 정도이고 거기에는 구체적으로 무슨 비용이 포함되는지를 알고 싶어 하며 계약이 체결되고 난 후 매장을 오픈하기까지 진행 과정을 궁금해하고 교육은 며칠 동안 받으며 몇 명이 입소해야 하는지도 질문하게 된다. 점포 물색을 가맹 본부에서 해주는지 인테리어 공사를 자체적으로 하는 것이 가능한지도 질문한다. 특히 매장이 위치한 지역에서 어디까지 상권을 주는지도 알고 싶어 하고 로열티가 얼마인지와 창업 대출금은 가맹 본부에서 해주는지도 질문하는 것이 기본이다. 가맹 계약 기간도 알고 싶어 하고 재계약을 하게 되면 가맹비를 또 내야 하는지도 질문하게 된다. 원가율이 얼마이고 한 달 평균 수익이 어느 정도이며 몇 명이 홀과 주방에서 근무해야 하는지도 궁금해한다. 여름과 겨울 매출 차이도 알고 싶어 하고 매장이 쉬는 날을 자유롭게 가맹점에서 정해도 되는지와 오픈 시간과 마감 시간도 물어보는 경우가 많다. 원·부재료 공급은 일주일에 몇 번 와 주는지와 매장을 오픈하면 슈퍼바이저가 지원을 나와주는지도 궁금해한다. 이 밖에도 질문하는 것이 있을 수 있지만 대체로 상기 열거한 내용이 주를 이룬다고 보면 된다. 영업사원은 여기에 대한 답변 자료를 일목요연하게 만들어서 가맹 상담 시 활용하여 명확하게 답변해줄 수 있어야 한다.

상담 기법이 좋은 영업사원은 계약 체결을 할까 말까 망설이는 예비 창업자 마음을 움직이게 하여 자사 브랜드를 결정하도록 만드는 기술을 가지고 있다. 또한 당장 할 생각이 없는 예비 창업자를 신속하게 창업할 수 있도록 유도하는 역량을 지니고 있다. 영업 실적이 우수한 영업사원은 상대방에게 브랜드를 믿고 확신할 수 있는 환경을 조성할 수 있는 탁월한 능력을 갖추고 있다. 일방적으로 브랜드의 좋은 점만 강조하는 것이 아니고 예비 창업자의 현 조건을 이해해주고 공감하면서 빠르게 확정 지을 수 있는 창업 상담을 하는 공통점이 있다. 우수한 영업사원이 되려면 예비 창업자를 첫 대면을 할 때의 표정과 언행이 계약을 결정짓는 데 크게 작용을 한다는 것을 염두에 두고 있어야 한다. 특별히 상대에게 전하는 말투는 매우 중요하다. 능수능란하게 자유자재로 언어를 구사하는 사람이 창업 상담을 잘하는 것이 결코 아니다. 말을 유창하게 잘하는 것이 영업 활동을 하는 데 유리하다고 볼 수만은 없다. 상대방이 진정성이 있다고 생각할 수 있도록 창업 상담을 해야 성과를 내는데 수월하게 되어 있다. 영업이 지니는 특질이다. 상담이라는 것은 어느 분야든지 전문가와 논의한다는 것을 의미한다. 프랜차이즈 매장을 운영할 생각이 있어서 가맹 본부의 문을 두드렸을 때 창업 상담을 해주는 영업사원이 프랜차이즈에 대한 전반적인 실력과 브랜드 특징을 이해하고 있으면서 예비 창업자가 궁금해하는 여러 사항에 대해 상세하고 진실하게 답변해 줄 수 있을 때 브랜드와 가맹 본부에 대한 이미지가 좋아지고 신뢰가 가게 되어 창업을 결정할 수 있는 계기를 줄 수 있다.

영업사원에 대한 급여 체계는 가맹 본부마다 천양지차의 양상을 보이고 있는 실정이다. 영업 실적에 무관하게, 타 부서 직원과 마찬가지로 일정한 급여 테이블에 맞게 직급별로 지급하는 경우와 직급별로 기본급을 지급하고 영업 실적에 따른 성과급을 차등으로 지급하는 경우가 있다. 어느 방법이 효율적이고 비효율적인지를 판가름하기가 쉽지 않다. 브랜드가 지니는 특색과 가맹 본부의 여건과 환경에 적합하게 영업사원에 대한 보상 체계를 수립할 수 있어야 한다. 둘 다 장단점이 명확히 있다. 브랜드가 안정화되어 있고 영업사원이 가맹 사업을 오랫동안 함께할 지원이라면 고정급을 지급하는 것이 효과적이다. 성과급제는 기간이 경과하면서 탈락할 수 있는 소지가 있기 때문이다. 영업 실적이 부진한 것이 몇 개월 지속되면 스스로 회사를 떠날 수밖에 없다. 영업의 냉혹한 현실이다.

브랜드를 빠르게 확산하려는 목적이 크다면 다수의 영업사원을 채용하여 기본급에 성과급 제도를 활용하는 것이 좋다. 영업을 잘하는 사원들은 성과급제를 더 선호하는 편이다. 소수의 유능한 영업사원을 두고 가맹점을 확산시키고 있는 브랜드가 의외로 많다. 많은 성과급을 받기에 타 브랜드로 이직할 확률이 낮고 한곳에서 뿌리를 내리면 2 브랜드 3 브랜드 탄생 시 병행하여 영업하는 사례가 많다. 영업 인력이 많을수록 좋다는 것은 유능한 영업사원이 부재할 때 통용되는 말이다. 영업 실력이 월등한 영업사원이 있을 시는 굳이 다수의 영업사원이 필요치 않게 된다. 일당백을 하기 때문이다. 영업 상담 능력이 탁월하여 모객 대비 계약 체결률이 좋아서 가맹 본부도 득이 된다. 성과급제를 시행하는 곳은 건당 금액을 정해서 지급하기도 하고 건수 누진제를 적용해서 지급하는 경우도 있다. 자신이 체결한 매장에서 한 달 동안 가맹 본부에 공사 대금을 비롯해 입금한 금액에 규정해 놓은 비율을 적용하여 성과금을 지급하는 가맹 본부도 있다. 무엇이 효율적인 방식이라고 단언하기가 힘들기에 가맹 본부 사정에 맞게 보상 체계를 정해서 실천하는 것이 좋다.

프랜차이즈 가맹 영업을 하는 영업사원의 급여 체계를 어떻게 규정해서 실행하느냐가 계약 실적과 직접적으로 연관이 된다. 매월 직급에 따라 고정급으로 주고 연말에 성과급을 지급하는 체계가 일반적으로 많이 적용하고 있는 영업사원 보상 체계라 할 수 있다. 영업은 한 달로 마감하면서 실적 관리를 하기에 연속성이 요구되는 직무다. 가맹 본부마다 상이하나 경영자가 영업 실적을 직접 매일 체크하며 마감 보고를 받는 곳도 생각보다 많다. 반면에 신규 계약 실적에 대한 목표 관리를 하지 않는 가맹 본부도 있다. 프랜차이즈 영업은 영업사원 역량에 따라 결과치가 확연하게 달라진다. 고도의 기술을 요구하지는 않아도 예비 창업자의 심금을 울릴 수 있을 정도의 상담 스킬이 요구되는 직무다. 영업 활동은 동기 부여가 되고 사기 진작을 불러올 수 있는 무엇인가가 존재해야 하는데 보상 체계가 그 몫을 하게 되는 것이다. 가맹 본부 입장에서는 영업사원 성과 수당이 많이 지급될수록 가맹 사업이 번창하게 된다는 것을 의미하므로 현실적이고 생산적인 영업 실적 보상 체계를 수립하여 실천할 필요가 있다.

PART
9

갈등과 분쟁의 소지는
사전에 없애야 한다

가맹 본부와 가맹점은 서로 신뢰와 믿음을 갖고 공동으로 사업을 전개하여 상생할 수 있도록 각자의 역할을 이행하여 수익을 내는 동반 사업자라고 할 수 있다. 서로 성장 환경과 가치관 및 처해 있는 여건이 달라서 갈등과 분쟁의 씨앗을 언제나 품고 있는 협력 관계이기도 하다. 갈등과 분쟁은 발생 후 해결할 생각을 하지 말고 사전에 예방할 수 있도록 평소에 가맹 본부와 가맹점이 원활히 소통할 수 있는 길을 열어 두어야 한다. 또한 상충하는 일이 발생하면 프랜차이즈 시스템 원리와 특성을 서로 이해하여 원만하게 해결점을 찾는 것이 좋다. 이것이 성공적인 가맹 사업을 펼쳐 나가기 위한 최상의 방법이다. 만에 하나 갈등과 분쟁 요인이 발생할 시 가맹 본부는 섣부른 판단과 결정을 하지 말고 고문 변호사와 가맹 거래사의 자문을 받아서 합리적인 해결책을 강구할 수 있어야 한다. 가맹점과의 분쟁 발생 시 일 처리 미숙으로 인해 그동안 쌓아 올린 브랜드 가치를 한 번에 실추시키는 일이 발생되는 불상사가 있을 수 있으므로 현명하게 처리해서 다른 문제로 비화하지 않도록 주의해야 한다. 예를 들어 500호점을 운영한다고 가정할 때 한두 개 가맹점과의 분쟁으로 브랜드 이미지가 단번에 실추된다는 사실을 경영자는 필히 마음속 깊이 새기고 가맹 사업을 추진할 수 있어야 한다.

가맹 본부와 가맹점의 갈등과 분쟁이 일어나는 원인이 예전에는 가맹 본부의 갑질과 창업주 경영자의 오너리스크, 임직원의 불손한 태도가 주를 이루었다. 작금은 가맹점의 수익성 미흡, 비싼 원·부재료 공급가, 일방적인 매장 리뉴얼, 과다한 광고비, 로열티 인상 등이 핵심적인 이유다. 사실 이러한 갈등과 분쟁은 가맹점 수익이 점주가 원하는 만큼 나오면 다 묻혀가게 되어 있다. 그만큼 매장 매출이 중요하다고 볼 수 있다. 매출이 좋다고 기대하는 수익이 나온다는 법은 없지만 확률적으로 정비례하는 것이 일반적이다. 프랜차이즈 브랜드의 대다수가 매출이 좋을 수는 없다. 그 와중에 가맹 본부와 가맹점 사이에 이런저런 갈등 요인이 발생하게 되는 것이다. 가맹 본부가 가맹점과 소통을 잘해서 갈등의 소지를 사전에 예방할 수 있어야 브랜드 평판이 좋아지게 되어 1,000호점을 갈 수 있는 발판을 마련할 수 있다.

가맹점에서 불만을 표출하는 주된 요인은 정성을 다해 매장을 운영했는데도 별로 손에 쥐는 것이 없을 때, 매장에 공급해주는 원·부재료가 품질이 좋지 않을 경우, 원가율이 높을 경우, 브랜드에 대한 마케팅과 홍보가 부족할 때, 가맹점 동의 없이 프로모션을 추진할 때, 새로운 메뉴가 출시되었는데 마음에 들지 않을 경우, 슈퍼바이저가 클레임 처리를 제대로 안 해줄 때, 인근 지역에 신규 매장을 출점했을 경우, 피드백이 없을 경우 등이다. 가맹점 불만 사항이 가맹 본부와의 갈등 요인으로 이전되어 나아가서는 분쟁까지 치닫게 되는 일이 발생하게 된다. 가맹 본부에서 가맹점과의 원활한 의사소통을 경영의 최우선으로 삼아서 불만 요인이 발생하지 않도록 평소에 가맹점 관리를 잘하는 것이 중요하다.

01 갈등 요인

이해관계

프랜차이즈 속성상 가맹 본부는 전체 가맹점의 만족도를 높일 수 있는 정책을 수립하여 실행할 수 있도록 해야 한다. 특정 가맹점을 위한 정책 수립이 사실상 어렵다. 가맹점마다 차이를 두어 개별적인 혜택을 주면서 가맹 사업을 전개하기가 구조적으로 힘들다. 가맹 사업의 핵심인 통일성이 무너질 수 있기 때문이다. 가맹점은 자신의 매장에 국한하여 가맹 본부와 소통하여 기대하는 이익을 얻고 싶어 하는 것이 대다수다. 많은 자금을 투자해서 프랜차이즈 매장을 운영하기에 어찌 보면 당연한 처사다. 가맹 본부와 가맹점이 추구하는 지향점이 다르기에 갈등 요인은 언제나 도사리고 있게 되는 것이다. 가맹 본부는 하나의 가맹점 매출과 수익보다는 전체 가맹점 매출을 올릴 수 있도록 운영 시스템을 정립하고 현장 마케팅을 전개한다. 점포 위치와 지역적인 특성 등 가맹점마다 처한 환경이 다른 것이 프랜차이즈 일반적인 현상이다. 가맹 본부는 브랜드 가치 증가와 전체 가맹점을 대상으로 정책을 추진하는 것이 보편적이다. 반면 가맹점은 자기 매장의 매출과 수익에 열과 성을 다한다. 가맹 본부와 가맹점 간 갈등이 발생할 수 있는 소지가 여기에 있는 것이다.

　가맹 본부와 가맹점이 추구하는 비전과 목표가 같은 부분도 있지만 다른 것이 어찌 보면 더 많다. 바라보는 사업의 시각이 상이하기에 나타나는 현상이라 할 수 있다. 이런 시각 차이를 개선하려면 프랜차이즈 원리와 시스템에 대한 이해와 납득이 될 수 있게 가맹점 교육을 철저히 할 수 있어야 한다. 프랜차이즈는 가맹 본부와 가맹점이 한배를 타고 항해하는 배와 같은 개념이기에 상호 주어진 역할을 잘 수행해야만 목적하는 바를 이룰 수 있다. 가맹점만 일방적으로 가맹 본부의 정책을 따라오라고 하는 것은 갈등을 불러올 소지가 있다. 왜 현장에서 전체 가맹점이 통일성 있게 실천해야 하는지를 충분히 이해시키고 설득할 수 있어야 한다. 그러기 위해서는 경영자와 임직원이 프랜차이즈 전문 지식을 겸비하고 있어야 한다. 또한 가맹 본부와 가맹점이 상호 목표와 비전을 함께 공유할 수 있어야 한다. 가맹 본부와 가맹점의 운영상의 사소한 갈등을 해소하는 방법이라 할 수 있다.

　가맹 본부와 가맹점은 서로에게 이익도 주고 손해도 끼칠 수 있는 관계이다. 자신이 하는 말과 행동에 따라 상대방에게 이득을 주고 손실을 초래하게 되는 사이다. 상호 이해관계로 얽힌 불가분의 관계이다. 프랜차이즈는 가맹 본부와 가맹점이 본연의 역할과 책임을 다해야만 같이 상생할 수 있는 사업 구조다. 이 점은 누구도 부인할 수 없는 진리다. 한쪽의 성공은 있을 수가 없는 특수 관계라 할 수 있다. 가맹점 모두가 같은 사고를 지니고 매장을 운영한다는 것이 현실적으로 어렵다. 각기 처한 여건과 사정이 다르기 때문이다. 일부 가맹점에서 가맹 본부의 정책이 마음에 안 들어서 불만을 표출하는 경우가 있다. 이는 가맹점 특성상 어찌 보면 당연한 일이다. 이때 가맹 본부가 가맹점에서 이해하고 납득할 수 있도록 원활한 소통을 통해 얼마나 잘 설득할 수 있느냐가 중요하다. 가맹점과의 사소한 갈등을 예방하려면 프랜차이즈 원리와 시스템에 대해서 슈퍼바이저가 명확하게 이해하고 지도할 수 있어야 하고, 매장을 오픈하기 전에 실시하는 오픈 전 교육인 기초 교육 시간에 철저하게 교육하여서 가맹점에서 해야 할 역할에 대해 각인시켜 줄 수 있어야 한다. 가맹 본부 책무 이행이 선행되어야 할 필수 조건임은 말할 나위가 없다.

일방통행

프랜차이즈는 가맹 본부에서 슈퍼바이저를 통해 가맹점에서 정책과 매뉴얼을 잘 이행할 수 있도록 지도하고 관리하며 감독하는 운영 시스템을 가동하고 있다. 가맹점은 가맹 본부의 지침을 준수하면서 매장을 운영한다. 가맹점은 가맹 본부의 정책에 대해 이렇게 해주었으면 하는 의견을 피력하고 개선해 줄 것을 요구할 때가 있다. 가맹점은 자신의 요구 사항이 관철이 안 되면 가맹 본부에 불만을 표출하기 시작하고 볼멘소리를 자주 하게 된다. 이것이 쌓이다 보면 가맹 본부와 갈등으로 이어지게 되는 것이다. 가맹점 현장의 소리를 귀담아듣지 않고 흘려버리게 될 때 나타나는 현상이다. 상대가 이해할 수 있게 소통을 하지 못해서 초래되는 결과이다. 가맹점이 느낄 때 가맹 본부에서 일방적으로 어떤 정책을 펼친다는 기분이 들지 않도록 할 필요가 있다. 가맹 본부는 중요 정책을 전개할 때 사전에 가맹점과 논의 내지는 의견을 수렴하여 결정해서 실천하는 자세를 지녀야 한다. 쌍방의 원활한 소통이 가맹점과의 갈등을 미연에 방지하는 최상책이다.

가맹 본부와 가맹점은 수평 관계에 놓여 있다는 생각이 들 정도로 가맹점을 운영할 수 있는 브랜드가 가맹점 만족도를 높여서 성공적인 가맹 사업으로 갈 수 있는 초석을 마련하게 되어 있다. 프랜차이즈는 한쪽의 통제가 상대방의 오해를 불러오게 돼서 예기치 못한 사이로 전락하게 되는 일이 있다. 가맹 본부에서 가맹점 입장을 고려하지 않은 상태에서 정책을 결정하여 그대로 실천하라고 할 경우 갈등의 골이 깊어지게 되는 일이 빈번하게 발생한다. 가맹 본부에서 말로는 상생한다고 하면서 실제 하는 행동은 다르다는 말이 나오지 않도록 경영자는 유념하고 가맹 사업을 추진해야 한다. 가맹 사업을 추진하면서 가맹 본부의 일방적 통행은 대수롭지 않다고 여기고 추진할 때 그것이 불거져서 갈등이 유발되어 나아가 분쟁으로 이어질 소지를 만들게 된다는 사실을 유의하고 가맹점 관리를 할 수 있어야 한다. 어느 조직에서나 어떤 연유로든지 한쪽의 수직적인 말과 행동은 언젠가 문제를 야기하게 되는 것이 일반적인 논리다. 특히 프랜차이즈는 더욱 그렇다는 것을 염두에 두어야 한다.

가맹 본부의 일방통행은 자칫 잘못하면 가맹점에 대한 갑질로 변질될 수 있는 소지가 다분하다. 내가 갑의 위치에 있으니 을의 입장에 있는 너는 무조건 따라야 한다는 식으로 가맹 사업을 전개하는 곳은 한 군데도 없다. 하지만 일부 가맹점이 가맹 본부에서 일방적으로 지침을 주어 실천을 강제한다는 느낌을 받게 된다면 갈등이 생길 우려가 있게 된다. 이 점을 가맹 본부는 주의해야 한다. 가맹점은 가맹 본부 지침대로 매장을 운영해야 한다는 생각을 은연중에 지니고 있다. 그렇기에 가맹 본부는 중요 정책은 현장의 소리를 참조하여 결정하는 것이 좋다. 갈등의 불씨를 해소하고 현장 실행력을 높여서 매출을 증대하는 데 효과가 있기 때문이다. 일방통행은 가맹 본부만 해당되는 사항이 아니다. 가맹점의 일방통행도 프랜차이즈 사업을 전개하다 보면 생각보다 많이 발생하고 있는 형국이다. 가맹 본부 경쟁력이 부족한 브랜드일수록 심하게 나타나고 있다. 슈퍼바이저가 역할을 못 하기에 발생되는 경우이다. 가맹점의 개인행동은 브랜드 가치를 하락시키는 직접적인 요인이 되기에 미연에 방지할 수 있어야 한다.

목표 상이

가맹 본부는 비전 달성을 위해 장기적인 전략 수립에 전력을 쏟는 반면 가맹점은 당장의 매장 매출에 모든 것을 다하게 되어 있다. 가맹 본부는 사업으로서 목표를 설정하는데 가맹점은 매장을 생계의 수단으로 삼는 것이 일반적인 현상이다. 사업과 장사는 추구하는 지향점이 엄연하게 다를 수밖에 없다. 가맹 본부와 가맹점은 생각의 차이에서 오는 괴리감이 나타날 수 있다. 가맹점은 본인의 매장에서 실질적인 도움을 받을 수 있는 정책과 지원을 바라는 마음이 크다. 자신의 점포 여건에 부합한 방향으로 가맹 본부에서 마케팅과 홍보를 해 주고 매장 관리를 해 주었으면 한다. 하지만 가맹 본부 입장에서는 특정 가맹점만을 위한 정책과 혜택을 주기가 어려운 점이 많다. 전체를 통일성 있게 관리하고 이끌어 갈 책무가 있기 때문이다.

주어진 환경과 여건이 다르고 사물을 보는 관점과 시각이 다를 수밖에 없어서, 가맹 본부의 정책과 매뉴얼 준수하면서 현장에서 실천하여 매출을 올려야 하는 가맹점은 가맹 본부에서 하는 일이 모두 양에 찰 수는 없다. 인간이 살아가는 관계에서 어느 조직이나 갈등은 유발되게 되어 있다. 프랜차이즈는 가맹점의 마음을 움직여서 고객에게 실천하여 매출을 올리는 업무 시스템이기에 더욱더 갈등을 사전에 방지할 수 있도록 제도적으로 장치를 마련해 놓아야 한다. 가맹 본부는 교육을 통해서 가맹 본부와 가맹점이 지향하는 목표에 대한 합일점을 찾고 실행할 수 있도록 노력해야 한다. 같은 방향으로 갈 수 있을 때 갈등과 분쟁은 최소화되게 되어 있기 때문이다. 실행을 통해서 달성하려는 대상을 정해 놓고 도달하기 위해 서로 이해하고 수긍이 갈 때까지 대화하면서 작은 갈등 요인을 해결할 수 있도록, 가맹 본부는 부단한 노력을 해야 한다. 그래야 가맹점에서 공감하여 공동체 의식을 함양하게 되어 동반 사업자로서 역할을 다할 수 있기 때문이다.

프랜차이즈 궁극적인 목표는 가맹 본부와 가맹점이 상생하는 것이다. 그래야 고객에게 최고의 품질과 서비스를 제공할 수 있게 되어서다. 추구하는 비전을 같이하기 위해서는 교육이 우선시 되어야 한다. 프랜차이즈를 선택하게 된 이유와 배경에 대해서 충분하게 교육하여서 왜 가맹점에서 표준화를 준수하면서 매장을 운영해야 하는지를 인지하게 해야 한다. 나아가는 지향점이 다르면 이해하고 넘어갈 수 있는 부분을 가지고 갈등을 일으키게 되기에 같은 배를 타고 항해하고 있다는 것을 가슴속 깊이 심어줄 필요성이 있다. 프랜차이즈 사업을 하는 가맹 본부나 프랜차이즈 창업을 결정하고 매장을 운영하는 가맹점의 실질적인 목적은 이익을 내기 위해서라는 점을 부인하지 못할 것이다. 이를 위해 주어진 역할을 성실하게 이행할 의무가 있는 것이다. 쌍방이 소통을 잘하면서 역할을 완수해야 목적을 이룰 수가 있기 때문이다. 어느 기업이나 경영자와 임직원의 목표와 비전이 함께할 때 성과 달성이 용이한 것처럼 프랜차이즈도 가맹 본부와 가맹점이 같은 방향으로 전진할 때 서로 추구하는 목적을 달성하게 된다는 점을 쌍방이 인식해야 한다. 가맹점 교육의 중요성이 여기서도 대두된다고 할 수 있다. 수익이 받쳐주면 가맹점과의 갈등은 웬만해서 발생하지 않는다.

원·부재료 공급가

가맹점에서 시중보다 저렴하게 원·부재료를 공급받기를 희망하는 것은 당연한 일이다. 가맹 본부는 협력 업체로부터 공급받은 가격에 일정한 마진을 더해 가맹점에 공급하게 된다. 원·부재료 중 일부는 시중에서 누구나 구입할 수 있어서 가격을 가맹점이 알고 있는데 그보다도 더 비싸게 가맹 본부로부터 공급받을 때 가맹 본부에 대한 불만을 표출할 수 있다. 왜 가맹 본부에서 공급하는 원·부재료가 더 비싼지를 이해시키지 못할 때 야기될 수 있는 문제다. 이 문제는 가맹점에 쉬쉬할 것이 아니고 사실대로 이유를 명백하게 전해주는 것이 좋다. 슈퍼바이저를 통한 가맹점 관리를 해주고 마케팅과 홍보를 비롯하여 신규 메뉴를 출시하는 등 가맹 본부 경영을 위해서 이윤을 더해서 공급하는 것이라고 이해시킬 수 있어야 한다. 공연히 합리화하고 변명을 하게 되면 오히려 가맹점은 가맹 본부를 불신하게 될 소지가 많아질 수 있기 때문이다.

물가 상승으로 인해 시장의 원리에 따라서 기존 원·부재료 공급가에서 추가 인상해서 가맹점에 공급하게 될 때는 충분하게 시장 여건상 불가피하게 인상되게 된 배경을 설명해주면 수긍하는 것이 일반적이다. 단 평상시 특별한 시장 변동이 없는데도 불구하고 갑작스럽게 가맹점의 이해를 구하지 않고 원·부재료를 인상하는 가맹 본부가 있다. 이럴 경우 가맹점과의 갈등의 골이 깊어지게 된다. 가맹점은 매장 수익성에 가장 민감하게 반응할 수밖에 없으므로 당연한 처사이다. 가맹 본부는 원·부재료 공급가 인상을 해야 할 시는 반드시 그에 합당한 이유를 가맹점에 전달할 수 있어야 한다. 인상분에 상응하는 소비자 판매가를 조정해서라도 가맹점 불만을 최소화할 수 있어야 한다. 원가율이 올라가면 곧바로 매장 이익에 차질을 초래하게 되어서 갈등을 유발하게 되어 있다. 어찌 보면 당연한 논리인데 경영을 하다 보면 어쩔 수 없이 인상하여야 할 상황이 도래되게 되는 경우가 있다. 이때도 가맹점과 원활한 소통이 해법이다. 이해시켜서 설득하여 납득하게 하려면 쌍방 소통이 최고의 해결 방법이기 때문이다.

직장에 근무하는 인원이 맡은 업무에 대한 직무 능력을 갖추는 것은 기본이다. 프랜차이즈 가맹 본부에서 원·부재료를 가맹점에 공급해주는 임무를 띠고 있는 구매부서 직원은 직무 역량을 더욱 필요로 한다.

좋은 품질을 완성할 수 있는 원·부재료를 다량으로 연속해서 가맹점에 공급할 수 있도록 우량의 협력 업체를 선정하여 가격 경쟁력을 이룰 수 있는 능력을 지녀야 하기 때문이다. 가맹점 만족도를 최상으로 올릴 수 있는 비결이기에 더욱 그렇다. 값비싼 원·부재료 공급은 가맹점에서 불만을 표출하는 핵심적인 요인이다. 이를 해소할 수 있다면 가맹점과의 갈등은 좀처럼 발생하지 않게 된다. 신규 가맹점을 늘리는 데도 밑거름이 되는 사항이다. 양질의 원·부재료를 합리적인 착한 가격으로 가맹점에 공급할 수 있도록 원가 및 가격 경쟁력을 갖추는 것이 중요하다.

고충 처리 함흥차사

가맹점에서 매장을 운영하면서 야기되는 불만 사항에 대해 슈퍼바이저에게 요청할 시 아무런 회신을 안 주거나 주더라도 어떻게 처리해 줄 것인지에 대한 답을 주지 않을 경우 가맹 본부에 대한 불만이 생기게 된다. 컴플레인 처리를 빠르게 해 줄 때 가맹점 만족도는 높아지게 되어 있다. 대다수 가맹 본부는 가맹점 컴플레인에 대한 빠른 회신을 안 해주어 불신을 초래하게 되는 일이 의외로 많다. 슈퍼바이저는 가맹점에서 일어나는 일들을 처리해주는 최일선의 전사라 할 수 있다. 일명 해결사라고도 불린다. 가맹점 불만 중에서 선두를 다투는 것이 불만 사항 처리에 대한 회신이 없거나 해주어도 늦게 하거나 아예 감감무소식일 때다. 절대로 경영자가 간과해서는 안 될 부분이 가맹점과 고객한테서 발생되는 컴플레인에 대한 늦장 처리다. 상대방의 만족도를 최고로 올릴 수도 있고 반대로 최저로 내릴 수 있기 때문이다.

가맹점이 가맹 본부에 대한 불만을 말할 경우와 고객이 가맹점에 대해서 불만을 표출하는 경우가 있다. 가맹점 불만은 원·부재료 품질 문제와 동의 없이 추진되는 정책이라든지 인테리어 하자 부분 및 매장 운영상 필요 부분을 요청했을 시 회신이 늦을 때 주로 발생한다. 고객은 매장 종업원의 불친절과 음식에서 이물질이 나왔을 때가 대부분이라 할수 있다. 어떤 상황에서 어디서 누구에 의한 불만이든지 사유를 불문하고 빠르게 대응하여 효율적으로 처리하여 상대방에게 회신을 줄 수 있는 가맹 본부가 되어야 브랜드 가치가 올라가서 가맹점 확산으로 이어질 수 있다는 점을 가맹 본부는 명심할 필요가 있다. 가맹점과 고객이 제기한 고충을 빠르게 해소해주지 못해서 브랜드에 대한 부정적인 시각을 갖게 하는 것은 마이너 프랜차이즈에 머무르게 하는 주요 원인이 된다는 것을 경영자는 유념해야 한다. 가맹점은 자신의 매장에서 일어나고 있는 일에 대한 요청 사항을 빠르게 해결해줄 때 브랜드 충성심이 충만하게 된다.

프랜차이즈는 수없이 다양한 이유로 불만 사항이 표출될 수밖에 없다. 컴플레인이 발생했을 때 사후 처리를 어떻게 하느냐가 더 중요한 미션이다. 어느 사유에 해당되는 불만 사항은 슈퍼바이저가 빠르게 관련 부서와 논의하여 대책을 강구하여 피드백을 해주는 것이 상책이다. 일상생활에서도 상대방과 소통할 시 전화나 문자를 받고서도 아무런 응대를 하지 않으면 손절하고 싶은 마음이 드는 것과 같은 이치다. 가맹점의 모든 일을 관리하고 해결해주는 역할을 이행하고 있는 슈퍼바이저의 역량에 따라서 가맹점의 갈등이 유발될 수 있다는 점을 경영자는 유의해야 한다. 가맹 본부는 현장 불만 사항에 대해서 신속한 해결을 할 수 있도록 업무 프로세스를 완비해 놓아야 한다. 가맹점이 가맹 본부에 대한 불만 사항의 일 순위가 현장의 고충 처리에 대한 감감무소식이다.

02 / 분쟁 요인

내셔널 판촉

가맹 본부에서 전국적인 판촉 행사를 전 가맹점을 대상으로 동시에 추진할 경우가 있다. 지역적인 특성을 고려하여 매장별로 지역 마케팅을 하기도 하고 가맹점 수가 많은 브랜드는 일 년에 한두 번 전국적인 판촉 행사를 실시하는 경우가 많다. 전체 가맹점을 대상으로 포로모션 행사를 할 경우는 가맹점에 사전 동의를 구하고 실시하는 것이 원칙이다. 일부 가맹점에서 미동의했을 때나 아예 동의서를 받지 않고 구두로 전달하고 실시하는 가맹 본부가 있다. 이때 일부 가맹점의 반발로 인해 가맹 본부와 분쟁이 발생하게 되는 일이 있다. 또한 판촉 용품을 가맹점 동의 없이 직전 몇 개월 매출 대비 산정하여 많은 양의 물품을 강제로 매장에 배분하여 가맹점 불만이 쌓이게 되어 분쟁으로 이어지는 경우도 있다. 일방적인 가맹 본부의 횡포라고 여긴 가맹점은 불만을 여러 방식을 통해서 제기하기도 한다. 전국적인 판촉 행사를 실시할 경우는 가맹점 동의를 구하고 실시하는 것을 원칙으로 삼아야 한다. 분쟁을 방지하기 위해 마땅히 지켜야 할 가맹 본부 의무 사항이다.

가맹 본부 주관으로 실시하는 프로모션을 진행하기 전에 동의를 받는 이유는 가맹점을 보호하고 불공정한 관행을 없애기 위해서다. 불가피하게 미동의를 하는 소수 가맹점은 판촉 행사를 예외로 두고 실시하지 않는 것이 좋다. 원하지 않는 소수 가맹점 때문에 판촉 행사를 원하는 다수 가맹점이 불이익을 보면 안 되기 때문이다. 이런 상황에서 미동의한 소수 가맹점에 판촉 행사를 밀어붙이면 탈이 나기 시작하게 된다. 가맹점주마다 성향이 다르고 지역적인 특성과 매장 여건이 상이하기에 전체를 하나로 만들기가 쉽지 않은 것이 프랜차이즈 현실이다. 슈퍼바이저가 가맹 본부에서 왜 함께 전국 판촉 행사를 해야 하는지에 대해서 가맹점을 이해시켜 수긍이 가게 할 수 있는 역량을 갖추고 있을 때 판촉 행사의 실행력이 극대화되게 된다. 가맹점을 대상으로 펼치는 판매 촉진 행사는 현장에서 미리 붐 조성이 되어야 성공적인 판촉 성과를 얻을 수 있다. 가맹점의 적극적인 동참이 필요한 것이 내셔널 판촉이다.

가맹점 분쟁은 같은 사안이라도 가맹점 성향에 따라 이해하고 넘어가기도 하고 분쟁을 야기하기도 한다. 예를 들어 가맹 본부에서 두 개의 가맹점에 똑같이 어떤 사안에 대해 실행하였을 경우 분쟁으로 이어질 수 있는 가맹점이 있고 이해하고 넘어가는 가맹점이 있다. 여기에 프랜차이즈의 오묘한 무언가가 숨겨져 있는 것을 경영자는 간파할 수 있어야 한다. 많은 가맹점을 운영하고 있어도 한 개의 가맹점과 소통이 잘 안되어서 브랜드에 심한 타격을 줄 수 있는 상황이 발생할 수 있다는 것이다. 프랜차이즈가 지니는 독특한 특성이다. 가맹 본부의 정책에 반하는 언행을 하면서 일탈행위를 하는 가맹점에 대해서 어떻게 대응하여야 분쟁으로 가지 않을 최선책인지를 모색하여 실행하는 가맹 본부가 되어야 한다. 경영자는 프랜차이즈 분쟁은 전체 다수가 아닌 하나에 의해 야기된다는 점을 유념해야 한다.

상권 해석

프랜차이즈 사업을 영위하면서 가장 흔하게 가맹점과 분쟁의 소지가 발생되고 있는 사항이 인근 지역에 자사 브랜드 신규 가맹점이 입점했을 때 상권 문제라 할 수 있다. 가맹점에서 매장 이익에 직접적으로 불리한 영향을 끼친다고 느끼기 때문이다. 대다수 가맹점은 신규 가맹점 출점을 반기지 않는 것이 보편적이다. 기존 매장과 근접하여 오픈한 경우를 제외하고는 많은 지역에 입점하여 다수가 운영되고 있어야 브랜드 파워가 증대되어 본인 매장의 매출에도 이득이 된다는 것을 이해시킬수 있어야 한다. 언젠가는 동종 업종의 타 브랜드 매장이 입점하여 운영하게 되므로 자사 브랜드가 여러 곳에서 운영하면서 고객의 입맛을 사로잡아 놓을 수 있어야 다른 브랜드로 이탈하지 않을 확률이 높아지게되어 매출 증대에 유리하다는 것을 가맹점에 인지시킬 필요가 있다. 가맹점 사이의 이격 거리는 가맹 계약서에 명기된 사항을 고수하되 가급적 기존 가맹점에서 불만이 발생하지 않도록 배려해 주면서 추가 입점을 하는 것이 현명한 처사다. 대다수 가맹점은 같은 지역에 새로운 매장이 오픈하는 것을 별로 좋아하지 않는 편이다. 특히 본인의 매장 인근에 오픈하는 것은 더욱 그렇다. 가맹점은 새로운 가맹점이 늘어날수록 자신의 매장 매출이 감소한다고 생각하게 된다. 가맹점의 상권 해석은 가맹 본부와 확연하게 상이하다는 점을 인지하고 신규 매장을 오픈할 수 있어야 상권 분쟁을 사전에 방지할 수 있다.

　신규 개설 영업을 추진하다 보면 상권 특성상 기존 가맹점과의 이격 거리가 애매모호할 때가 있다. 계약서상에는 반경 500m 이내는 신규 오픈을 안 시키겠다고 표기해 놓는 것이 일반적인 상권 이격 거리다. 가맹 계약서를 작성하면서 가급적 점포에서 1km 이내는 추가 입점을 하지 않겠다고 기존 가맹점에 말을 하는 경우가 있다. 영업을 하다 보면 새로 입점할 지역과의 거리는 행정 지도상 900m 정도밖에 안 되는데 상권 자체가 별도 상권이라서 매출에 영향을 받지 않을 것으로 판단하여 신규 입점을 강행하는 경우가 있다.

　기존 가맹점에 신규 입점 소식을 전하면 당연히 반대 의사를 표명하게 되어 있다. 영업 담당이 계속 설득하여도 동의하지 않는데 추가로 입점시켜서 분쟁으로 치닫게 되는 경우가 있다. 영업 실적 때문에 강행하는 일도 있으나 누가 보아도 매출에 영향이 안 가는 상권이라고 판단되기에 추진하는 경우가 많다. 하지만 기존 가맹점은 이런 사항에 대해 수긍 자체를 하지 않으려고 하는 경향이 매우 강하다. 신규 영업을 하면서 주의를 해야 할 부분이다.

　가맹점은 누구나 자신의 상권만은 고수하려는 생각이 강하다. 심지어 자신의 상권 밖인데도 매출에 영향을 받는다고 생각하면 신규 오픈을 반대한다. 본인 매장 상권과는 전혀 무관한데도 가깝다고 느껴지는 지역에 추가 오픈했을 경우 왜 사전에 말도 안 하고 오픈했느냐고 항의하는 일도 있다. 가맹 본부 입장에서는 미리 추가 오픈하겠다고 해당 가맹점에 알리면 100% 반대 의견을 줄 것이 뻔하기에 계약 위반만 아니면 입점을 강행한다. 여기서 분쟁의 씨앗이 생겨서 가맹 본부와 사이가 안 좋아지게 되는 일이 종종 발생한다. 가맹사업법에 위반이 아니라 해도 통념상 가맹점에서 불만을 표출할 것 같다는 판단이 서면 사전에 동의를 구하고 오픈해야 한다.

가맹점은 신규 매장이 많이 오픈하여 브랜드 가치가 올라가는 것에 특별히 마음에 두지 않는 편이다. 자신의 매장 매출만 상승되면 된다는 개념을 갖는 것이 보편적이다. 큰 금액을 들여서 창업하였기에 당연한 논리라고 말할 수 있다. 그렇기에 자신의 지역에 신규 매장이 오픈하는 것을 반기기보다는 고객이 이탈할까 염려하는 기색을 보일 수밖에 없다. 매장을 운영하면서 가장 민감하게 반응하는 상권에 대해서 가맹 본부는 정확하게 규정을 확립하고 있어야 한다. 그렇지 않으면 상권은 해석하기에 따라서 여러 상황이 발생하게 될 소지가 있어서 가맹점과의 오해를 불러일으킬 수 있다. 미묘한 상권의 특성으로 인해 가맹점에서 가맹 본부에 대한 만족도가 저하되는 일이 발생하지 않도록 영업사원은 유념해야 한다.

계약 종료 및 해지

가맹점은 가맹 계약을 종료할 의사가 없는데 가맹 본부가 계약 기간 만료 시 재계약을 해주지 않거나 계약 기간 내라도 가맹 계약을 종료하겠다고 내용증명을 보냈을 때 가맹점은 극도로 민감한 반응을 보이게 된다. 내용증명은 프랜차이즈 사업을 전개함에 있어 신중을 기해서 실행해야 한다. 내용증명을 받게 되면 현재 상황을 심각하게 느끼게 되고 반발 심리가 작동하여 분쟁으로 이어지게 되는 경향이 크기 때문이다. 내용증명을 보내는 순간부터 가맹 본부와 가맹점 간 분쟁은 이미 시작되었다고 보아야 한다. 가맹점에 대한 계약 해지와 종료를 가맹 본부 임의대로 실천하는 곳은 손에 꼽을 정도로 극히 적다. 설령 가맹점에 귀책 사유가 있더라도 가맹 본부의 일방적인 의사로 실천하기가 쉽지 않다. 후유증을 감당하기가 만만치 않기 때문이다. 대다수가 대출을 비롯하여 많은 자금을 투자해서 프랜차이즈 가맹점을 시작했는데 운영상의 이해관계로 인해 매장을 지속적으로 운영할 수 없게 되었을 때 충격이 매우 크기에 사회적인 이슈로까지 번지게 될 소지가 많은 이유도 있다. 브랜드가 하루아침에 부정적인 이미지로 전락할 수 있기에 신중을 기해서 실시해야 하는 것이 가맹점 계약 종료 및 해지다.

가맹점 재계약 갱신 거절과 계약 해지를 일방적으로 실행했을 때 가맹점주는 청천벽력 같은 소리를 듣는 것과 마찬가지의 타격을 받게 되므로 가맹 계약 종료와 해지는 누가 보아도 그럴 사유가 인정되기 전까지는 일방적으로 실시해서는 안 된다. 가맹 계약 종료 및 해지 후 후폭풍이 상상외로 큰 것이 프랜차이즈 구조다. 현실적으로 프랜차이즈 분쟁을 다루는 기관에서 가맹 본부 입장보다는 가맹점 입장에서 판단하고 두둔하는 사례가 많기에 자칫 잘못하면 브랜드 이미지에 손상을 초래하기가 쉽다. 가끔 인터넷상에 심심치 않게 등장하는 것이 프랜차이즈 계약 해지와 재계약 종료를 가맹 본부에서 일방적으로 진행하여 가맹점과 분쟁하게 되었다는 기사이다. 프랜차이즈업계와 무관한 보통 사람들은 내용을 듣는 순간 분쟁 사유나 기사 내용은 차치하고 대부분이 약자의 입장에 있다고 판단되는 가맹점을 옹호하게 되는 것이 일반적이다. 계약 해지와 종료는 불필요하게 브랜드 가치만 손상시키게 될 우려가 있기에 신중하게 처리할 수 있어야 한다.

가맹점 계약 기간을 보통 2년이나 3년으로 규정해 놓고 계약 기간이 경과 시 재계약을 해주는 것이 프랜차이즈 보편적인 정책이다. 계약 종료는 가맹 본부의 매뉴얼과 정책을 이행하지 않고 가맹 본부를 비방하고 선동하면서 브랜드를 실추시킬 때 하게 된다. 실제로 재계약을 가맹 본부 임의대로 중단하는 일은 거의 없다고 보아야 한다. 가맹 계약 해지는 더욱 그렇다. 이처럼 가맹 계약 해지와 종료는 분쟁을 각오하기 전까지는 대화와 협의를 통해 처해 있는 과제를 풀어나갈 수 있는 지혜와 슬기를 갖고 헤쳐나가는 것이 바람직한 처사다. 잘나가던 브랜드가 가맹점과의 계약 해지와 종료로 법정까지 가고 부정적인 이미지로 언론에 노출되어 가맹 사업 자체가 일순간에 나락으로 떨어지게 되는 경우가 종종 발생하는 것이 프랜차이즈 현실이다. 신중에 신중을 기해야 할 부분이 가맹점 계약 해지와 종료다.

정책 및 매뉴얼 미준수

가맹점은 가맹 본부 정책 및 이행해야 할 사항에 대해서 매장을 오픈하기 전 기초 교육을 통해 이해하게 된다. 가맹 본부에서 공급하는 원·부재료를 이용하고 레시피를 준수해 메뉴를 완성해서 고객에게 제공하여야 하고 외부에서 구입하여 사용해서는 안 된다는 점을 비롯해 매장을 운영하면서 지켜야 할 여러 사항에 대해서도 교육을 받는다. 실제 매장을 오픈하여 어느 정도 시일이 경과되면 가맹 본부 정책과 운영 매뉴얼을 자신의 매장 여건에 유리하게 적용하여 운영하는 가맹점이 발생하기 시작한다. 가맹점에서 이러한 정책을 준수하지 않아서 가맹점과의 분쟁으로 이어지게 되는 경우가 있다. 평소에 슈퍼바이저가 가맹점과 소통을 잘하면서 관리하고 지도하면 충분히 사전에 예방할 수 있는 부분이다. 가맹 본부 정책과 매뉴얼 이행은 전적으로 슈퍼바이저의 역량에 달려 있는 사항이다.

어느 가맹점에서나 같은 맛을 내서 고객에게 제공해야 하는 프랜차이즈는 가맹 본부와 제휴를 맺은 협력 업체를 통해서 원·부재료를 공급받아 제품을 완성해야 한다. 가맹점에서 사입 제품을 사용해서는 안 되는 이유다. 이처럼 가맹점에서 이해하고 수긍이 가게 설명하고 설득하면 정책과 매뉴얼 미준수로 이어지는 일을 미연에 방지할 수가 있다. 가맹점에서 매뉴얼을 미준수했을 시 슈퍼바이저에게 지적당하고 개선 요청을 받게 된다. 한 번 지적해도 시정되지 않을 시 연속하여 주의를 주게 된다. 그래도 따라오지 않으면 더 강한 조치를 하겠다고 통보하게 된다. 가맹 본부와 앙금이 생기게 되어 부정적인 관계로 접어드는 단초가 될 수 있는 시발점이다. 누가 보아도 이렇게 매장을 운영해서는 안 된다고 생각할 만해서 여러 번 시정 조치를 구두나 유선으로 하고 경고장을 발부했는데도 개선이 안 될 때 내용증명을 보내야 한다. 그래도 시정이 안 되면 재차 내용증명을 보내서 경각심을 줄 수 있어야 한다.

가맹 본부에서 정책이 결정되어 가맹점에 전할 경우 반드시 슈퍼바이저를 통해서 추진하는 것을 잊지 말아야 한다. 매장에서 발생되는 일은 모든 것이 슈퍼바이저에 의해 이루어져야 하기 때문이다. 프랜차이즈 사업을 진행하면서 가맹점과의 소통 채널을 슈퍼바이저로 일원화시키는 것이 필수적이다. 제반 정책을 슈퍼바이저가 모르고 있는 상태에서 가맹점에 전달되게 되면 슈퍼바이저가 향후 가맹점을 관리하기가 어렵게 된다. 가맹점에서 슈퍼바이저의 역할이 미미하다고 생각할 수 있어서다. 운영 매뉴얼을 명확하게 수립하여 놓고 그대로 현장에서 실행시키는 일도 슈퍼바이저의 몫이다. 가맹점의 매뉴얼 미준수는 타 가맹점에도 부정적으로 파급되기에 허용해서는 안 된다. 평소에 가맹 본부와 가맹점의 원활한 소통 여부에 따라서 정책과 매뉴얼 미준수는 얼마든지 개선이 가능한 부분이다.

하자 보수

가맹점과의 분쟁 중에서 의외로 많은 것이 인테리어 공사를 마친 후 발생한 하자에 대한 사후 처리를 가맹점이 만족할 만하게 실행하지 않을 경우이다. 가맹점에서 인테리어 부분에 대한 불만은 두고두고 생각날 때마다 말한다는 것을 잊지 말아야 한다. 사실상 인테리어 부분은 제도적으로 인테리어 협력 업체와 가맹 본부 인테리어팀 간의 업무 프로세스를 정립하여 놓으면 분쟁을 일으키게 될 소지가 크지 않은 부분이다. 인테리어 공사가 진행되고 인테리어팀 담당이 수시로 현장을 방문하여 공사 상황을 체크하고 미비한 점을 빠르게 처리해 나가면 가맹점에서 얼굴을 붉힐 일이 없다. 공사에 대한 불만을 없애는 방법을 알고 있으면서도 실천하지 못하게 되는 경우가 발생하여 문제를 야기하게 되는 것이 실상이다. 한 개의 공사 현장만 집중하여 점검할 인력과 여건이 조성되어 있지 않기 때문이다. 가맹 본부 인테리어팀 인원은 대부분 한 명이고 두 명 이상 있는 곳은 드물다. 그러다 보니 여러 매장에서 실측부터 도면 협의 및 공사가 진행되면 공사 현장을 자주 방문하기가 쉽지 않다. 인테리어 공사 업체와 효율적인 업무 프로세스를 확립해 놓는 것이 중요하다.

공사 진척 사항을 가맹 본부에서 꼼꼼히 챙기지 않았을 시 공사가 끝난 다음 도면 협의 대로 공사가 마무리되지 않았다고 이의를 제기하는 일이 있다. 가맹점주가 마음에 들지 않는 부분을 추가로 공사해 줄 것을 요청하게 되어 인테리어 업체와 다툼이 발생하기도 한다. 인테리어 공사는 가맹 본부와 가맹점 및 협력 업체가 연결되어 있어서 하자가 발생하면 공동으로 문제를 해결해야 하는 경우가 많다. 이미 공사가 마무리된 다음이라 추가 비용으로 인해 실랑이를 벌이게 되는 상황까지 발생하게 되는 경우가 있다. 공사 중간에 수시로 진척사항을 점검하는 것을 소홀히 하면 언제든지 분쟁 소지를 안고 있는 것이 공사 하자 부분이다. 인테리어 공사가 많아지면 협력 업체는 아무래도 공사가 완료된 매장보다 새로이 시작하는 매장의 공사에 집중하게 된다. 그런 이유로 A/S가 미흡하게 되어 가맹 본부에 불만을 표출하게 된다. 이것을 신속히 해결해주지 않으면 브랜드에 대한 우호도가 안 좋게 된다.

브랜드에 대한 이미지와 가맹 본부에 대한 신뢰도를 처음으로 평가하게 되는 것이 인테리어 공사다. 공사를 마친 후 사후 서비스를 어떻게 해주느냐가 중요하다. 여기서 가맹 본부에 대한 신뢰가 싹틀 수도 있고 반대로 무너질 수도 있다. 가맹점주의 브랜드에 대한 이미지와 평판이 인테리어 공사부터 확고히 굳어지게 된다는 사실을 경영자는 인식하고 있어야 한다. 가맹점의 만족도를 높이는 첫 번째가 인테리어 공사라고 여기고 인테리어팀 직무 향상에도 관심을 둘 수 있어야 한다. 가맹 본부에서 직영으로 공사할 경우와 협력 업체를 통해서 실시할 경우가 있는데 후자라면 더욱 철저한 감리를 통해서 가맹점을 만족시킬 수 있도록 해야 한다. 가맹점주가 생각날 때마다 계속하여 언급하게 되는 것이 인테리어 공사 불만 사항이라는 것을 염두에 두어야 한다. 특히 별도 공사와 추가 공사 부분에 대해 공사 전에 소통을 잘해서 금액적으로 오해 소지가 없게 해야 한다. 추가 비용이 발생하게 되는 부분이기에 서로 마찰이 생길 수 있는 사항을 만들지 않도록 해야 한다.

불완전 영업

가맹 영업을 추진하면서 영업 담당자가 브랜드에 대한 이해가 부족한 상태에서 가맹 상담을 진행하거나 계약을 체결하고 싶은 마음이 앞서서 의도적으로 사실과 다르게 과장되거나 부풀려서 가맹을 희망하는 예비 창업자와 창업 상담을 했을 경우, 실제 오픈하고 보니 차이가 나는 부분이 많을 때 불완전한 영업을 했다고 말할 수 있다. 가맹점주가 실제 매장을 운영하고 보니 창업 상담 시 말한 내용과 다르다는 것을 확인하게 되어 가맹 본부에 거기에 상응한 조치를 해달라고 하는 경우가 발생하게 된다. 불완전 영업으로 인한 분쟁 소지를 사전에 예방하려면 가맹 상담을 하는 영업사원 교육을 확실하게 해서 직무를 수행하게 해야 한다. 불완전 영업은 직접 예비 창업자를 상대하는 영업팀 또는 점포개발팀 구성원의 역량에 따라 해결할 수 있는 사항이기 때문이다. 금전적으로 상이한 점이 나타나면 분쟁으로 이어질 확률이 높아지기에 영업사원이 해서는 안 될 사항이 불완전한 영업 활동이다.

가맹 본부에 근무하는 부서 중에서 이직률이 가장 높은 곳이 가맹 영업을 하는 곳이다. 영업 실적이 미흡하면 오랫동안 다니기가 현실적으로 힘든 것이 사실이다. 실적 관리를 강하게 하는 곳은 더욱 그렇다. 프랜차이즈 가맹 영업을 잘하는 우수한 영업 인력을 확보하고 있는 경영자는 큰 인복을 가졌다고 할 수 있다. 영업 인력의 개인차에 따라 신규 개설이 확연하게 차이를 보이기 때문이다. 브랜드 경쟁력은 다소 미비한데 다수의 영업사원이 존재해서 가맹점 확산이 빠르게 진행되는 경우가 있다. 계약 체결의 속도도 중요하나 이면에는 시일이 지날수록 불완전 영업으로 인해 가맹점 만족도가 하락하게 되는 경우가 발생할 수도 있다는 것을 경영자는 염두에 두어야 한다. 우수 가맹점을 출점할 수 있도록 완전한 영업을 해서 분쟁의 싹을 아예 잘라버리는 가맹 본부가 되어야 메이저 프랜차이즈 진입이 수월해질 수 있다.

예비 창업자는 브랜드에 대한 제반 사항을 들으며 궁금한 부분에 대해 질문을 하게 된다. 이 과정에서 원가율이나 수익률 등을 비롯해 비용과 관련된 사항은 현실적으로 창업 상담을 해주는 것이 중요하다. 구조적으로 빠르게 알게 되기에 불필요한 부풀리기는 하지 말아야 한다. 단

당당하고 자신감 있게 확신을 가지고 브랜드 경쟁력을 피력할 수 있는 창업 상담을 할 수 있어야 한다. 이것이 완전한 영업이다. 인테리어 공사비에 대한 영업 담당의 말 한마디 실수로 인해 가맹 본부와 신뢰가 무너지게 되는 일이 있기에 비용 관련 부분은 신중하게 접근해야 한다. 대부분 가맹 본부는 가맹점을 확산하기 위해 여러 방식으로 신규 개설 전략을 수립하여 실행하고 있다. 영업 수당 제도와 영업 인력 활용이 다르다. 브랜드 특성과 가맹 본부 여건에 맞게 실행되는 것이 일반적이다. 경영자는 누가 어떻게 신규 개설 영업을 하느냐에 따라서 브랜드 평판이 달라진다는 것을 인식하고 진실한 창업 상담이 될 수 있도록 영업 시스템을 확립해 놓는 것이 좋다. 기존 가맹점주가 브랜드 홍보대사임을 명심하고 사실을 바탕으로 예비 창업자에게 믿음을 주는 상담을 통한 계약 체결을 할 수 있어야 한다. 불완전 영업은 아예 발생할 일 자체가 없도록 안전장치를 마련해 두는 것이 분쟁을 막는 방책이다.

03 ／ 분쟁 조정 절차

가맹 본부와 가맹점 사이에 발생한 분쟁 건과 가맹 본부와 예비 창업자 간에 일어난 분쟁 건은 조정협의회를 통하여 원만하게 해결할 수 있으므로 막판까지 분쟁으로 이어지지 않도록 상호 노력하는 자세가 필요하다. 프랜차이즈는 가맹 본부와 가맹점 간 또는 예비 창업자와의 관계에서 크고 작고 분쟁이 발생할 수밖에 없는 구조를 지닌 사업 형태다. 사전에 분쟁의 소지가 발생하지 않도록 가맹 본부에서 운영 시스템과 업무 프로세스를 잘 갖추어 놓는 것이 우선이다. 가맹점이 현장에서 본연의 역할을 이행할 수 있도록 교육하고 지도할 수 있는 임직원의 역량도 분쟁을 방지하는 데 없어서는 안 될 중요한 요소이다. 누차 강조하지만 가맹점과의 분쟁은 사전에 방지할 수 있어야 하고 만에 하나 발생하더라도 조정을 통해 해결하도록 해야 한다. 끝까지 분쟁으로 가는 것은 결과에 상관없이 브랜드 이미지를 실추시키게 되므로 피해야 한다.

분쟁이 발생한 사항에 대해서 조정하기 위해서는 불공정 거래 피해 사업자와 가맹 사업 분쟁 당사자가 공정거래위원회와 한국공정거래조정원에 분쟁 조정을 서면으로 신청하면 된다. 공정거래위원회에 접수된 건은 조사를 마친 후 당사자에게 통지해주며 한국공정거래조정원에 접수된 건은 관련 자료를 제출하도록 하거나 방문하도록 하여 신청한 내용에 대해 사실 여부를 확인하는 절차를 밟는다. 해당 당사자들이 조정자의 조정에 대해 상호 합의를 하는 경우도 있고, 자신들이 스스로 합의했을 때는 조정을 마무리하게 된다. 당사자가 희망할 경우는 조정 조서를 작성하고 분쟁을 신청한 당사자가 공정거래위원회에 실행 결과서를 제출하는 절차를 밟는다. 한쪽에서 일방적으로 조정을 거부하는 경우와 관련 자료를 제출하지 않거나 출석 통보에도 하지 않아서 조정이 끝난 경우는 조정 절차 종료 사실을 공정거래위원회에 보고한다. 또한 가맹 사업법 적용이 아닌 접수 건을 비롯해 공정거래위원회가 조사하고 있는 중 신청을 취하하거나 상대방에게 소송을 제기하여 조정 절차가 종료되었을 시 한국공정거래조정원에서 조정 절차가 종료되었다는 사실을 공정거래위원회에 보고하게 되는 것이 일반적인 분쟁 조정 절차이다.

메이저 프랜차이즈 진입을 위한 경영 진단은 필수다

가맹점이 전국적으로 분포되면 가맹 본부는 경영 전반을 분석하고 진단하여 보완하고 개선해 나갈 수 있어야 한다. 가맹 사업 초기부터 앞만 보고 달려왔기에 소홀히 하고 해야 할 일을 놓치는 부분이 있기 때문이다. 가맹점을 확산시키기 위한 각종 시스템 진단은 필수적으로 이루어져야 한다. 현재 추진하고 있는 사항을 돌이켜 보면서 미진한 부분을 냉철하게 분석하여 새롭게 계획을 세워서 추진할 수 있어야 가맹 사업이 한계에 봉착하지 않고 더욱 번창해갈 수 있다. 대다수 가맹 본부가 이 부분을 소홀히 하고 지나쳐버려서 더 이상 가맹점 확산이 이루어지지 않고 오히려 폐점이라는 악순환을 초래하게 된다고 볼 수 있다.

　경영 진단은 자체적으로 할 수도 있고 외부 전문 기관에 의뢰해서 할 수도 있다. 자체적으로 하려면 경영자와 임원진의 역량과 결단이 요구된다. 가맹 본부가 역량을 갖추고 있는 경우는 외부에 의뢰하는 것보다 내부에서 실시하는 것이 현상 분석을 통한 향후 개선안을 마련하는 데 효과적이라 할 수 있다. 추상적이고 현실과 거리감이 있는 진단이 아니라 실질적이고 현실적인 진단을 내릴 수가 있는 장점이 있어서다. 반면 객관적으로 보는 시야가 좁아질 수가 있고 주어진 여건을 정당화하려는 마음이 한구석에 남아 있을 수 있어서 냉철한 현실 진단이 어려울 수 있다는 약점도 있으므로 상황에 맞는 판단이 필요하다. 외부 기관에서 진단할 시는 밖에서 바라보는 눈으로 아주 객관적인 입장에서 들여다보아 대책을 강구할 수 있는 장점이 있다. 하지만 해당 브랜드가 처한 여건과 환경을 상세히 모르기에 경영 진단 후 실천하기가 어렵거나 제약이 있을 수 있다는 단점을 안고 있다고 할 수 있다. 이는 같이 근무해 온 것이 아니다 보니 경영자의 경영 스타일을 위시해서 자금 사용력, 내부 인력의 자질 등을 고려한 상황에 맞게 진단을 내리기보다는 어느 조직에서나 활용했던 방법을 적용하려는 것이 강하기 때문이다. 이 대목에서 어떻게 하는 것이 최고의 컨설팅인지 짐작할 수 있을 것이다.

01 / 아이템 경쟁력

현재 아이템으로 가맹점을 몇 호점까지 확산시킬 수 있는지를 냉철하게 분석하고 평가해야 한다. 아이템의 현주소와 브랜드 가치에 따라 가맹점 오픈을 어느 정도 예견할 수 있다. 아이템의 한계가 있는데도 밀어붙였다가는 가맹점 수익에 부정적으로 영향을 미쳐 브랜드 경쟁력이 저하되어 마침내 하향세를 걷게 될 확률이 높다. 물론 아이템 자체는 다수 가맹점 확산에 제약이 따를지라도 가맹점 수익이 좋고 가맹 본부 실행력이 우수하면 예외적으로 기대 이상으로 가맹점이 확산되는 사례도 있다. 극히 드문 케이스다. 현실적으로 아이템에 따라서 가맹점 수는 어느 정도 예측이 가능하다. 가맹점 매출 증대와 신규 개설 확산을 시킬 수 있는 경쟁력을 지닌 아이템인지 분석하고 해법을 제시하는 시간을 가져야 새로운 도약을 할 수 있다.

가맹점이 100호점을 넘기면 아이템의 생명력에 대해 심도 있게 분석해 볼 필요가 있다. 가맹점 확산이 지속적으로 활발하게 이루어질 수 있는지를 냉정하게 판단할 수 있어야 한다. 변화하는 트렌드와 주변 시장의 움직임, 타깃 고객층의 한계 등 여러 장애 요인을 심층 분석하는 시간을 가져야 한다. 계속적인 경쟁력이 충분히 있다고 판단되면 내부 조직을 비롯하여 시스템 전반을 재정비해서 새로운 도약을 할 수 있도록 전반적인 부분에 대한 리뉴얼을 준비해야 한다. 반대로 여러 면에서 확장성이 약하다고 판단되면 가맹 사업 자체를 보수적으로 경영하면서 제2의 가맹 사업 구상을 하는 쪽으로 포커스를 맞추는 것이 현명한 처사이다. 프랜차이즈 사업에서 아이템의 한계는 무시할 수가 없다. 신규 개설 장애 요인이 곳곳에 도사리고 있어서 메이저급으로 진입하기가 어려워 현상 유지 아니면 서서히 하락세를 보이기가 십상이기 때문이다.

일부 프랜차이즈는 브랜드를 출시한 후 가맹 사업으로 승산이 없다는 판단을 빠르게 내려서 보수적인 경영으로 전환하는 경우가 있다. 손쉽게 뚝딱 아이템을 선정해서 브랜드를 출현시키고 또한 아니라고 판단하면 책임감 없이 물류만 공급하는 방향으로 전환하는 사례가 예전에 비해서 덜하지만 아직도 프랜차이즈 업계에서 성행하고 있다고 해도 틀린 말이 아닐 것이다. 피해를 고스란히 보는 것은 해당 가맹점인데 프랜차이즈 이미지가 부정적으로 바뀌는 주요 원인이 될 수 있는 대목이다. 이런 폐단을 알기에, 가맹 사업을 추진했을 때 기대 이상의 매출과 가맹점 확산이 안 되어도 꾸준히 노력하여 돌파구를 찾아 가맹점과 상생하려는 경영자가 무수히 많은 것이 프랜차이즈 현실이다. 그래서 가맹 사업을 추진한 뒤 어느 시기가 도래하면 아이템에 대한 경쟁력을 돌이켜보고 현재 상황에서 어떻게 하는 것이 더 시너지를 내서 메이저 프랜차이즈 진입에 도움이 될지를 긍정적으로 검토하여 대책과 해법을 찾을 수 있도록 해야 한다.

02 / 현장 실행력

프랜차이즈는 실행력 싸움이라 할 수 있다. 상대를 설득할 수 있어야 실천하게 되어 있다. 설득은 내가 전하고자 하는 말에 대해 공감하게 할 수 있는 능력을 말한다. 아무리 좋은 정책을 펼쳐도 가맹점에서 실행하지 않으면 아무런 소용이 없게 되어 있다. 가맹 본부의 역량에 따라 현장 실행력은 결정된다. 슈퍼바이저를 교육시켜서 가맹점을 지도하고 관리하게 만들어야 실행력을 강화시킬 수 있다. 함께 맞물려서 움직여야 가능한 일이다. 프랜차이즈 사업은 가맹 본부에서 직접 고객을 상대하는 것이 아니고 가맹점을 통해서 실천하게 만드는 시스템이다. 일정한 가맹점 수가 되면 실행력이 강한 가맹 본부인지를 점검해보는 시간을 가져야 한다. 가맹 사업 번창의 주 핵심 사항인 중차대한 실행력을 가볍게 흘러버릴 수 있기에 그렇다. 현장 실행력은 메이저로 가는 원천이다.

가맹 본부의 정책을 가맹점에서 잘 실행하고 있는지에 대한 진단이 필요하다. 또한 가맹 본부 구성원이 가맹점을 설득해서 이행하게 하는 실력이 있는지 점검해보는 시간을 갖도록 해야 한다. 프랜차이즈는 실행력이 사업의 성패를 좌우한다고 해도 과언이 아니다. 슈퍼바이저가 직접 가맹점과 일차로 소통하는 것이 원칙이다. 가맹 본부 구성원 전체가 강력한 실행력을 보일 수 있도록 평소 교육 훈련이 잘되어 있는지 진단하는 시간도 필요하다. 필자가 처음 프랜차이즈 업계에 몸담으려고 국내 굴지의 기업에서 면접을 보는데, 슈퍼바이저가 지녀야 할 최고의 능력이 무어냐고 질문을 받은 기억이 난다. 정답은 설득력이었다. 상대를 설득할 수 있어야 실행력이 생긴다. 그만큼 실행력은 말로 표현할 수 없을 정도로 프랜차이즈 가맹 사업에서 미치는 영향이 크다고 할 수 있다.

현장 실행력은 결국 가맹점에서 가맹 본부 정책 사항을 얼마만큼 잘 따라와 주느냐가 척도다. 물론 슈퍼바이저 능력의 개인차에 따라 가맹점 실행력은 현저하게 차이를 보이게 된다. 강력한 슈퍼바이저 제도를 운용해야 하는 이유가 여기서도 대두된다고 할 수 있다. 가맹점 수가 많아질수록 가맹 본부가 힘이 생겨 가맹점은 정책 이행을 잘하게 된다. 이는 힘의 논리가 이 부분에서도 적용되기 때문이다. 1,000호점이 달성되면 가맹점 수가 적을 때보다 관리가 더 수월해지는 이유다. 매뉴얼 준수를 잘하고 있는지, 내셔널 판촉 시행 시 가맹점에서 잘 이행하고 있는지, 신메뉴 출시할 때 메뉴를 판매하고 있는지, 새로운 정책을 추진할 경우 실천하고 있는지 등을 점검해보면 가맹 본부와 가맹점의 실행력이 어느 정도 되는지를 파악할 수 있다. 가맹점 실행력이 곧 가맹 본부 실행력이 되기 때문이다. 현장 실행력은 곧 1,000호점으로 가는 최고의 무기라 할 수 있기에 반드시 진단해야 할 사항이다.

03 / 구성원 충성도

프랜차이즈를 사람 사업이라 할 정도로 가맹 본부 임직원의 애사심과 충성도는 1,000호점을 달성하게 만드는 데 직간접적으로 크게 영향을 미친다고 할 수 있다. 프랜차이즈 업계가 타 업종보다 이직률이 높은 편이다. 적성에 맞지 않으면 오래 다니기가 힘든 것이 사실이다. 더군다나 한 곳의 가맹 본부에서 장기간 근무하는 인원이 많지 않은 것이 프랜차이즈 가맹 본부의 실상이다. 생활환경과 가치관이 다르며 연령대가 상이한 가맹점과의 소통과 문제 해결을 하는 데 어려움에 봉착하게 되는 경우가 많아서 포기하거나 이직하는 일이 많다고 할 수 있다. 신규 개설을 담당하는 영업부서 인력도 실적에 대한 부담과 압박으로 인해 회사를 떠나는 일이 의외로 많다. 일반 영업과 다른 프랜차이즈 영업은 신규 계약을 하기가 만만치 않기 때문이다. 브랜드 선호도가 높은 경우는 수월하게 영업 실적을 낼 수 있으나 반대인 경우는 실적을 올리기가 매우 어려운 것이 프랜차이즈 실상이다. 가맹 본부에 대한 충성심을 갖기가 타 업종보다 상대적으로 쉽지 않은 구조로 되어 있다고 할 수 있다.

가맹 사업이 번창하거나 그렇지 못한 경우에도 내부 인력의 회사에 대한 충성심을 진단해서 어떻게 하면 만족도를 높여줄지를 심도 있게 검토한 후 실천할 수 있어야 가맹 사업이 활기를 띠게 되어 기대하는 성과를 내기가 손쉬워진다. 결국 사람에 의해 제반 실적과 성과를 창출하게 되는 비중이 큰 것이 프랜차이즈이기에, 이 점을 경영자는 중시하고 객관적으로 내부 인력이 회사에 바라는 점이나 불만을 청취하여 만족감과 충성심이 생길 수 있도록 리더십을 발휘할 수 있어야 한다. 잘나가는 프랜차이즈 가맹 본부는 역동적인 분위기와 신명 나게 일하는 분위기가 형성되어 있어서 활기가 넘친다. 이런 기운이 그대로 가맹점에 전달되어 가맹 본부와 원활한 소통으로 이루어져 고객까지 연결되고 매출 증대로 이어지게 되는 것이다. 임직원이 충성도를 갖느냐 못 갖느냐는 전적으로 경영자 몫이다.

충성심을 갖고 주어진 일을 수행하는 임직원이 많을수록 가맹 사업의 성공 확률은 매우 높아질 수밖에 없다. 특히 성공한 프랜차이즈 가맹 본부는 충성도가 높은 임직원이 몇 명은 반드시 존재한다. 임직원의 충성도는 주어진 직무에 대한 만족이 있어야 하지만 그보다도 조직 문화와 복리후생이 불만이 없어야 가능해질 수 있다. 가맹 본부 경영자는 구성원의 불만 사항과 직무 만족도를 여러 각도로 체크해 보고 해결해 줄 수 있는 대책을 강구해야 한다. 프랜차이즈 사업은 결국 사람이, 즉 구성원에 의해서 실행되기 때문이다. 충성심이 부족한 상황에서의 직무 처리는 가맹점과의 간극이 발생하는 상황을 초래할 수 있다. 충성심의 발로는 전적으로 경영자의 역량에 달려 있다고 해도 틀린 표현이 아니다. 아무리 능력이 있어도 혼자는 아무것도 이룰 수 없는 것이 인생사다. 성공한 리더 옆에는 동고동락하는 능력 있는 인재가 존재한다. 늘 가까이에서 보좌하고 직언하며 문제 해결을 도와준다. 충성도 높은 능력 있는 인재를 곁에 두기 위해 경영자는 부단한 노력과 좋은 리더십을 발휘해야 한다. 1,000호점을 꿈꾸는 경영자라면 당연히 이 부분을 기억하고 경영을 할 수 있어야 한다. 그렇지 않고는 가맹 사업을 하면서 좋은 결실을 얻지 못하고 애만 쓰다가 끝나버릴 수 있다는 점을 인지해야 한다.

04 가맹점 만족도

가맹 본부는 가맹점이 브랜드에 대해 느끼고 있는 심정과 가맹 본부에 대해 가지고 있는 심정을 여러 각도로 알아보고 실상을 적나라하게 직시하고 있어야 한다. 가맹점 만족도가 좋지 않고서는 메이저 프랜차이즈 진입은 상상도 할 수 없기에 신중하게 파악해서 실질적으로 알고 있어야 한다. 설문지를 통해 가맹점이 브랜드와 가맹 본부에 대한 감정을 있는 그대로 표출하게 해서 고쳐 나가야 할 부분과 장려해야 할 점을 진단하는 시간을 가질 필요가 있다. 슈퍼바이저가 평소 우호도를 분석해서 정리해 놓는 경우도 있지만 일정한 시점을 정해서 전체 매장을 대상으로 파악해서 무엇이 문제이고 어떻게 해야 가맹점 만족도를 높일 수 있는지 진단할 수 있어야 한다. 가맹점 만족도가 높지 않고서는 1,000호점 달성은커녕 퇴보하기에 십상이기 때문에 유념해야 할 대목이다.

가맹점 만족도를 높이기 위한 최선의 방책은 가맹점 수익 극대화다. 현실적으로 기대하는 이익이 발생하면 웬만한 가맹 본부의 미흡한 점은 거의 그러려니 하고 넘어가서 이해하는 편이다. 돈이 되면 대부분 묻혀가는 것이 일반적이라 할 수 있다. 문제는 가맹점 수익이 가맹점주가 희망하는 만큼 나고 있는 브랜드가 생각처럼 많지 않다는 데 있다. 브랜드마다 가맹 본부에 대한 만족도가 좋은 가맹점과 그렇지 않은 곳으로 나뉘게 되어 있다. 가맹점 매출이 상이하고 생각하는 사고방식과 운영 스타일이 다르기에 나타나는 현상이다. 다만 만족도가 높은 가맹점이 몇 % 이상 차지하고 있느냐가 관건인 셈이다. 최소 80% 이상의 가맹점이 가맹 본부에 만족하고 있다면 가맹 본부가 제 역할을 다하려고 많은 노력과 실천을 했다고 볼 수 있다. 여기에다 나머지 부족한 부분을 채우기 위해서는 무엇을 어떻게 해야 되는지 진단할 필요가 있다.

매장을 운영 중인 기존 가맹점이 가맹 본부에 대한 믿음이 충만해야 가맹점을 확산하는 데 유리하게 작용하게 된다. 무엇이 가맹점 만족도를 하락시키고 있는지 냉정하게 분석하여 원인에 대처해 나갈 수 있는 방책을 모색할 필요가 있다. 가맹점 수익 창출이 기본으로 바탕이 되어 있을 때 가맹점 만족도가 생길 수 있다. 이것이 근본적으로 해결되지 않고는 가맹점이 원하는 것을 다른 어떤 것을 지원해주고 베풀어도 소용없는 것이 프랜차이즈 생리다. 전 가맹점이 원하는 이익이 나기에는 매장이 지니는 특색과 여건이 달라 어려울 수밖에 없다. 매출이 미흡한 가맹점은 매출 상승을 위해 지역 마케팅을 진행할 수 있도록 지원해주어서 우선 주안점을 두고 관리해야 한다. 매출이 받쳐주는 가맹점은 그 외 소통과 피드백 등을 재점검하여 가맹점이 흡족할 수 있도록 소통을 잘 하면서 가맹점 관리를 해주어야 한다. 다양한 환경에 처한 가맹점 전체가 가맹 본부에 만족하도록 한다는 것이 마음처럼 쉬운 것은 아니다. 타 가맹 본부가 못하는 것을 해내는 가맹 본부가 결국 1,000호점을 도달하게 되어 있다.

05 점포 로케이션

신규 개설이 잘 안된다든지 오픈한 매장의 매출이 생각보다 저조할 경우 입점한 매장 로케이션을 점검해보아야 한다. 200호점 이상 오픈이 되었을 경우 향후 입점할 상권 분석을 통해 몇 호점까지 가능한지와 어느 상권에 오픈시켜야 수익성을 극대화할 수 있을지 면밀하게 분석해야 한다. 아이템마다 최적의 로케이션이 있지만 가맹 사업 초기를 지나서는 그동안 입점 매장의 매출 추이를 비교 분석하여 최고의 입점 지역을 정립해 놓아야 신규 매장 수익과 가맹점 확산의 두 마리 토끼를 잡을 수가 있다. 가맹점 매출이 저조한 곳을 파악해 보면 운영상의 문제도 있으나 매장 위치도 영향을 크게 미치고 있는 것이 현 실태이다. 브랜드마다 지니고 있는 특색을 잘 활용한 최적의 입지를 선택할 수 있도록 가맹 본부는 예비 창업자에게 충분히 설명하고 협의하여 입점을 해야 한다.

매출이 저조한 매장을 보면 점포 위치가 아이템 성향에 부적합한 것이 다른 원인에 비해 큰 비중을 차지한다고 할 수 있다. 아이템의 성질을 잘 파악하여 어느 곳에 입점하는 것이 최선인지를 진단해서 전 구성원이 공유하고 실천할 수 있어야 한다. 프랜차이즈 사업을 전개하다 보면 가맹점마다 매출이 심한 편차를 보이는 경우가 많다. 여러 요인이 있겠지만 입점된 점포 위치가 주된 원인일 경우는 해결할 방책을 찾기 어려운 것이 사실이다. 점포 확정을 신중히 고려해서 입점시키지 않으면 운영하는 동안 매출에 허덕일 수밖에 없다. 매장 위치를 이전하는 리로케이션을 해야 해법이 되기에 면밀하게 분석해 보고 점포를 확정할 필요가 있다. 이 부분은 경영자와 협의 후 가맹 본부 영업부서에서 일관된 정책을 정립하여 추진해야 한다.

외식업에서 점포 위치는 주관적인 성향이 강할 수밖에 없다. 개인의 관점이 다르기에 그렇다. 하지만 가맹 본부는 아이템에 부합한 최적의 점포 로케이션을 내부적으로 확립해 놓고 현장에서 적용하는 것을 소홀히 해서는 안 된다. 특히 가맹 사업 초기는 더욱 그렇다. 500호점 초과 시는 브랜드 파워가 생겨서 입지의 폭을 넓혀도 매출에 그리 큰 영향을 주지 않는다고 볼 수 있지만, 100호점 미만까지는 신중을 기해서 신규 매장을 오픈시켜야 한다. 안테나 매장을 일부러 B급 상권에 오픈시켜 테스트하는 브랜드도 심심치 않게 있다. 아이템에 대한 로케이션 사전 점검과 예비 창업자의 창업비를 절약시킬 수 있는 여건을 마련해주려는 의도가 있기 때문이다. 대부분 브랜드는 최고로 목이 좋은 곳에 안테나 매장을 오픈시키는 경우가 많은 편이다. 역발상으로 B급 상권에서도 대박이 난다면 상권의 폭이 상상외로 넓어지고 신규 매장 오픈이 순조롭게 진행될 수 있어서 유리한 점이 많게 된다. 이처럼 점포 로케이션은 주관적인 성향이 강하게 작용하기는 하나 가맹점 수익과 직접적으로 연관되기에 일정한 가맹점이 오픈된 후 현장을 통해서 재점검하고 표본적인 점포 로케이션을 가맹 본부는 수립해 놓을 수 있어야 한다.

06 가맹점 이격 거리

신규 매장이 오픈될수록 가맹점은 자신의 매장 인근에 다른 가맹점이 오픈될 것을 우려한다. 혹시나 가까운 거리에 매장이 생길까 봐 염려하게 되고 슈퍼바이저가 방문하여 인근에 새로 매장이 출점할 예정이라고 하면 대다수 가맹점은 꺼리고 민감한 반응을 보이게 된다. 가맹 본부에 대한 가맹점 불만 사항 중 영향을 크게 미치는 것이 매장 주변에 신규 가맹점을 오픈할 때이다. 가맹 본부는 사전에 양해를 구하고 추진하는 것이 옳으나 대부분 미리 말을 하면 반대를 하기에 가맹 계약서에 정한 이격 거리를 준수하고 추진하는 경우가 많다. 분란을 일어날 것을 예측하면서도 강행하게 될 때가 많다. 가맹 본부와 가맹점이 자신의 입장에서만 주장하기에 합일점을 찾기가 힘든 것이 가맹점 간 이격 거리다. 가맹 사업 초기에는 가맹점 사이의 간격을 가급적 넓게 잡아 기존 가맹점을 안정화시켜 주는 것이 좋다.

100호점 오픈 전까지 가맹 본부는 신규 가맹점 입지에 대한 규정을 명확하게 설정한 후 영업 활동을 해야 한다. 가능한 가맹 계약서에 명기한 점포 이격 거리보다 좀 더 폭을 넓혀서 오픈시키는 것이 좋다. 프랜차이즈 대다수가 가맹 계약서에 점포 간 반경 500㎡를 이격 거리로 두는 것이 일반적이다. 가맹 사업 초기에는 신규 매장을 오픈시킬 경우 점포 간 1㎞를 유지해 주는 것이 두 가맹점 모두를 위한 방법이다. 인근 매장과 함께 시너지가 나올 수 있는 간격이 1㎞라고 보면 된다. 500㎡를 두고 오픈하면 된다고 생각하고 가맹 계약서대로 했으니 문제 소지가 없다고 판단해서 실행하는 가맹 본부는 길게 보지 못하고 근시안적인 하수라고 볼 수 있다. 기존 가맹점 만족도와 매출 증대가 우선이라는 인식을 하지 못해서 발생되는 일이다. 이 부분은 필자가 1호점부터 1,000호점 가까이 운영되는 과정을 지켜보면서 몸소 실행하고 체험한 입증된 사실이다.

가맹점이 최소 1㎞ 정도만 거리를 유지하고 입점하면 동종 타 브랜드보다 우위를 점하는 데 유리하다. 상대적으로 근거리에 있다면 반대 현상이 나타나게 되는 것은 자명한 사실이다. 가맹점주는 자사 브랜드가 어느 정도 거리를 유지한 상태에서 오픈하게 되면 시너지가 나온다는 사실을 인정하지 않으려는 경향이 강하다. 동종 타 브랜드가 입점 매장 옆에 오픈했을 시보다도 더 염려하게 되는 일이 많다. 자사 브랜드가 가까이 있으면 고객을 나누어져서 매출에 직접적으로 타격을 받게 된다는 심리적인 요인이 강하기 때문이다. 일정한 거리 즉 최소 1㎞ 정도만 유지되어 자사 브랜드가 오픈하면 오히려 타 브랜드 고객을 흡수하는 효과가 커서 매출이 동반 상승하게 될 확률이 높다. 가맹 본부는 이 점을 슈퍼바이저를 통해서 이해시키고 설득시킬 수 있어야 한다. 가맹점 확산을 위해서 필수 불가결한 사항이다. 여기서 주의할 부분은 기존 가맹점이 저항할 만한 지리적 환경에 놓인 지역에 새로운 신규 매장을 오픈하게 될 때는 반드시 사전에 이해시키고 양해를 구한 다음 입점시켜야 한다는 점이다.

07 / 원가율 및 수익률

프랜차이즈 사업에서 가맹 본부와 가맹점의 온도 차가 느껴지는 부분이 원가율과 수익률을 산정하는 방식이다. 바라보는 관점이 다르기에 나타나는 현상이다. 가맹점에서 가장 예민하게 반응할 수밖에 없다. 기본적으로 40% 내에만 원가율이 들어가면 가맹점 불만이 생기지 않게 되는 것이 프랜차이즈업계 현실이다. 아이템에 따라 상이하겠으나 50%를 넘기는 브랜드도 있다. 고객 회전율이 좋아서 매출이 상대적으로 좋으면 평균을 상회하는 원가율이 나온다고 해도 수익 발생이 되기에 크게 이슈화되지 않는 편이다. 가맹 사업 초기는 검증을 하지 않은 상태에서 시도해보는 일이 많아서 효율적인 수익 구조를 만들고 싶어도 시행착오를 불러오게 되는 일이 많다. 원·부재료 공급가와 판매가를 분석해서 현실적으로 가격이 합리적으로 책정되어 운영되고 있는지를 진단해보아야 한다.

가맹점에서 흔히 하는 이야기가 한 달 매장을 운영하고 나면 남는게 없다는 것이다. 프랜차이즈는 가맹점 수익이 나지 않고는 가맹점 확산이 한계에 봉착하게 되어 있다. 가맹 본부는 수익이 나는데 가맹점 수익은 기대에 부응하지 못하는 브랜드가 의외로 많다. 이런 브랜드는 200호점 넘기기가 현실적으로 어렵다고 단언해도 지나친 말이 아니다. 누차 강조했지만 프랜차이즈는 가맹점 수익이 뒷받침되지 않고는 가맹 사업 번창 자체가 어렵기 때문이다. 가맹 본부는 가맹점 이익이 어느 정도 발생하고 있는지 진단해서 기대 수익이 나올 수 있도록 해결안을 모색하여 실행할 수 있어야 한다. 브랜드 파워가 있어도 매장 운영을 효율적으로 하지 못한다면 원하는 수익이 발생하기가 힘들어질 수밖에 없다. 매장 손익 분석을 필히 슈퍼바이저를 통해서 주기적으로 실시해야 한다.

가맹점주 대부분은 창업비 회수가 다 되기 전에는 월 수익이 많이 난다고 해도 이익이 발생한다고 생각하지 않는다. 가맹 본부는 이 부분을 감안하여 매장의 손익을 분석해서 가맹점주와 머리를 맞대고 효율적인 운영안을 모색해야 한다. 가맹점주들이 1년이면 창업비를 회수할 수 있을 것 같다거나 2년은 지나야 할 것 같다고 하는 소리를 들어본 경험이 있을 거다. 가맹점주에게 굉장히 민감한 부분이 창업비 회수 기간이다. 이 점까지 헤아리면서 가맹 사업을 추진하는 가맹 본부는 많지 않다. 하지만 가맹점주가 프랜차이즈 매장을 위해 투자한 초기 비용 회수가 빠르면 빠를수록 가맹점 충성도가 높아지게 되고 나아가 메이저 프랜차이즈 진입에도 서광이 비치게 되므로 가맹 본부는 최소 100호점 이상 오픈하게 되면 원가율과 수익률을 냉철하게 진단해서 개선할 점이 있으면 실천해야 한다. 이 점을 놓치면 소탐대실하게 되어 200호점을 넘기기도 힘들어지게 된다. 각별하게 염두에 둘 부분이다.

가맹 본부와 가맹점이 생각하는 이익 산출 방식은 상이한 편이다. 세세한 부분까지 손익 분석을 통한 월 수익률을 산정해서 운영 프로세스를 진단할 필요가 있다. 가맹점은 손에 쥐는 게 없다고 말하곤 한다. 월마감을 해 보면 여러 요인으로 인해 명확히 얼마가 남았는지 알기가 쉽지 않다. 매출 대비 인건비 포션 등 원가율을 재점검해 보고 판매 메뉴 구성에 따른 이익도 점검해서 개선책을 찾아보아야 한다. 선두권 브랜드는 보통 1년이면 초기 투자비를 회수하는 편이다. 가맹 본부는 투자 대비 수익률이 어느 정도이고 얼마의 기간을 지나야 창업비 회수가 가능한지를 분석해서 가맹 사업을 어떤 방향으로 끌고 가는 것이 효과적인지를 정립해야 한다. 투자금 회수가 빠르다는 인식이 가맹점 사이에 파급되어야 브랜드 가치가 급상승하게 되어서다.

08 / 슈퍼바이저 운용 체계

슈퍼바이저가 성공적인 프랜차이즈 사업을 위해서 차지하는 비중이 매우 크다는 것을 알면서도 가맹 본부에서 운영하고 있는 가맹점 관리 방식의 실상은 천양지차의 현상을 보이고 있다고 할 수 있다. 표준 활동에 의한 체계적이고 적극적인 가맹점 관리를 하고 있는 가맹 본부는 500호점을 넘기고 있다고 보면 된다. 그만큼 프랜차이즈 사업에서 슈퍼바이저의 활동이 미치는 범위가 넓고 크며 중요하다고 할 수 있다. 가맹점 불만 사항은 슈퍼바이저와 소통상의 문제가 있어서 생기게 되는 경향이 크고 피드백이 잘 안 되어 발생하는 일이 잦은 편이다. 가맹점 오픈이 활성화되기 시작하면 가맹점 관리 프로세스를 점검하고 슈퍼바이저 활동 관리를 체크해서 현장의 소리가 활발하게 하의상달할 수 있도록 전반적으로 진단하여야 한다.

가맹 본부 정책을 가맹점이 현장에서 실행할 수 있도록 지도하고 감독하면서 교육을 해주어야 하는 슈퍼바이저 임무는 가맹 사업에서 중책 중의 중책이라 할 수 있다. 슈퍼바이저가 정상적인 활동을 하지 않고는 가맹점에서 매뉴얼 준수와 통일성 유지는 생각도 하지 말아야 한다. 경영자가 슈퍼바이저 역할을 중시하지 않고 큰 의미를 두지 않는 브랜드는 프랜차이즈 근간이 무너지게 되고 가맹점과 소통이 실시간으로 이루어지지 않기에 항시 불만과 분쟁의 소지를 낳게 된다. 프랜차이즈 사업에서 슈퍼바이저의 역할은 이루 말로 다 표현할 수 없을 정도로 중요함을 가맹 본부는 인지하고 강력한 슈퍼바이저 체계를 확립해서 운용할 수 있어야 한다. 다양한 특색을 갖고 있는 많은 가맹점이 동일하게 운영되어서 전국에 있는 고객이 어느 매장을 방문하여도 똑같은 맛과 서비스를 제공받을 수 있도록 가맹점을 지도하는 책무를 지닌 슈퍼바이저는 프랜차이즈 사업의 주요 핵심 요원이다. 경영자는 슈퍼바이저의 사기 진작은 물론이고 업무상 불합리한 활동이 이루어지고 있는지 등 작은 부분부터 세세히 파악하고 본연의 임무를 다할 수 있도록 운영 시스템을 진단할 수 있어야 한다.

슈퍼바이저가 안정화되지 못한 가맹 본부는 가맹점 관리 역시 일관성이 없게 된다. 슈퍼바이저 표준 활동 체계를 안정화할 수 있어야 한다. 중간 점검을 하여 미비한 점이 무엇인지를 분석해서 신명 나는 슈퍼바이저 활동이 이루어질 수 있도록 할 필요가 있다. 실력 있고 에너지가 넘치는 슈퍼바이저로 운영팀이 결성되어 있어야 매뉴얼 준수를 통한 통일성 있는 브랜드로 안착하기가 수월하게 된다. 운영팀은 역동적이고 활력이 넘쳐야 한다. 성향이 제각각 다른 가맹점을 설득해서 실행하게 하려면 슈퍼바이저 자신이 생동감이 넘치고 당당하게 자신감이 넘치면서 확신을 갖고 가맹점을 방문하는 것이 생활화되어 있어야 주어진 임무를 완성할 확률이 높아지게 되어서다. 슈퍼바이저는 출퇴근부터 근무 시간 등 가맹 본부별로 다르게 운용되고 있다. 가맹 본부 여건과 아이템 특성에 따라서 효율적인 표준 활동 체계를 수립하여 실천하는 것이 좋다. 무엇이 옳은지는 가맹 본부 현지 사정을 보고 판단할 수밖에 없기에 그렇다. 그래도 정형화된 운용 체계는 반드시 정립해 놓고 실행에 옮길 수 있어야 한다.

09 / 신규 개설 절차

프랜차이즈의 근본적인 핵심은 다수의 가맹점을 오픈시켜서 전국에 거주하는 고객에게 동일한 맛과 서비스를 제공하는 데 있다. 부모가 자식을 많이 낳았을 때 부모를 잘 공경하고 효도하는 자식이 있을 수도 있고 불효자 자식도 있을 수도 있다. 효성이 지극한 자식도 있고 부모 애간장을 태우는 자식도 있는 것처럼 가맹점 역시 가맹 본부의 정책과 매뉴얼을 잘 준수하면서 가맹점을 운영하는 곳이 있는 반면 프랜차이즈 근간인 통일성을 고려하지 않고 개인 자영업처럼 매장을 운영하는 곳도 있다. 프랜차이즈는 이유야 어떻든 신규 매장 오픈이 활성화되어야 제반 기능을 다 할 수 있다. 브랜드 영향도 있을 수 있지만 영업부서 역량에 따라 신규 오픈이 잘될 수도 안 될 수도 있기에 신규 개설 프로세스를 진단하는 것을 소홀히 해서는 안 된다.

개설 수익을 비롯하여 물류 수익, 로열티 수익 등 매장 수에 의해서 영업 이익이 증가하기 때문에 가맹점 확산이 가맹 사업 수익의 원천이라 할 수 있다. 신규 개설이 잘되기 위해서는 가맹 본부가 가맹점과 상생해서 브랜드 평판을 좋게 만들어 놓을 필요가 있다. 혹자는 가맹 사업보다는 직영 사업을 권장하기도 한다. 가맹점보다는 직영점을 늘려야 한다고 주장하는데 프랜차이즈 사업의 궁극적인 목적을 직시하지 못해서 하는 말이다.

가맹 사업을 전개할 시 전국에서 똑같은 맛을 내서 고객에게 제공할 수 없기에 합리화하는 경우도 없지 않다. 직영점은 몇 개까지 운영하는 데는 큰 어려움이 없으나 10호점 이상이 되면 여러모로 장애 요인이 발생하게 될 확률이 매우 높아진다. 직영 사업을 하는 곳 내부를 들여다보면 직원 관리에 애를 먹고 손이 많이 가서 실제로 여러 가지 어려움을 겪는 경우가 많다. 직영점은 사업 초기에는 돈을 많이 버는 것 같은 기분이 들어서 주위에 홍보를 많이 하게 되지만, 어느 정도 시일이 경과되면 수익도 정점을 찍게 되고 매장은 하나둘씩 자취를 감추게 되는 것을 주위에서 자주 보게 되는데 이런 연유에서 비롯되는 현상이다. 물론 아이템과 운영하는 경영자에 따라 예외는 있을 수 있다.

　프랜차이즈 사업은 1호점부터 500호점이 있다고 가정하고 가맹점 관리를 할 수 있어야 한다. 이 부분을 깊이 염두에 두고 가맹 사업을 스타트하는 가맹 본부는 1,000호점까지 운영할 수 있는 확률이 매우 높아지게 되어 있다. 물론 가맹점이 기대하는 수익을 내고 있을 때 가능한 이야기다. 가맹점 수익 창출은 프랜차이즈의 기본이다. 가맹점 수 증가가 가맹 사업을 성공시키는 바로미터가 된다고 할 수 있다. 수많은 가맹 본부가 가맹 사업을 전개하고 있으나 200개 이상 가맹점을 오픈하고 장기간 유지하는 곳이 많지 않은 것이 프랜차이즈 업계 현실이다. 가맹점을 확산하는 최고의 무기는 기존 가맹점 수익이 많이 나서 브랜드 평판이 좋고 통일성 있게 매장을 운영하는 것이다. 가맹점 관리가 안 되면 가맹점 확산은 기대하기 어렵다. 이런 전제 조건이 수반되어야 신규 개설이 동반하여 잘되게 되는 것이다. 운영과 영업은 병존한다고 할 수 있다. 200호점에 도달하면 신규 개설 프로세스가 현시점에 적합하게 정립되어서 실천되고 있는지를 점검할 필요가 있다.

10 / 협력 업체 역량

　프랜차이즈는 가맹 본부와 가맹점이 상호 역할과 책무에 대한 사항을 일정한 계약 관계로 정해 서로 상생하는 동반 사업자 개념으로 뭉쳐진 시스템이다. 또한 가맹 본부와 가맹점에 그치지 않고 협력 업체와도 밀접한 상관관계를 지니고 있는 구조다. 여기에 고객까지 연결되어 있는 공생 관계라 할 수 있다. 가맹 본부, 가맹점, 협력 업체의 상호 협력이 없이는 고객의 입맛을 사로잡아서 브랜드에 대한 충성도를 높이기가 불가능한 것이 엄연한 사실이다. 프랜차이즈 사업을 영위하면서 1,000호점을 달성한 브랜드의 뒷면에는 반드시 좋은 원·부재료를 늘 신선도를 유지하면서 공급해주는 협력 업체가 있다. 매장 수가 늘어나도 구애받지 않고 많은 양의 좋은 재료를 전국으로 동시에 공급해줄 수 있는 업체와 제휴를 맺을 수 있어야 좋은 브랜드 평판을 유지하는 데 기여할 수 있기에 신중하게 관련 업체를 선정해야 한다.

프랜차이즈 협력 업체를 통해서 외부 환경에 능동적으로 대처할 수 있는 정보와 도움을 구해 브랜드 경쟁력을 더 강화하는 브랜드가 속출하고 있는 실정이다. 성공적인 가맹 사업을 위해 협력 업체의 지원 사격이 절대적으로 필요하다. 가맹 본부와 협력 업체와의 관계는 가맹점 우호도와 밀접한 관련이 있다. 협력 업체를 선정하여 제휴를 성사한 후 사후 대처 방법까지 상호 비즈니스 파트너로서 본연의 임무를 다할 수 있도록, 제도적으로 장치를 마련할 수 있는 관리 프로그램을 가맹 본부가 정립해 놓을 필요가 있다. 가맹 사업 초기는 대부분 협력 업체가 창업주 경영자 지인들로 형성되는 것이 일반적인 현상이다. 소규모 협력 업체는 가맹점이 전국적으로 확산되면 전국적으로 공급하는 데 어려움을 겪게 되어 타 업체와 불가피하게 제휴를 맺어야 하는 상황이 초래될 수 있다. 이런 경우 원·부재료 공급을 이원화하게 되어서 통일성이 상실되는 상황이 발생할 수 있으므로 가맹 본부는 이 점을 염두에 두고 협력 업체를 선정할 수 있어야 한다.

프랜차이즈 협력 업체는 살아있는 브랜드를 비용을 들이지 않고 널리 알려주는 홍보대사 역할을 해준다. 시중에서 변화하고 있는 동종 업종에 대한 트렌드를 전해주기도 한다. 때로는 고객한테 인기가 있는 메뉴에 대한 정보를 실시간으로 주기도 하고 신메뉴 레시피를 알려주기도 하는 가맹 사업 동반자라 할 수 있다. 유익한 정보와 지원을 해주는 협력 업체에 대한 업무 프로세스를 잘 확립해 놓고 함께 성장할 수 있도록 해야 안정된 프랜차이즈 사업을 할 수 있다. 현장에서 물심양면으로 도움을 주는 협력 업체 없이는 가맹 사업이 번창하는 데 제약이 많이 따르게 되므로 가맹 본부는 사전에 합리적인 계약 관계를 형성하여 시스템적으로 관리할 수 있도록 해야 한다. 아이템 특성에 따라 협력 업체 수가 정해지겠지만 가맹점을 1,000호점 운영하게 되면 수많은 협력 업체와 함께하게 된다. 협력 업체를 선정하는 방법과 관리하는 시스템을 만들어서 추진하는 것도 메이저 프랜차이즈로 가기 위해 해야 할 일이다.

PART
11

기업으로서의
가치

01 / 기업 가치 극대화 방법

개인의 생각에 치우치지 않으면서 객관적으로 기업이 갖추고 있는 역량과 현상을 분석하여 얼마만큼의 수치로 시중에서 평가받을 수 있는지를 파악한 후 어떻게 하면 기업 가치를 올릴 수 있을지 전략을 수립하여 현장에서 실천할 수 있어야 향후 M&A 대상 기업으로 성장할 수 있다. 기업 가치는 여러 지표를 활용해서 평가되고 있다. 대다수 창업주 경영자는 자신의 기업 가치를 최대한 올리고 싶어 한다. 기업은 결국 브랜드 가치로 대신할 수 있다. 프랜차이즈는 브랜드 가치가 높아야 우수한 인력을 영입할 수 있고 우량의 협력 업체와 제휴를 맺어서 좋은 원·부재료 공수받아 가맹점에 합리적인 가격으로 공급할 수 있다.

기업 가치를 극대화할 수 있는 명확한 해법은 없다는 표현이 적절하다고 할 수 있다. 주체에 따라 효율적으로 실행할 수 있는 최적의 방식을 선택해야 하기 때문이다. 일반적으로 기업 가치를 올리려면 기업이 성장할 수 있는 가장 중심이 되는 요인이 무언지를 알아내어 그것을 효과적으로 성과를 낼 수 있도록 해야 한다. 프랜차이즈가 브랜드 가치를 올리기 위해서는 첫 번째로 가맹점 수익이 점주가 원하는 만큼 나올 수 있어야 한다. 가맹 본부가 매뉴얼을 준수하여 통일성 있게 매장을 운영할 수 있도록 가맹점 관리를 철저히 해야 하는 이유다. 히트 메뉴를 개발하여 출시하고 가맹점에서 고객이 만족할 수 있을 정도의 서비스를 제공하도록 교육하고 지도할 수 있는 역량을 갖추어야 한다. 가맹점에서 기대하는 이익이 매월 창출되면 가맹 본부의 경쟁력과 가치는 극대화되어 가맹점 확산으로 이어지게 된다. 프랜차이즈는 가맹점 수가 많아야 기업 가치가 올라가게 되는 구조다. 기존 가맹점의 수익이 좋아서 점주 만족도가 높아야 신규 매장이 활발하게 오픈되기에 결국 가맹점 수익을 극대화하는 것이 프랜차이즈 기업의 가치를 올리는 최상의 방법이 되는 것이다.

유동 자금을 많이 확보할 수 있는 가맹 본부 역시 기업 가치가 상승할 수 있는 요인을 충분히 갖추고 있다고 할 수 있다. 즉 현금이 많아야 한다. 기업 가치는 정량적으로 평가하는 것이 일반적이다. 많은 현금을 보유하고 있는 기업은 우량 기업으로 평가받는 데 절대적으로 유리하다. 프랜차이즈는 기업 가치를 올리기 위해서 현금을 많이 확보하는 만큼 다수의 가맹점을 오픈시킬 수 있어야 한다. 가맹점이 많아야 제반 수익이 창출되어 현금 자산이 증가할 수 있어서다. 프랜차이즈 기업 가치 증대는 다수의 신규 매장을 오픈시켜야 가능한 것으로 모든 것이 귀착된다고 할 수 있다. 기업 가치는 회사가 성장하는 속도와 자본 이익률에 의해 평가가 달라진다고 할 수 있다. 회사 성장 속도가 높으면 자본 이익률이 낮아도 부족한 부분을 채워서 기업 가치를 올릴 수 있다. 반대로 회사 성장 속도가 더뎌도 자본 이익률이 높으면 역시 부족한 부분을 채워서 기업 가치를 올릴 수 있다. 프랜차이즈가 빠른 성장을 하기 위해서는 가맹 본부와 가맹점이 혼연일체가 되어 공동체 의식을 갖고 고객이 감동할 수 있는 제품과 서비스를 제공할 수 있어야 한다. 그러기 위해서는 CEO와 구성원이 프랜차이즈 전문 지식을 갖추고 훌륭한 정책을 펼쳐서 가맹점이 현장에서 실행을 잘할 수 있도록 지도와 관리를 잘해야 한다.

02 M&A는 어떤 경우에 일어나는가?

성장 잠재력

프랜차이즈 사업을 추진하여 메이저 프랜차이즈 반열에 입성시킨 후 M&A를 할 수 있는 CEO가 최고의 경영자라고, 프랜차이즈 관련업에서 종사하고 있는 사람들이 농담 반 진담 반으로 말하는 경우가 있다. 프랜차이즈 사업의 최종 목적지가 M&A에 있음을 마음속 한편에 늘 간직하고 있다고 해도 틀린 말이 아니다. 가맹 사업을 시작하는 창업주 경영자는 예외는 있을 수 있지만 대다수가 성공적으로 경영하여 M&A를 이루어 큰돈을 벌어보겠다는 심리가 있는 것이 사실이다. 외식 프랜차이즈는 타 업종보다 M&A를 성사시키는 데 어려움이 더 있는 편이다. 유행에 편승하는 경우가 많기 때문이다.

M&A는 반드시 메이저급 반열로 성장시켰을 때만 실현이 가능한 것

은 아니다. 가맹점 수가 많지 않아도 성장 가능성이 있으면 얼마든지 성사될 수 있다.

기업은 브랜드가 탄생하면 태동기를 맞이한 후 성장기를 통해 성숙기를 거치게 되어 있다. 경쟁력이 있는 브랜드는 여기서 현상 유지와 쇠퇴기를 거치지 않고 곧바로 2차 성장기에 접어든다. 이어서 답보 상태인 현상 유지 기간을 오랫동안 지난 후 쇠퇴기 국면을 맞이하게 되는 것이 일반적인 현상이다. 회사를 매각하려는 매도인은 최고의 성장기에서 매각하기를 희망한다. 매수인은 추가적으로 성장성 여부를 더 중시한다. 프랜차이즈 사업을 시작하여 성공적인 브랜드로 완성시켜서 M&A를 희망하고 있다면 브랜드가 최고점에 머무를 경우보다는 향후 더욱 번창할 수 있는 여력이 있을 때 M&A를 추진하는 것이 현명한 선택이다. 계속하여 성장할 잠재력을 보유한 기업을 투자자는 선호하기 때문이다. 이 부분을 창업주 경영자는 마음속에 새기고 있어야 한다. 가맹점과 상생하여 매장을 확산하는 데 주력하여 괄목할 만한 성과가 나오게 되면 자의 반 타의 반 M&A를 해볼까 하는 생각이 드는 경우가 많은 것이 프랜차이즈 현실이다.

프랜차이즈 매장의 경우 영업 지역에 대한 경계가 존재하므로 매장 수는 절대적인 한계가 존재할 수밖에 없다. 가맹 본부에서 국내에서 운영할 수 있는 가맹점 수를 1,000개 수준으로 보는 브랜드가 있다고 가정했을 때 적절한 매각 타이밍은 700개 이하의 매장을 갖추고 추가적인 오픈 여력이 있을 때이다. 다만 회사가 국내를 넘어 해외 진출이 가능하다는 판단이 있든지 혹은 매수인이 기존 사업과의 시너지를 보유한 기업으로 그 효과가 크다고 판단할 때는 매수인이 생각하는 인수 타이밍은 다를 수 있다. 주식이 연속하여 상한가를 친다고 좀 더 있다가 매각하겠다는 생각을 하고 있다가 호기를 놓쳐서 후회하는 경우가 있다. 프랜차이즈 M&A도 타이밍을 제대로 잡지 못하면 좋은 때를 실기할 수 있다는 것을 유념해야 한다.

핵심 역량 및 시스템

프랜차이즈 성장에는 여러 요인이 존재한다. 창업 아이템, 내부 인력들의 운영 역량, 마케팅 등 다양한 요인으로 프랜차이즈는 성장하게 된다. 프랜차이즈 특성상 창업부터 성장의 과정에는 창업주 또는 창업 공신이라 표현하는 핵심 인력들의 비중이 매우 크다고 할 수 있다. 이는 성장의 과정에서 반드시 필수 불가결이 사항이기는 하나 성장기, 성숙기 이후에도 회사의 핵심 역량이 창업주를 포함한 소수 인력에 집중되어 있다면 매수인 입장에서 부담스러울 수밖에 없다. 왜냐하면 일반적으로 매수인은 인수 이후 본인들이 선임한 경영진을 파견하여 운영하기 마련인데 매수인 또는 신규 경영진이 기존 인력에 의존하게 되어 본인들이 생각하는 인수 이후 성장 플랜을 실현하기 어렵기 때문이다. 이와는 반대로 회사의 핵심 역량이 회사 외부에 존재하는 경우도 있다. 지역별 유력한 인사에 의해 매장 수를 급속도로 늘려갔고 가맹점이 프랜차이즈보다 해당 유력 인사의 입김에 좌우된다면 회사 인수 이후 유력 인사들과의 관계가 어그러지는 경우 매장 수를 보장할 수 없다. 유사한 예로 회사의 핵심 아이템 또는 메뉴 레시피와 생산을 회사 외부 제삼자에게 의존하는 경우도 마찬가지다. 핵심 아이템은 해당 프랜차이즈의 핵심임과 동시에 고객들이 브랜드를 찾는 주요 요인이다. 이럴 경우 외주 또는 제삼자에게 의존되게 된다면 이는 단순하게 외부에서 생산되는 경우를 뜻하는 것이 아니라 이를 대체할 수 있는 기업이 없음을 뜻하기 때문이다.

핵심 역량이 소수의 인력과 외부의 제삼자에게 있는 것이 아니라 강력한 시스템이 구축되어 이를 토대로 제반 부분이 움직여서 성과를 낼 수 있어야 경쟁력을 갖춘 가맹 본부라 할 수 있다. 이는 어떤 경영자가 와도 회사를 흔들림 없이 지속적으로 경영할 수 있다는 것을 뜻한다. 프랜차이즈 가맹 본부는 협력 업체, 가맹점, 고객을 상대하기에 다양한 이해관계가 존재할 수밖에 없다. 이런 기업일수록 회사 내부 시스템을 잘 확립해 놓아야 한다. 언제 어디서 발생할지 모르는 협력 업체와의 문제, 가맹점과의 문제, 고객과의 문제에 적절히 대응할 수 있는 체계적인 업무 시스템과 규정이 필요하기 때문이다. 프랜차이즈 사업 초기의 경영자는 가맹점을 늘리는 외형 확산에 집중할 수밖에 없다. 단단한 성장의 기반을 마련하는 시스템 구축이 더욱 필요한 이유다. 경쟁력 있는 회사 내부의 조직 체계와 시스템 구축에 집중해야 향후 M&A를 하게 될 때 유리한 위치에 있게 된다는 점을 염두에 두는 것이 좋다.

브랜드 평판

프랜차이즈의 본질은 브랜드다. 프랜차이즈는 불특정 다수의 고객을 상대하는 B2C 사업이기 때문에 브랜드 가치가 중요하다. 프랜차이즈를 지속적으로 영위하는 데 있어서 필수 불가결한 요인이다.

프랜차이즈는 타 업종보다 상대적으로 기업 가치 평가를 낮게 받는 경우가 많은 편이다. 트렌드 변화가 심하고 유행에 따라 고객이 움직이는 경향이 커서 프랜차이즈 아이템의 지속성에 대한 부정적인 편견이 있기 때문이다. 프랜차이즈는 수명이 짧다고 보는 것이다. 아무리 잘되는 브랜드라 해도 반짝하는 브랜드가 될까 염려하게 된다.

한때 잘나가던 브랜드도 예상하지 못한 갑작스러운 외부 환경으로 인해 순식간에 망가지는 경우가 있다. 가맹점의 고객에 대한 불친절, 제품의 불량, 오너의 갑질 등 도덕적·법률적 이슈들이 공개되는 경우 고객의 불매운동으로 이어지고 매장의 매출 하락과 가맹점 분쟁으로 연결되어 가맹 본부 실적과 브랜드 가치 저하로 이어지는 일이 많은 것이 현실이다. 그래서 M&A 시 이런 요인을 반영해 감가해서 브랜드 가치를 평가한다고 보아야 한다.

M&A를 꿈꾸고 있다면 브랜드 가치를 높이는 데 주력할 필요가 있다. 가맹점에서 매출이 좋아 원하는 수익이 발생하는 것만큼 최고의 브랜드 홍보와 마케팅은 없다고 할 수 있다. 고객의 마음속에 브랜드를 각인시키고 있을 때 M&A가 생각보다 수월하게 이루어질 수 있다. 가맹점이 가맹 본부를 신뢰하면 브랜드 가치는 저절로 증가하게 된다. 브랜드에 대한 긍정적인 이미지를 지닐 수 있도록 가맹 본부는 상생을 목표로 가맹점 관리를 잘해야 한다. 가맹점 만족도 없이는 M&A는 성사되기가 힘들다. 프랜차이즈는 가맹점이 가맹 본부 지식과 노하우 및 시스템을 구입하여 고객을 상대해서 매출을 올리는 구조이기에 가맹점의 노력

없이는 프랜차이즈 사업 자체가 발전할 수 없기 때문이다. 결국 M&A가 성공적으로 이루어지려면 맨 앞에 가맹점의 실행력에 의한 고객의 충성도가 바탕에 있어야 한다. 그래야 브랜드 파워가 높아져서 인수자가 나타날 수 있기 때문이다. 사람들이 많이 아는 브랜드도 중요하지만 좋은 이미지로 많이 알려진 브랜드가 더 중요하다. 프랜차이즈 사업을 하면서 반드시 알고 있어야 할 사항이다.

현금 창출 능력

가맹 본부 수익은 가맹점이 증가할수록 자연적으로 수반된다. 프랜차이즈 수익 구조는 로열티, 물류, 신규 개설 수익이 중심이다. 이중 신규 개설 수익은 지속적이기보다 일회성이라 보는 것이 타당하다. 회사가 성장하는 시기에 경영진은 신규 수익이 늘어나는 행복감에 빠지기가 일쑤다. 그러나 성장이 정체기에 도달하면 신규 수익 비중이 점차 줄어든다. 회사가 성장할수록 신규 개설 수익은 줄어들 수밖에 없다. 추가로 입점할 수 있는 상권의 제약이 있어서다. 프랜차이즈가 지니고 있는 구조적인 문제이기에 어쩔 수 없이 발생하게 된다. M&A를 수월하게 성사시키려면 단기간의 수익 구조에서 벗어나 연속적인 수익을 창출할 수 있는 브랜드가 되는 것이 중요하다.

M&A 시 매수자들은 회사의 수익 구조를 검증한다. 아무리 높은 실적을 달성하고 있더라도 일회성에 그치는 신규 개설 수익은 높은 가치를 주지 않는다. 회사의 실적으로 인정하는 수익은 지속적인 수익이다. 회사의 지속적인 수익은 로열티 수익과 물류 수익에서 발생한다. 가맹

점 확산과 더불어 로열티 수익과 물류 수익이 발생하는 구조를 만드는 것도 중요하다. 매장 매출이 늘어날수록 로열티 수익과 물류 수익은 자동으로 따라오게 되므로 브랜드 매출 증대에 전력을 다해야 한다. 물류 수익은 프랜차이즈 가맹 본부의 구매력과 전용 상품 및 범용 상품의 비중, 그리고 전용 상품을 얼마나 경쟁력 있게 제공하느냐에 따라서 다르지만 대부분 프랜차이즈는 유사하게 운영되고 있는 실정이다. 브랜드별로 로열티 수익 구조는 상이하다. 매장 매출의 일정 비율을 수취하는 경우, 매장 면적에 일정 비율을 곱하여 수취하는 경우, 매장별로 고정 금액을 정하여 수취한 경우가 있다. 매출에 연동되는 로열티 수익 구조가 합리적이고 효율적이라 할 수 있다. 가맹점 매출이 좋으면 로열티 수익이 증가하고 매출이 줄어들면 감소하기에 가맹 본부에서 매출 증대에 전력을 다하게 되는 효과도 있다. 가맹점도 매출에 비례하여 금액이 산정되어서 설령 로열티를 많이 내게 되어도 불만을 표출하는 경우가 거의 없다.

최소 비용으로 최대 효과

프랜차이즈 브랜드를 인수하려는 투자자 입장에서는 비용을 절감하고도 수익 창출이 가능한 브랜드에 관심을 갖게 되는 경우가 많다. 평가의 잣대를 정성적인 평가보다 정량적 평가에 치중하는 경향이 큰 편이다. 브랜드 비용을 절감하는 데에는 다수의 요소가 있을 수 있으나 마케팅이 차지하는 비중을 무시할 수 없다. 마케팅 비용은 회사가 성장하는 데 있어서 필수적인 요소다. 가맹점을 확산하고 브랜드 가치를 높이는 데 있어서 마케팅 비용은 어느 정도 지출할 수밖에 없다. 다만 마케팅 비용이 과도하고 빈번하게 지출되었다면 M&A를 하려는 매수인 입장에서는 의사결정을 하는 데 있어서 한 번 더 생각하게 된다. 이 브랜드는 마케팅 비용에 의존해서 매출이 유지된다고 생각하기가 쉬워서 향후 매출 성장을 위해서 마케팅비를 과도하게 사용해야 한다는 생각을 갖게 되어 매도자 입장에서는 불리한 위치에 놓이게 될 수 있는 것이다.

마케팅비를 지출할 때는 그 목적을 구체적으로 분명히 해서 지출하고 그 결과에 대해 명확하게 분석해서 자료로 남겨 두어야 한다. 미래에 어떤 상황이 발생할지 모르기에 준비를 해 두는 것이 좋다. M&A 관점에서도 매수인에게 신뢰를 주는 포인트다. 예를 들어서 광고비를 지출했을 시 어떤 효과가 발생했는지를 구체적으로 분석해 놓아야 플러스 점수를 받을 수 있는 이점으로 작용한다. 합리적인 금액을 지출해서 최대의 효과를 거두었다면 그것은 최고의 마케팅이기에 후한 점수를 얻을 수 있지만, 반면에 자주 과다한 금액을 지출하여 평균적인 매출을 유지하고 있다면 늘 일정한 비용 지출이 불가피하다고 여기게 되어 평가에서 불리한 입장에 놓일 수 있다. 하지만 프랜차이즈 사업을 하면서 가맹점 매출이 안 오르면 마케팅에 치중할 수밖에 없는 것이 엄연한 현실이다. 당장 급한데 먼 훗날 일을 예상해서 소극적으로 비용 지출을 한다는 것 자체가 모순이기 때문이다. 많은 프랜차이즈 브랜드 중에서 M&A를 할 수 있는 브랜드는 손에 꼽을 정도다. 여러 요인이 모두 매수자가 충족할 수 있게 준비되어 있는 브랜드가 많지 않기 때문이다.

브랜드가 경쟁력이 있더라도 가맹점에서 받아야 할 미수 채권이 많다면 브랜드를 평가할 때 가치는 하락할 수밖에 없다. 그만큼 가맹 본부 경쟁력이 부족하고 시스템에 의한 일의 진행이 미흡하다고 판단할 수 있기 때문이다. 좋은 브랜드라면 평소에 미수금이 발생하지 않도록 가맹점 관리를 잘했을 것이라고 믿게 되기에 이 부분도 유의할 필요성이 있다. 가맹점 의사를 감안하여 채권 회수를 늦추고 기다려주는 가맹 본부가 많다. 결국 받아야 할 채권을 회수하지 않으면 회사의 현금 창출 능력이 감소할 수밖에 없다. 가맹점의 개별 사항을 고려하지 않을 수 없으나 가맹 본부는 기업이고 통일성을 유지해야 하므로 강력한 조치를 통해서라도 적극적으로 채권을 회수해 놓아야 M&A를 성사시키는 데 절대적으로 유리하니 관심 있는 경영자는 염두에 둘 필요가 있다. 회계 장부가 깨끗하다는 말이 적합한 표현일 것이다.

가맹 사업에서 미수 채권은 로열티와 원·부재료 공급가에 대한 미수가 주를 이룬다. 여기에 일부 가맹 본부는 빠른 확산을 위해 신규 개설하는 데 있어서 창업비를 대여해주는 경우가 있다. 이때 금액적으로 큰 액수가 미수로 남게 된다. 원칙을 강조하고 정도 경영을 하면 프랜차이즈 사업을 하면서 미수 채권이 많이 발생하지 않게 되어 있다. 가맹점 미수는 시일이 지날수록 악성 채권으로 전락할 수 있으므로 사전에 합리적인 방안을 강구해서 해결할 수 있도록 해야 한다. 프랜차이즈 M&A에 관심이 있는 경영자는 평소 채권 관리에도 관심을 갖고 관리하는 것이 좋다. 의외로 광고비 미수금도 일부 브랜드에서 심심치 않게 발생되고 있다. 프랜차이즈는 가맹 본부와 가맹점이 모든 면에서 관계가 형성되어 있다. 전반적인 사항이 서로 실타래처럼 얽혀 있는 구조라 할 수 있다. 상호 베풀 것은 베풀고 받을 것은 받으면서 주어진 역할을 수행해야 원하는 성과를 함께 얻을 수 있는 형태다. 금전에 대한 미수가 오랫동안 존재하면 서로 신뢰에 부정적인 요인으로 자리 잡게 되므로 효율적인 방책을 모색하여 시스템으로 정립해서 실행할 수 있어야 한다. 장래 M&A에 관심을 지니고 있다면 더욱 그렇다.

03 / M&A 진행 절차

M&A 기회는 다양한 형태로 발생한다. 성공적인 프랜차이즈 브랜드라고 생각한다면 여러 곳에서 먼저 M&A에 대한 제안이 올 수 있다. 혹은 창업주 본인이 개인적으로 사업의 한계를 느끼고 더 크고 전문적인 기업에 매각하여 브랜드를 더 키웠으면 하는 경우도 있다. 그동안 노력에 대한 결실을 맺고자 출구를 생각할 수도 있다. 가맹 사업이 안정화되었을 때 M&A에 대한 생각을 갖고 있다면 창업주는 단계별로 준비를 해두는 것이 좋다. 사전에 준비가 되지 않으면 M&A가 성공적인 결실을 맺기가 어려워지기 때문이다. M&A에 대한 준비는 여러 가지가 있을 수 있는데 그중에서 가장 중요한 것은 본인 회사에 대한 객관적인 이해이다. 회사 소개서 또는 매각 안내 자료를 만들어 보는 것도 본인 회사를 객관적으로 이해하는 데 도움이 된다. 또한 M&A는 어느 정도 전문적인 경험과 기술을 요하기 때문에 전문가의 도움을 받는 것이 좋다. 경험과 실력을 갖춘 M&A 자문사를 선정하여 보다 객관적으로 본인 회사를 파악해보고 누구와 어떻게 얼마에 M&A를 할 것인지에 대해 전문적인 자

문을 받도록 해야 한다.

본인 스스로 혹은 전문가의 도움을 받아 매각 안내 자료를 만들고 어느 정도 금액으로 어느 정도 지분을 매각할지 가이드라인을 설정하고 나면, 이후에는 누구에게 팔 것인지에 대해 결정하게 된다. 이미 M&A에 대한 제안을 받은 상대방이 있다면 그들도 대상이 될 수 있고 주변 또는 전문가의 도움을 받아 회사 가치를 높게 평가해줄 수 있는 숨어 있는 상대방을 찾아낼 수도 있다. 여러 인수 후보군 중에서 높은 관심을 표명한 상대방을 만나게 되면 이들과 본격적인 M&A 절차를 진행하게 되는데 이때 가장 중요한 것이 비밀 유지이다. M&A에 대한 소문이 직원들 또는 가맹점주 또는 협력 업체 등에 퍼지게 될 경우, 동요와 잡음이 생기고 좋은 결과를 내지 못할 가능성이 높다. 어느 정도 시점까지는 비밀 유지를 하는 것이 매우 중요하다. 이에 통상적인 M&A의 과정에서 보통 상대방과의 비밀 유지 협약서라는 것을 체결하게 되는데, 이렇다고 소문이 나지 않으리라는 법은 없으므로 비밀 유지에 유의하도록 하여야 한다.

M&A에 대한 절차가 어느 정도 진행이 되면 양해각서를 체결하고 회사에 대하여 실사를 하게 된다. 실사는 대부분 회계나 세무적인 사항, 법률적인 사항뿐만 아니라 회사에 대한 전반적인 사항을 보게 되며 회계사, 변호사 등의 전문가들이 참여하게 된다. 실사가 마무리되고 나면 본 계약서를 체결하고 거래가 종결된다. 프랜차이즈 M&A는 이와 같은 방식으로 진행되는 것이 일반적이다. M&A 인수 후보군으로 재무적 투

자자로 불리는 사모펀드가 있다. 가치가 있는 기업을 여러 각도로 분석하고 평가해서 인수한 후에 사업을 번창시켜서 주식 시장에 상장하여 재매각을 통한 시세 차익을 목적으로 하는 투자자를 말한다. 전략적 투자자로 불리는 일반 기업도 M&A 인수 대상의 또 다른 후보군에 속한다. 연속적인 사업 영위가 목적이지만 때로는 성장을 더 시킨 후 재매각하려고 인수하기도 한다. 메이저 프랜차이즈는 사모펀드에 의한 M&A가 활성화되고 마이너 프랜차이즈는 일반 기업에 의한 M&A가 보편적이다.

가맹 본부와 가맹점은 한배를 타고
거친 바다를 항해하는 운명공동체다

프랜차이즈가 성공하기 위해서는 가맹점을 확산시키는 데 유리한 아이템이어야 하고 단기 및 중장기적으로 가맹점과 함께할 수 있는 효율적이며 생산적인 전략과 전술을 수립할 수 있어야 하며 현장에서 강력하게 실천할 수 있는 실행력을 갖출 수 있는 시스템이 완비되어 있어야 한다.

프랜차이즈의 생명이나 다름없는 가맹점 통일성 유지는 전적으로 CEO와 가맹 본부 임직원의 역량에 달려 있다. 통일성이 무너지는 순간 프랜차이즈로서 본연의 목적 달성이 어렵게 된다. 전체 가맹점이 동일하게 매장을 운영할 수 있도록 만드는 것은 가맹 본부가 해야 할 최우선 임무이다.

성장 환경과 가치관과 인생관이 상이한 가맹점을 하나로 응집시켜서 목표와 비전 달성을 위해 공동의식을 갖도록 하여 일체감을 형성시켜서 추진하게 한다는 것이 결코 쉬운 일이 아니다. 유행에 민감하지 않고 확장성이 있는 아이템을 선정하여 프랜차이즈 시스템을 구축해서 현장에서 동일한 품질과 서비스를 제공할 수 있도록 슈퍼바이저를 통해 강력하게 가맹점을 관리할 수 있어야 성공적인 가맹 사업을 펼칠 수가 있다.

지역에 구애받지 않고 불특정 다수의 고객에게 좋은 품질과 서비스를 제공할 수 있어야 진정한 프랜차이즈라고 말할 수 있다. 그러기 위해서는 전국에서 많은 가맹점이 운영되고 있어야 한다. 프랜차이즈는 많은 가맹점을 운영하고 있을 때 본래의 목적을 달성할 수 있게 되어 있다.

다년간 메이저 프랜차이즈와 신생 브랜드에서 몸소 체험하고 터득한 현장 노하우를 현재 발생하고 있고 앞으로도 일어날 사항을 위주로 사실적이고 생동감 있게 기술하여 성공적인 가맹 사업을 위한 프랜차이즈 지침서를 출간하였다.

무수히 많은 프랜차이즈 브랜드가 하루가 멀다고 탄생하고 종적을 감추고 있다. 아이템은 충분히 경쟁력이 있다고 판단되는데도 불구하고 프랜차이즈 시스템이 확립되지 않아서 체계적인 가맹점 관리가 되지 않아 매장 운영의 통일성이 유지되지 않는 브랜드가 많다. 근본적인 원인과 문제 및 대안을 정리하여 기술하였다.

역발상 사고를 갖고 획기적으로 색다르게 올라가는 간판을 보면 시시각각으로 변화하고 있는 프랜차이즈 시장의 단면을 알 수 있다.

시장의 트렌드가 급속도로 변하고 있어도 가맹점에서 변해서는 안되는 것이 매뉴얼 준수다. 최고의 브랜드가 될 수 있는 방책을 가감 없이 다루었다.

가맹 사업을 추진하고 200호점은 고사하고 100호점을 넘기지 못하는 브랜드가 상상외로 많다. 필자가 경험한 바로는 가맹 본부의 경쟁력 부족이 큰 이유이다. 가맹점은 가맹 본부에서 어떻게 교육하고 지도하느냐에 따라서 매출이 증대되고 수익이 나게 되어 있다. 교육의 중요성에 대해서 상세히 수록하였다.

CEO와 가맹 본부를 대신하는 슈퍼바이저가 가맹점과의 원활한 소통을 이루어서 가맹 본부와 가맹점 사이의 교량 역할을 잘 수행해야 갈등과 분쟁의 소지를 예방하면서 동반 사업자로서 상생할 수 있는 계기를 만들 수가 있게 된다. 강력한 슈퍼바이징에 대해서 깊이 있게 다루어서 현장 실행력을 높일 수 있도록 하였다.

아이템이 좋아도 가맹 본부와 가맹점이 공동의식을 형성하면서 주어진 역할을 이행하지 못하면 성공적인 가맹 사업을 일구기가 어렵다.

어떤 아이템이 성장 가능성이 있고 어떻게 해야 브랜드 가치가 상승되며 왜 매장을 늘려나가야 하고 그렇게 하려면 무엇이 밑바탕이 되어야 하는지를 상세하게 기술하였기에 이 책을 접하는 독자는 명확한 비전을 갖고 성공적인 가맹 사업을 펼칠 수 있는 계기가 되리라 확신한다.

현재도 현장에서 발생하고 있고 앞으로도 지속하여 일어날 수 있는 일들을 학술적인 내용을 배제하고 실전같이 기술하였다. 가맹점에서 실시간으로 발생하고 있는 현안 과제를 풀어가는 해법을 제시했다.

실시간으로 발생하고 있는 현안 과제를 슬기롭게 대처해 나갈 수 있는 역량을 발휘하는 데 보탬이 될 수 있는 내용 위주로 서술하려고 노력하였다. 문제 해결 능력과 설득력 및 실행력을 높이는 계기가 되기를 희망한다.

프랜차이즈 사업을 목전에 둔 예비 경영자와 현재 가맹 사업을 추진하고 있는 CEO와 관련업에 종사하는 구성원 모두에게, 메이저 프랜차이즈 반열에 올라서 가맹점 1,000호점 달성이라는 괄목할 만한 성과를 거두는 데 기여하리라 믿는다.

이 책을 읽는 모든 분이 희망하는 목표와 비전을 이루기를 진심으로 기원하며 축복이 넘치고 늘 좋은 일만 가득하길 바란다.